PAUL C. MARTIN

Die Krisenschaukel

Staatsverschuldung macht arbeitslos
macht noch mehr Staatsverschuldung
macht noch mehr Arbeitslose

Wirtschaftsverlag Langen Müller / Herbig

© 1997 by Wirtschaftsverlag Langen Müller/Herbig in
F. A. Herbig Verlagsbuchhandlung GmbH, München
Alle Rechte vorbehalten
Schutzumschlag: Wolfgang Heinzel
Satz: Fotosatz Völkl, Puchheim
Druck: Jos. C. Huber KG, Dießen
Binden: Großbuchbinderei Monheim, Monheim
Printed in Germany
ISBN 3-7844-7389-X

Inhaltsverzeichnis

Hors d'Œuvre
    Das Ganze auf einen Blick 9

Introitus 13

Zuviel Kohle
    Nichtgezogene Lehren aus der Weltwirtschaftskrise ... 23

Eigentum verpflichtet – aber zu was?
    Private Schulden helfen der Wirtschaft,
    Staatsschulden vernichten sie 37

Debitismus
    Die Tauschtheorie ist falsch, und der Euro
    verschwindet – in einer Hyperinflation? 75

Erst Deflation, dann Revolution!
    Der Staat treibt uns in Crash und Krise
    und gefährdet die Demokratie 109

Jesus war Kapitalist
    Was Moses, Mohammed und Matthäus lehren.
    Japan, das Gangstersyndikat.
    Warum Unternehmer lieber unterlassen 151

Die Lösungen
    Das erste Problem: der Staat selbst 189
    Zweites Problem: Subventionen 201
    Drittes Problem: Staatswirtschaft 219
    Viertes Problem: Sozialstaat 226
    Fünftes Problem: die Finanzblase 236

Abb. 1 *Diese Menschen haben zuwenig Geld. In langer Schlange stehen sie an und suchen dringend Arbeit. Sie finden aber keinen, der ihnen einen Job verschafft.*

Abb. 2 Diese Menschen haben zuviel Geld. Entspannt genießen sie auf einem famosen Rennplatz das Leben. Sie brauchen keinen Job. So geben sie auch anderen keine Jobs.

Hors-d'Œuvre
Das Ganze auf einen Blick

Damit die Menschen, die arbeiten müssen, um ihren Lebensunterhalt zu bestreiten, wieder Arbeit finden, müssen die Menschen, die nicht arbeiten müssen, gezwungen werden, wieder zu arbeiten. Zumindest mehr zu arbeiten.

Dies geschieht, indem man ihnen die Quellen ihres arbeitslosen Einkommens nimmt. Arbeitslose Einkommen sind nicht mit Zinsen, Mieten oder sonstigen Kapitalerträgen zu verwechseln. Um diese Zinsen, Mieten, Dividenden erst zu erwirtschaften und dann zu zahlen, wird bekanntlich gearbeitet. Von Schuldnern, Mietern, Arbeitnehmern. Und von Unternehmern.

Die wirklichen arbeitslosen Einkommen fließen aus Staatspapieren. Das sind verbriefte Schulden des Staates, für die niemand arbeitet – weder der Staat noch irgendeiner seiner Bürger. Machen wir einen schnellen Test: Rufen wir jetzt irgend jemanden an.

»Guten Tag, Frau Müller. Sie wissen sicher, daß der Staat riesige Schulden hat.«

»Öööh, ja.«

»Die sollen jetzt zurückgezahlt werden.«

»Ach ja? Toll! Der Staat zahlt wirklich zurück?«

»Nicht der Staat natürlich. Denn der hat ja nichts mehr auf der Naht.«

»Ich weiß. Der kürzt schon überall. Aber wer zahlt denn dann?«

»Sie natürlich, Frau Müller. Wie jeder andere Bürger auch. Alles wird ganz gerecht verteilt. Sie wissen doch: Sie sind der Staat, wie alle anderen Bürger auch.«

»Na, ja, schon …«
»Frau Müller, Sie müssen ab sofort jeden Monat 500 Mark Staatsschuldsteuer entrichten.«
»Wie Staatsschuldsteuer?«
»Die ist heute vom Parlament beschlossen worden. Mit 120 Mark verhindern Sie, daß der Staat nächstes Jahr schon wieder neue Schulden macht. Sie sind doch gegen diese ewige Schuldenwirtschaft – oder?«
»Öh, ja schon. Aber …«
»Und die restlichen 380 Mark im Monat dienen dazu, die alten Staatsschulden allmählich zu tilgen.«
»Wie lange soll ich denn zahlen?«
»Sieben Jahre lang. Die Einzahlungsscheine kriegen Sie morgen per Post.«
»Kommt gar nicht in Frage. Was habe ich denn mit der ganzen Sache zu tun? Ich zahle keinen Pfennig! Wer sind Sie überhaupt?« Frau Müller legt auf.

Was lehrt uns dieser kleine Test? Kein Mensch in dieser Republik fühlt sich für die Staatsschulden zuständig. Und kein Mensch käme auf die Idee, sich aus den Staatsschulden verpflichtet zu fühlen. Und kein Mensch würde auf die Idee kommen, mehr zu arbeiten, damit die Staatsschulden heruntergefahren und schließlich getilgt werden. Die Staatsverschuldung ist zwar in der Welt. Bloß: Keiner hat sie. Der Staat nicht und die Bürger auch nicht.

Es geht also um ein Phantom. Es geht um Schulden, die niemand schuldig ist. Damit geht es logischerweise auch um die – diesen Schulden entsprechenden – gleich hohen Guthaben. Es geht um Staatsanleihen, um Bundesschatzbriefe, um Kredite, die der Staat überall aufgenommen hat.

Da sich niemand für zuständig für diese Schulden hält, kann auch niemand die gleich hohen Guthaben besitzen. Auch die Guthaben sind ein Phantom. Alles ist ein Riesenschwindel. Die größte Täuschung der Geschichte!

Diese Täuschung muß beendet werden. Sonst steigen die Staatsschulden immer weiter immer schneller, und der ganze Staat geht bankrott. Das wollen wir doch auch nicht – oder? Das heißt: Wir müssen jetzt **ent**-täuschen. Wen enttäuschen?

Jene Menschen selbstverständlich, die über die 2,5 Billionen Mark Guthaben verfügen, die den 2,5 Billionen Mark Staatsschulden entsprechen. Sonst verdoppeln die sich mit Zins und Zinseszins alle zehn bis 14 Jahre. Das kann nicht gutgehen. Das ist schon heute nicht gut. Denn schon heute fließen aus den Staatsschulden jede Menge Zinsen, für die kein Mensch arbeitet, um sie zu verdienen.

Zinsen sind Einkommen. Wie aber kann ein Mensch Einkommen beziehen, für das kein anderer arbeitet? Und wenn niemand arbeitet, weil niemand arbeiten muß, dann haben wir als Folge was?

ARBEITSLOSIGKEIT!

Jeder zweite von uns ist in einer Firma beschäftigt, die unter der Rechtsform einer Aktiengesellschaft (AG) betrieben wird. Alle deutschen AGs haben für 1997 fast 30 Milliarden Mark Dividenden ausgeschüttet. Rekord! Diese Dividenden sind die Verzinsung des in den AGs investierten Kapitals. Dividenden sind nur scheinbar arbeitslose Einkommen. Denn Millionen von fleißigen Arbeitnehmern haben diese Dividenden echt erwirtschaftet.

Jeder einzelne von uns lebt in der Bundesrepublik Deutschland. Die öffentlichen Hände dieses Staates (Bund, Länder, Gemeinden usw.) haben für 1997 rund 180 Milliarden Mark an Zinsen für die aufgelaufene Staatsverschuldung ausgeschüttet. Das ist das Sechsfache (!) der von den AGs ausgezahlten Dividenden.

Wie viele fleißige Arbeitnehmer durften arbeiten, damit diese Zinsen, sozusagen die »Dividende« des Staates, erwirtschaftet werden?

Kein einziger! Die Zinsen wurden nur gebucht, aber nicht bezahlt. Denn in Höhe der Zinsen hat der Staat gleich wieder neue Schulden gemacht.

Streichen wir die 180 Milliarden arbeitslose Einkommen, müßten die Menschen, die diese Fabelsumme bisher kassiert haben (wir nennen sie hier die »Reichen«), eine andere Einkunftsquelle suchen als den Staat. Sie müßten arbeiten oder ihr Geld in Firmen investieren, die Arbeitsplätze schaffen.

Der Staat verhindert das. Der Staat macht »reich«, indem er Scheineinkommen schafft. Der Staat betrügt. Der Staat mit sei-

Abb. 3 *Kaiser Franz warnt davor, die Reichen arm zu machen, um die Armen reich zu machen. Richtig! Um die Armen reich zu machen, muß man bloß die Reichen munter machen, ihr Geld so einzusetzen, daß die Armen endlich wieder Arbeit haben.*

ner Schuldenwirtschaft ist die einzige Ursache der Arbeitslosigkeit.

Franz Beckenbauer hat ein Schild in seinem Büro hängen, auf dem steht: »Man macht die Armen nicht reich, indem man die Reichen arm macht.« Das stimmt. Auf alle Reichen und alle Armen bezogen.

Man muß die Reichen nicht arm machen, sondern sie nur dazu zwingen, ihren Reichtum so einzusetzen, daß auch die Armen reich werden. Dazu muß man den Reichen ohne Wenn und Aber jene arbeitslosen Einkommen nehmen, die ihnen der Staat durch Zinszahlungen auf seine Schulden zuschanzt. Dann werden die Reichen wieder die Armen mit Arbeit beschäftigen.

Nur so kann es jemals wieder Vollbeschäftigung geben. Für die Armen, die arbeiten wollen. Und für so manchen Reichen auch, der dann wieder arbeiten müßte.

Introitus

> *»Sichtbar ist worden die Verheerung zu Land und Meer durch das, was wirkten Menschenhände ...«*
>
> Koran, 30. Sure, Verse 40/41. Diese Worte schließen sich unmittelbar an die Verse, in denen das islamische Verbot von Zinsen steht. Wer Zinsen verbietet, verbietet auch Kredite. Und wer Kredite verbietet, verbietet Schulden.

Alles im grünen Bereich?

Auf der Welt leben mehr als 20 Millionen Menschen, die sich als Wirtschaftsexperten bezeichnen. Sie heißen **Ökonomen.** Sie arbeiten in Banken, in Ministerien, an Universitäten, in Hunderten von Instituten, in Zeitungsredaktionen und fürs Fernsehen. Ökonomen sind Menschen, die alles wissen, was es zum Thema Wirtschaft zu wissen gibt. Über Geld, über Wachstum. Außenhandel, Wechselkurse. Inflation und Stabilität. Defizite und Aktienkurse.

Sie erklären, was eine Krise ist und wodurch sie entsteht. Wieso Firmen Gewinne machen und warum sie untergehen. Die Wissenschaftler sind sogar so intelligent, daß sie in die Zukunft schauen können. Sie sagen uns, was wir in drei Monaten zu erwarten haben, in einem Jahr, in zehn Jahren.

Für ihre glänzende Arbeit werden die besten von ihnen jedes Jahr mit dem Nobelpreis ausgezeichnet. Und mehr als den Nobelpreis kann es für einen Wissenschaftler nicht geben. Er ist ein unübertreffliches Gütesiegel.

Also alles im grünen Bereich? Leben wir alle zufrieden und in Wohlstand? Brauchen wir keine Angst um unsere Zukunft zu haben?

Mitnichten!

Wir sind unzufrieden, und wir haben Angst. Die Reichen werden immer reicher, die Armut auf der Welt will nicht weichen. Die Kluft zwischen denen, die auf der Sonnenseite geboren wurden, und denen, die im Schatten leben, wird immer größer. Die Alten zittern, weil sie nicht wissen, ob ihre Renten auch in zehn Jahren noch gezahlt werden. Die Jungen zittern, weil sie nicht wissen, ob sie nach der Lehre oder nach dem Studium einen Job finden.

Vor allem eines können die Experten nicht enträtseln: Warum werden immer mehr Menschen arbeitslos? Ist es ein Naturgesetz, wonach den Menschen die Arbeit ausgeht? Hat man dieses Gesetz bloß noch nicht gefunden?

Schauen wir uns die Prognosen der Ökonomen an, so stellen wir fest: Sie stimmen nicht. Kein Ökonom hat die Inflation der 70er Jahre vorhergesehen, keiner hat uns vor dem Börsencrash der 80er gewarnt, und keiner hat uns eingeladen, auf den Börsenzug der 90er Jahre zu steigen, wo jeder in nur fünf Jahren sein Geld mühelos vervierfachen konnte.

Kein Experte hat den vollständigen Zusammenbruch der Sowjetunion, der ausschließlich wirtschaftliche Gründe hatte, vorhergesehen noch den grandiosen Aufschwung Amerikas oder den Niedergang der Schweiz mit ihren mehr als 100 000 Arbeitslosen und kollabierenden Immobilienpreisen. Arbeitslose in der Schweiz? Unverkäufliche Häuser mit Blick auf den Zürichsee? Na so was!

Keiner hat vorhergesagt, daß das kleine, unbedeutende Irland eines Tages das starke Deutschland im Pro-Kopf-Einkommen überholen würde, was inzwischen geschehen ist. Keiner von den Wissenschaftlern hat die Asienkrise kommen sehen, keiner die Ölkrise. Keiner hat uns gesagt, daß die ver-

fügbaren Rohstoffe immer *mehr* statt weniger werden und daß ihre Preise daher seit Jahren, statt zu steigen, was bei Knappheit logisch wäre, immer weiter fallen. Der Ölpreis liegt im Sommer 1998 niedriger als zu Beginn der 70er Jahre, bevor die Ölkrise startete. Die armen Scheiche! Und die armen Trottel, die uns das baldige Ende aller Ölvorräte der Welt prophezeit hatten.

Die Experten waren der Meinung, die Übernahme der DDR sei ein großes Geschäft. Als ich den später so tragisch ums Leben gekommenen Treuhand-Chef Detlev Rohwedder in seinem Büro am Berliner Alexanderplatz fragte, was uns denn die Übernahme dieser bankrotten Wirtschaft kosten würde, fragte er: »Welche Kosten?« Und dann: »Wir werden mit der Privatisierung der Betriebe unterm Strich zwischen 700 und 800 Milliarden Mark kassieren.«

Heute wissen wir, daß die Treuhand mit einem **Minus** von rund 250 Milliarden abgeschlossen hat und daß wir bis heute rund 1,2 Billionen Mark in die neuen Länder investieren mußten, um überhaupt so etwas wie eine Infrastruktur und menschenwürdige Lebensbedingungen herzustellen.

Die Wirtschaft ist immer voller Rätsel

Amerika, die größte Wirtschaftsmacht der Welt, ist extrem verschuldet. Es ist ganz ausgeschlossen, daß die Amerikaner ihre Schulden jemals zurückzahlen werden – weder der Staat noch die Privaten. Ein Bestseller in den USA trägt den Titel »Die überschuldete Gesellschaft«. 1997 machten 1,4 Millionen Amerikaner bankrott, doppelt soviel wie 1990. Die Kreditkartenschulden haben sich sogar seit 1994 mehr als verdoppelt, wie Elizabeth Warren von der Harvard Law School beklagt (»The Bankruptcy Crisis«, Indiana Law Journal, Sommer 1998). Und das in der schönsten Hochkonjunktur, die Amerika je erlebt hat.

Alle Schulden der USA, staatliche, private, die Verpflichtungen der Versicherungen und Rentenkassen usw., sind dreimal so hoch wie das laufende Sozialprodukt. Aber spricht je-

mand von einem amerikanischen Gesamtbankrott? Im Gegenteil. Die Wertpapiere, mit denen sich der amerikanische Staat finanziert, die Bonds und Bills, gelten als die beste Anlage der Welt. Sie tragen das Gütesiegel »Triple-A«. Jeder, der sie sich als Alterssicherung hinlegt, ist glücklich. **Er ahnt noch nicht, daß er mit diesen Papieren eines Tages seine Kellerbar tapezieren kann.** Was sagen die Experten dazu? Sie schweigen.

Ein Land wie Japan hat den höchsten Handelsüberschuß der Geschichte. Eigentlich müßte der Kurs seiner Währung ununterbrochen steigen. Denn um japanische Waren zu kaufen, muß man japanische Währung haben, die man also erst kaufen muß, bevor man Waren kaufen kann. Aber der Kurs des Yen ist im ersten Halbjahr 1998 immer nur gefallen. Es kam zu einer weltweiten Währungskrise (die auch kein Ökonom vorhergesehen hat).

Eines der größten Rätsel ist die Wirkung von Defiziten

Viele Staaten, voran Deutschland, haben die höchsten Haushaltsdefizite der Geschichte. Der Staat gibt also mehr aus, als er einnimmt. Diese zusätzliche Nachfrage müßte die Wirtschaft doch ankurbeln? Überall müßte die Wirtschaft heiß sein wie eine aufgedrehte Herdplatte, die Preise müßten steigen. Und natürlich auch die Löhne. Denn mit der zusätzlichen Nachfrage des Staates werden mehr Waren nachgefragt, nicht wahr?

Tatsächlich aber ist die Wirtschaft überall lahm wie ein waidwunder Feldhase. Die Preise fallen, statt zu steigen. Die Zinsen sinken. Die Zahl der Arbeitslosen nimmt Jahr für Jahr zu. Uns geht, wie es so salopp heißt, allmählich die Arbeit aus.

Die Zahl der Arbeitslosen steigt und steigt, die Zeit, die noch für Arbeit zur Verfügung steht, wird weniger und weniger. Wir reden dauernd von Innovationen, von Umbruch und Aufbruch, von Wegen ins 21. Jahrhundert. Doch die Menschen fühlen: alles leeres Geschwätz!

Was stimmt denn nicht mit unserer Welt?

Vieles von dem, was die Ökonomen uns erzählen, ist mal eben so dahergesagt und wird nachgeplappert. »Die Wirtschaftswissenschaften«, sagt Professor Fredmund Malik von der HSG, der Hochschule St. Gallen, einer der besten Universitäten der Welt, »basieren auf einem falschen Modell, auf falschen Voraussetzungen. Deshalb sind auch ihre Schlußfolgerungen falsch.« **Klartext: Die ganze Wirtschaftspolitik ist falsch.**

Wir werden auf den nächsten Seiten viel über das falsche Modell erfahren und darüber, in welchen Punkten konkret es falsch ist. Aber das Buch, das Sie in Händen halten, soll keine langatmige Auseinandersetzung mit der »herrschenden Lehre« sein, will nicht die zehnte Theorie auf die neunte stülpen.

Wir konzentrieren uns auf zwei einfache Fragen:
1. **Warum gibt es Arbeitslosigkeit?**
2. **Was kann getan werden, um die Arbeitslosigkeit zu beseitigen?**

Nur die Antworten auf diese Fragen sind heute wirklich wichtig.

Wenn – ganz nebenbei – noch andere Erkenntnisse abfallen, die die Irrtümer der Ökonomen zurechtrücken und uns weiterhelfen, ist das auch kein Schaden.

Noch ein Wort an jene Ökonomen, die sich jetzt angegriffen fühlen. Der erste von ihnen, dem es gelingt, die Logik der im folgenden ausgeführten Gedanken zu widerlegen, erhält von mir einen Preis. Es ist ein wertvolles Buch, und zwar »Money and Trade« von John Law, erschienen 1705 in Edinburgh.

John Law

John Law (1671–1729) gilt als Vater der Lehre vom Kredit. Und damit ist er auch der Vater der Lehre von den Schulden.

Law lebte ein wechselvolles Leben. Er war Sohn eines Goldschmieds aus Edinburgh in Schottland, wurde mit 23 zum Tode verurteilt, weil er einen Gegner im Duell getötet hatte. Er

Abb. 4 *John Law, der Mann, der das größte Wirtschaftsimperium aller Zeiten regierte. Wir sehen ihn im prachtvollen Outfit als Generalinspekteur der Finanzen. Law hob Frankreich zu höchstem Wohlstand und stürzte es dann in den Bankrott.*

Money and Trade

CONSIDERED,

WITH A

PROPOSAL

For Supplying the NATION with MONEY.

EDINBURGH,

Printed by the Heirs and Succeſſors of *Andrew Anderſon*, Printer to the Queens moſt Excellent Majeſty, *Anno* DOM. 1705.

Abb. 5 *Das ist Ihr Preis, wenn Sie die Theorie widerlegen können, die auf den folgenden Seiten vorgestellt wird. Der Preis ist ein sehr seltenes Buch, Laws Hauptwerk über die Wirkungen des Kredits in der Wirtschaft, erschienen 1705. Wert: 50.000 Mark.*

floh nach Amsterdam und studierte die dortige Bank, eine der ersten des modernen Europas. Seinen Lebensunterhalt verdiente er sich als Zocker.

Die Schotten begnadigten ihn, Law kehrte in seine Heimat zurück und legte dem Parlament 1705 eine Schrift vor, die den Titel trug »Money and Trade considered, with a Proposal for Supplying the Nation with Money«. Das darin von ihm entwickelte »System« sah vor, mit Hilfe einer Bank dem unterentwickelten Land am äußersten Rand Europas zusätzliches »Geld« (= Kredit) zu verschaffen. Die sparsamen, mißtrauischen Schotten lehnten sein System ab, Law bot es daraufhin europäischen Fürsten an, die sämtlich unter Geldknappheit stöhnten. In Frankreich, das nach dem Tode des Sonnenkönigs Ludwig XIV. vor dem Staatsbankrott stand, hatte er schließlich Erfolg.

Im Mai 1716 durfte er eine Banque Générale gründen, deren Kapital aus 1200 Aktien zu je 5000 Livres bestand (1 Livre heute ca. 20 Euro Kaufkraft). Die Bank durfte Papiergeld ausgeben, was dem darniederliegenden Land einen gewaltigen Push gab und einen raschen Aufschwung zur Folge hatte. Um den Kurs der Noten zu sichern, wurden sie zu gesetzlichen Zahlungsmitteln zur Entrichtung von Steuern erklärt.

Um seine Banque herum konstruierte Law einen gewaltigen Konzern. Er gründete die Mississippi-Gesellschaft zur Kolonisierung der französischen Gebiete in Nordamerika, dann eine Compagnie du Canada. Dazu kamen eine ostindische und eine chinesische Kompanie sowie die afrikanische und die senegalesische Kompanie, alles wichtige Handelsgesellschaften. Law beherrschte das größte Wirtschaftsimperium der Welt.

Law erhielt auch noch das Tabakmonopol und das alleinige Recht, Steuern einzutreiben und die Staatsschulden zu managen. Außerdem durfte er Münzen aus Gold und Silber schlagen. Als »Generaldirektor« des französischen Staates senkte er die Steuern, förderte Landwirtschaft und Industrie durch mehr freien Handel. Im Januar 1720 war er de facto Regierungschef, und im Februar wurde seine Bank mit seiner Holding, der Compagnie des Indes, verschmolzen. Die Aktien seiner Gesellschaft schossen in die Höhe (ganz genau wie heute).

Auf der Pariser Rue Quincampoix (nahe dem Centre Pompidou) wurden Tag und Nacht diese Papiere gehandelt. Herzoginnen boten sich Law in Hinterzimmern an, um eine der begehrten Aktien zu erhalten. Ein Buckeliger verdiente in wenigen Tagen das Geld für eine goldene Kutsche. Er hatte seinen Höcker als Schreibunterlage für die Börsianer hingehalten. Eine Nation war im Rausch, und jeder glaubte, auch ohne Arbeit rasch reich zu werden (ganz genau wie heute).

Im Mai 1720 brach alles zusammen, der Rausch verflog. Erst krachten die Kurse seiner Aktien, dann wollten alle das Papiergeld, das der König vergebens garantiert hatte, wieder in Edelmetall umtauschen (in was werden wir wohl eines Tages unsere Euro-Noten tauschen?).

Panik brach aus, alles stürzte ins Bodenlose. Law floh und starb mittellos in Venedig. Auf seinem Grab legt André Kostolany, der Altmeister des Börsenspiels, jedes Jahr eine Rose nieder. Eine rote.

Zuviel Kohle
Nichtgezogene Lehren
aus der Weltwirtschaftskrise

>*»Der Staat löst keine Probleme.*
>*Der Staat ist das Problem.«*
>
>Ronald Reagan,
>von 1980 bis 1988
>Präsident der USA.
>Reagans Worte zitiert
>Dr. Hugo Müller-Vogg,
>Herausgeber der »Frankfurter
>Allgemeinen Zeitung«, in seinem
>Buch »Unsere Unsoziale
>Marktwirtschaft« (1998)

Papa, warum ist es kalt?

Vor 70 Jahren gab es in Deutschland schon einmal eine gigantische Arbeitslosigkeit. Damals kursierte ein sehr subtiler Witz, den mir Dr. Günther Robol, Chef der renommierten Wirtschaftsprüfgesellschaft Price Waterhouse in Wien, auf einer Tagung zum Thema »Arbeitslosigkeit und Staatsschulden« in der Propstei St. Gilgen im Großen Walsertal erzählt hat:
   »Mama«, sagt das kleine Kind, »warum ist es so kalt?«
   »Weil wir keine Kohlen haben.«
   »Warum haben wir keine Kohlen?«
   »Weil Papa keine Arbeit hat.«
   »Warum hat Papa keine Arbeit?«
   »Weil es zuviel Kohlen gibt, Kind.«

Um den Sinn unseres Buches ganz schnell zu erfassen, sollten Sie diesen Witz in verkürzter Form und leicht abgewandelt auf sich wirken lassen.
»Mama, warum hat Papa keine Arbeit?«
»Weil es zuviel Kohle gibt, Kind!«
Kohle – das andere Wort für Geld.
Der Papa im Witz und Millionen andere Papas in der wirklichen Welt von heute sind arbeitslos, **weil es zuviel Geld gibt.** Geld ist immer bloß ein Guthaben, auch wenn es als »Bargeld« umläuft. Bargeld ist ein Guthaben in unserer Tasche und in gleicher Höhe eine Schuld jener Bank, deren Name auf dem Geldschein steht. Im Fall der Bundesrepublik Deutschland ist es die Deutsche Bundesbank. Mit Einführung des **Euro** wird es die Europäische Zentralbank EZB sein.

Und da alle Guthaben nach der unbezwinglichen Logik der doppelten Buchführung immer so hoch sind wie alle Schulden, können Sie sagen: Millionen Papas sind arbeitslos, weil es zu viele Schulden gibt.

Die Massenarbeitslosigkeit ist keine Folge von zuwenig Geld, sondern von zuviel Geld. Sie ist nicht die Folge von zuwenig Schulden, sondern von zuviel Schulden.

Da wir alle wissen, daß eine Wirtschaft ohne Geld, ohne Guthaben und Schulden also, nicht vorstellbar ist, muß es sich folglich um ganz bestimmte Gelder, um ganz bestimmte Guthaben beziehungsweise Schulden handeln, die an der Massenarbeitslosigkeit schuld sind.

Jawohl, es sind jene Gelder/Guthaben in den Taschen der Bürger, die in genau derselben Höhe existieren, auf die die Verschuldung des Staates angewachsen ist.

Die These des Buches lautet also:
Die Ursache der Arbeitslosigkeit ist die bestehende Staatsverschuldung.
Daraus folgt:
1. Je schneller wir die Staatsverschuldung herunterfahren, desto schneller finden die Menschen wieder Arbeit.
2. Wird die Staatsverschuldung weiter in die Höhe geschraubt, wird die Arbeitslosigkeit entsprechend weiter zunehmen.

Graf Lambsdorff, der Ahnungslose

Im verzweifelten Endkampf um den Machterhalt hatten sich Bonner Regierungskreise 1998 noch einen kleinen Gag einfallen lassen: Man senke die Beiträge zur Arbeitslosenversicherung wie in der folgenden Meldung der »BILD«-Zeitung vom 9. Juni 1998 zu lesen war:

Arbeitslosen-Versicherung
Jetzt will Bonn Beiträge senken

Von DIRK HOEREN
Neuer Plan in der Bonner Koalition zur Senkung der Sozialbeiträge!

Noch vor der Bundestagswahl sollen die Beiträge zur Arbeitslosenversicherung im Westen um 1 und im Osten um 3 % gesenkt werden. Das wird zwischen FDP und Union beraten. Die Finanzlücke von 12 Milliarden Mark in diesem Jahr soll der Bund durch eine höhere Neuverschuldung decken. Die Beitragssenkung soll aber nur bis zum Inkrafttreten der Steuerreform gelten.

FDP-Wirtschaftsexperte Otto Graf Lambsdorff zu BILD: „Wir müssen endlich etwas gegen die hohen Arbeitskosten tun. Die Senkung der Beiträge zur Arbeitslosenversicherung könnte die Koalition allein durchsetzen und schon zum 1. Juli in Kraft setzen. Damit würden kleine Einkommen entlastet, die Kaufkraft erhöht und die Lohnnebenkosten von Unternehmen verringert."

Abb. 6 *Eine Meldung auf Seite 1 von Europas größter Zeitung zum Thema Arbeitslosigkeit.*

Die Logik hinter diesem Schritt ist eine doppelte, wie der Wirtschaftsexperte der FDP, Otto Graf Lambsdorff, enthüllte: Zum einen sollen die Lohnkosten gesenkt werden, indem die Lohnnebenkosten sinken. Klartext: Je billiger die deutschen Arbeitnehmer werden, desto sicherer sind ihre Jobs und desto mehr werden neu eingestellt. Die darin ausgedrückte Vorstellung, daß die deutschen Arbeitnehmer insgesamt zu teuer seien und deshalb nicht genug nachgefragt würden, wird auch von so hochrangigen Experten wie dem Mainzer Professor Rolf Peffekoven, Mitglied des Sachverständigenrates (»Fünf Weise«), geteilt. Diese Vorstellung ist komplett falsch. **Einzelne** Arbeitnehmer können zu teuer sein, aber **niemals alle.** Wären alle Arbeitnehmer zu teuer, was sie aufgrund der hohen Lohnnebenkosten angeblich sind, wären sie allesamt arbeitslos, weil sie sich keiner leisten wollte.

Es ist wie bei Wohnungen. Wenn einer keine billige Wohnung findet, sagt er gern: »Die Wohnungen sind zu teuer.« Nein, es waren nur **die** Wohnungen, die er haben wollte, zu teuer. Wären nämlich alle Wohnungen zu teuer, stünden alle leer. Es gibt immer zu teure Wohnungen, wie es immer Arbeitnehmer gibt, die zu hohe Löhne fordern. Man darf aber nicht das Relative, das **Einzelne,** mit dem Absoluten, dem **Gesamten,** verwechseln.

Den reinen Lohnkosten entsprechen immer gleich hohe Einkommen, und zwar einmal bei den Arbeitern selbst und dann aber auch bei den Rentnern, deren Rentenkasse mit Hilfe der Lohnnebenkosten – im wesentlichen Sozialbeiträge – aufgefüllt wird. Weder die Arbeitnehmer noch die Rentner verbrennen das Geld, das sie als Einkommen beziehen. Sie geben ihr Geld vielmehr aus, und beide zusammen, Arbeitnehmer und Rentner, könnten also unschwer die Produkte kaufen, die mit Hilfe der angeblich zu hohen Löhne hergestellt wurden – oder?

Auch das Argument, die deutschen Lohnkosten seien »im internationalen Vergleich« **insgesamt** zu hoch, ist Unfug. Die Löhne in Osteuropa, in der Dritten Welt, in China usw. sind um bis zu 90 Prozent niedriger als die deutschen. Warum ist dann überhaupt noch ein einziger deutscher Arbeiter beschäf-

tigt, noch dazu in der Exportindustrie, die obendrein jedes Jahr neue Triumphe am Weltmarkt feiert, wo doch der Weltmarkt voller Produkte aus Ländern ist, die allesamt billiger produzieren als Deutschland? Die Topexperten Lambsdorff und Peffekoven verwechseln einzel- mit gesamtwirtschaftlicher Betrachtung, den Lohn für **einen** Arbeiter mit der Lohnhöhe **aller** Arbeiter.

Zum anderen sollen die Leute nach dem erwähnten Lambsdorff-Vorschlag mehr Geld in der Tasche haben. Mit dem Geld würden sie dann in die Geschäfte eilen, um etwas zu kaufen. Diese Käufe helfen dem darniederliegenden Handel und wenig später den Fabriken, aus denen die Produkte kommen, die der Handel verkauft. Das kurbelt die Konjunktur an. Eine wahre Zaubernummer also.

Auch diese Logik besticht auf den ersten Blick. Doch sie beruht auf einem weiteren Denkfehler. Denn was würde wirklich passieren?

Zunächst mal: Bei Neuverschuldungen fällt das Geld ja nicht vom Himmel.

Die zwölf Milliarden sind nirgendwo vorhanden. Sie müssen aber gedeckt werden. Das heißt im Klartext: Entweder werden die Menschen das Geld, mit dem sie die Zaubernummer finanzieren, von ihren Konsumausgaben abzweigen. Das bedeutet aber: Es wird weniger gekauft statt mehr.

Oder das Geld zur Finanzierung der Zaubernummer wird nicht vom Konsum abgezweigt, sondern von den Mitteln, die sowieso gespart werden. Was würde sonst mit den Ersparnissen geschehen, wenn der Staat damit nicht zwölf Milliarden finanzieren (decken) müßte? Die Banken würden das Geld ihrer Sparer ausleihen, und zwar als Kredite für Investitionen, zum Beispiel in neue Häuser, Fabriken und Arbeitsplätze.

Auf jeden Fall fehlen die zwölf Milliarden, die der Staat beim Lambsdorff-Programm bräuchte, an anderer Stelle. Und da der Staat als guter und sicherer Schuldner gilt, wird folgendes eintreten: Die zwölf Milliarden werden in **Bundespapiere** investiert statt in **Unternehmen** und **Arbeitsplätze.**

Statt die Arbeitslosigkeit zu senken, wird sie also erst recht gesteigert!

Und weiter. Nachdem die zwölf Milliarden »gut angelegt« (statt investiert) sind, kassieren die Sparer mühelos Zinsen, arbeitslose Einkommen. Bei fünf Prozent Zinsen immerhin 600 Millionen Mark im Jahr. Und wer arbeitet, damit diese 600 Millionen irgendwie irgendwo wieder reinkommen? Auch wieder kein Mensch. Die Zinsen, die der Staat schuldig ist, werden bei Fälligkeit in Form neuer Kredite (= Schulden) hochgebucht.

Die einzigen, die bei dem ganzen Spielchen mehr Arbeit gefunden haben, sind die Buchhalter, die die entsprechenden Zins- und Zinseszinstasten ihrer Computer drücken müssen.

Der Graf Lambsdorff beweist mit seinen Sätzen, daß er vom wahren Wesen der Wirtschaft keine Ahnung hat. Vor allem hat er die Staatsverschuldung und ihre verheerende Wirkung nicht kapiert. Der Graf darf nichts gegen den Staat sagen, denn als Exminister und Exabgeordneter bezieht er eine saftige Staatspension, die mit Hilfe von Staatsschulden finanziert wird. Und in seinem Büro hat er ein Bild von Bismarck hängen. Den himmelt er an. Aber Bismarck war der Mann, der die staatliche Sozialversicherung eingeführt hat, die von Anfang an keinerlei Vermögen hatte, sondern als Durchlaufposten konstruiert war, und die deshalb jetzt vor dem Konkurs bewahrt werden muß – mit noch mehr Staatsverschuldung.

Wie lange noch?

Wer Dramatik liebt, kann sich das Spielchen zu Ende denken: Steigende Staatsverschuldung, das heißt steigende Arbeitslosigkeit, führt zu einem gesellschaftlich unhaltbaren Zustand, der sich früher oder später in einem Umsturz entladen wird. Immerhin gibt es auf der Welt nach Angaben von Professor Carl-Georg von Weizsäcker in der Zeitung »Die Woche« heute schon 800 Millionen Menschen, die Arbeit suchen, aber keine finden können.

Alles ist einfach und klar. Auf den folgenden Seiten werden

Sie Schritt um Schritt den Beweis für die These lesen. Ist die These hinreichend geklärt und bewiesen, müssen wir uns an die Lösung des Problems machen.

Damit Sie nie den Faden verlieren, brauchen Sie sich immer nur den zentralen Punkt klarzumachen: **Nichts in der Wirtschaft existiert netto. Alles ist immer zweimal vorhanden.** Eine Einzahlung entspricht einer Auszahlung, eine Einnahme einer Ausgabe. Einem Schuldner entspricht ein Gläubiger. Ein Guthaben ist bis auf alle Stellen hinter dem Komma immer genauso hoch wie eine Schuld.

Auch die Staatsschulden sind selbstverständlich zweimal gebucht. Den Schulden des Staates entsprechen immer gleich hohe Guthaben seiner Bürger. Wir haben es also mit zwei Seiten einer einzigen Medaille zu tun.

Wenn wir daran interessiert sind, die Arbeitslosigkeit zu beseitigen (und den Umsturz von Staat und Gesellschaft zu vermeiden), müssen wir daher
– entweder die Schulden mindern oder streichen
– oder die Zinsen aus den Schulden streichen
– oder die Zinsen zu 100 Prozent besteuern.
Wir können aber auch:
– **die Gläubiger zwingen, ihr Vermögen, das in Staatspapieren angelegt ist, anders einzusetzen als bisher, zum Beispiel für die Schaffung von Arbeitsplätzen, oder**
– **die Gläubiger des Staates ganz oder zum Teil enteignen, anschließend die Titel vernichten.**

Hadrian, Sankt Nikolaus und Jakob »der Reiche«

Wie so eine Titelvernichtung aussieht, ist seit fast 2000 Jahren bekannt. Der römische Kaiser Hadrian (76–138) trat 117 sein Amt an und vernichtete ein Jahr später alle Forderungen des Imperiums in einer großen öffentlichen Verbrennungsaktion, die er anschließend auf Münzen verewigen ließ. Nach dieser gigantischen Entschuldungsaktion blühte die Wirtschaft im ganzen Reich schlagartig auf, und Hadrian ging als Wohltäter der Menschheit in die Annalen ein.

Abb. 7 *Kaiser Hadrian hält eine Fackel an einen Haufen von Schuldscheinen, um sie zu verbrennen. Szene auf einem römischen Sesterz (Kupfer, ca. 26 Gramm) des Jahres 118. Nach dieser Entschuldungs- und gleichzeitig Guthabensvernichtungsaktion blühte das Imperium schlagartig auf und erlebte seine glücklichsten und friedlichsten Jahre.*

Auch die Geschichte des heiligen Nikolaus gehört hierher. Der lebte im 4. Jahrhundert und war ein großer Entschuldungshelfer. Er half drei Jungfrauen, die heiraten wollten, aber die geschuldete Mitgift nicht aufbringen konnten, und er zwang in einer Hungersnot die Kapitäne von Getreideschiffen, anzulegen, die Ladung zu löschen und auf das ihnen zustehende Geld zu verzichten. Bis heute ist Nikolaus ein Synonym für kleine Wohltaten.

Ganz berühmt ist die Geschichte des Bankiers Jakob Fugger, der anno 1519 die Kaiserwahl Karls V. von Habsburg finanzierte. Nachdem Karl inthronisiert war und sich außerstande sah, das Geld zurückzuzahlen, hat Fugger, der den Beinamen »der Reiche« trug, die Schuldscheine des Monarchen vor dessen Augen in den Kamin geworfen und verbrannt. Dies war

Abb. 8 Der heilige Nikolaus in einer Entschuldungsaktion. Er schafft die Probleme anderer Menschen aus der Welt. Deshalb wird er mit drei goldenen Kugeln dargestellt – dem Symbol für Schuldentilgung.

Abb. 9 Der Bankier Jakob Fugger, der reichste Mann des 16. Jahrhunderts, verbrennt vor den Augen seines Schuldners Karl V. Schuldscheine. Fugger verzichtet auf Guthaben gegenüber dem Staatschef, mit deren Hilfe – in Form von Schulden – dieser an die Macht gekommen war.

ein freiwilliger Verzicht eines »Staatsgläubigers« auf seine Guthaben. (Tatsächlich hat Fugger nicht auf sein Geld verzichtet, und der Staat Karls V. ging Mitte der 50er Jahre des 16. Jahrhunderts in Konkurs. Die größten Gläubiger des Staates waren die Fugger: Hätten sie rechtzeitig auf ihre Guthaben verzichtet, zumindest teilweise, wäre ihnen der spätere Totalverlust erspart geblieben.)

Woher kamen die 60 Prozent von Maastricht?

Heute sind Entschuldungsaktionen durch physische Vernichtung der Schuldtitel völlig unvorstellbar. Bekanntlich ist es auch sehr schwer, große Schuldenblöcke abzuschmelzen. Das hat die Debatte um die Erfüllung der **Maastricht-Kriterien** gezeigt. Und selbst wenn alle Maastricht-Staaten die Schulden auf die vorgeschriebene Marke von 60 Prozent des BIP (Bruttoinlandsproduktes) herunterfahren würden, blieben dennoch die 60 Prozent stehen.

Wie ist es überhaupt zu den ominösen 60 Prozent gekommen? Warum haben die Politiker nicht 40 Prozent genommen oder 100 Prozent? Der ehemalige Chef der Deutschen Bundesbank, Professor Helmut Schlesinger, der maßgeblich an der Ausarbeitung des Maastricht-Vertrages beteiligt war, erklärte in einem Gespräch: »Na ja, das war eben so eine angenommene Durchschnittszahl, die die meisten der EU-Staaten in etwa auch erreichen konnten.« Gab es irgendwelche gesicherten Erkenntnisse, warum gerade 60 Prozent? War es so etwas wie eine ideale oder gar optimale Größe? Schlesinger: »Nein.«

Wirkliche Vollbeschäftigung kann es aber nur geben, wenn auch diese völlig zufällig und willkürlich festgelegten 60 Prozent verschwinden und die Staatsverschuldung komplett auf Null abgebaut ist. Leider wird das nicht so ohne weiteres gehen, weil es – wie wir sehen werden – ein unabdingbares Definitionsmerkmal des modernen Staates ist, Schulden zu machen und damit Schulden zu haben.

Außerdem brächte uns eine Null-Staatsverschuldung in

größte Schwierigkeiten. Fast alles Geld, das umläuft, wird nämlich gegen Staatspapiere ausgegeben. Gäbe es also keine Staatsverschuldung und damit auch keine Staatspapiere mehr, gäbe es auch kein Geld mehr. Und dann?
Wir müssen uns also auch dafür eine Lösung einfallen lassen.

Staatsbankrott und Währungsreform

Staaten haben sich in der Geschichte immer wieder entschuldet, indem sie Pleite gemacht haben. Daß der Staat nicht pleite gehen kann, wie man immer wieder hört, ist ein Märchen. Wir kennen Hunderte von Staatsbankrotten. Der Internationale Währungsfonds IWF in Washington und die Bank für Internationalen Zahlungsausgleich, die Notenbank der Notenbanken, in Basel rechnen per Ultimo 1997 mit mindestens 140 Staaten (von über 180 weltweit), die de facto pleite sind.
Es gibt zwei Arten, wie der Staat Pleite macht:
1. **Er zahlt keine Zinsen mehr oder macht keine Schulden mehr** (um die fälligen Zinsen zu bezahlen, weil ihm niemand mehr was leiht). Er stellt auch sonst ganz einfach seine Zahlungen ein (für Beamtenpensionen, aufgelaufene Baurechnungen usw.; der Staat zahlt schon heute seine Rechnungen nur noch mit erheblicher Verzögerung, fragen Sie nur mal die deutschen Handwerksmeister!). **Das ist der klassische Crash.** Die Folgen sind Deflation, Depression und schwere Wirtschaftskrise. Ein Beispiel: Der weltweite Staatsbankrott des Jahres 1931, das sogenannte »Hoover-Moratorium«, benannt nach dem damaligen US-Präsidenten Herbert Hoover. Danach war die Weltwirtschaftskrise nicht mehr zu stoppen.
2. **Oder der Staat macht immer schneller immer höhere Schulden.** Die läßt er sich von der Notenbank in sofort verfügbarem Geld auszahlen. Die Masse des neu fabrizierten Geldes entwertet das bisher schon vorhandene Geld beziehungsweise die vorhandenen Guthaben. **Das ist die klassische Inflation.** Die Folgen sind zunächst riesige Spekulationen in Sachwerten, dann Kreditverweige-

rung (weil jeder nur wertloses Geld zurückbekommt), dann Run auf die Banken, um alles abzuheben, schließlich wird das staatliche Geld nirgends mehr angenommen. Es kommt zur Währungsreform. Ein Beispiel: das Deutsche Reich im Jahr 1923. Erst Hyperinflation, dann war die Währung kaputt.

Eine »Währungsreform« gibt es in Wahrheit nicht. Was sich hinter diesem komischen Wort versteckt, ist immer ein Staatsbankrott.

Nach jedem Staatsbankrott oder jeder Währungsreform ging es mit dem betreffenden Land aufwärts. Es tat zwar vielen Menschen weh, alles zu verlieren, was sie sich erspart hatten. Aber da jeder nichts mehr hatte, mußten sich alle mächtig anstrengen. Und siehe da, alles blühte schlagartig wieder auf. Auch beim Staat gilt, was bei jedem Unternehmen gilt: Jeder Untergang ist ein neuer Anfang.

Die augusteische Lösung

Die Beseitigung der Staatsverschuldung durch die Enteignung der Gläubiger, die dabei auch noch physisch eliminiert werden, ist eine seltenere Variante dieses Spiels zwischen Bankrott und Inflation.

Ein anderer berühmter römischer Kaiser, nämlich Augustus, der um Christi Geburt wirkte, sagte sich, es sei allemal besser, wenn ein paar Reiche verschwänden, als wenn ein ganzes Land vor die Hunde ginge, in Massenarbeitslosigkeit, in Elend, Anarchie und Chaos versänke. Also setzte Augustus alle Reichen (Gläubiger) seines Landes auf eine öffentlich angeschlagene Liste (sogenannte Proskription). Jeder, der einen Reichen tötete, wurde belohnt.

Der Kaiser selbst reiste durch die Provinzen und ließ sich in jeder Stadt die Liste der Reichsten aushändigen. Die mußten dann antreten, um sich hinrichten zu lassen. Die Reichen jammerten laut, aber Augustus blickte stur geradeaus und sagte: »Moriturum est« (zu deutsch: Es muß gestorben werden). Sein prominentestes Opfer war der große Rechtsanwalt, Redner

und Staatsphilosoph Cicero. Auch dessen Kopf wurde auf das Forum in Rom gerollt.

Nach dem gräßlichen Morden des Augustus, das der Historiker Oswald Spengler in seinem Buch »Der Untergang des Abendlandes« als eine »**Finanzoperation (!) in Form einer Schlächterei**« bezeichnete, blühte das Römische Reich auf wie nie zuvor. Es begann das vielbestaunte Augusteische Zeitalter – eine Periode von Frieden und Massenwohlstand.

Eigentum verpflichtet – aber zu was?
Private Schulden helfen der Wirtschaft, Staatsschulden vernichten sie

> »*Aber es wird immer wieder Augenblicke geben, in denen wir uns mit Erstaunen fragen, warum wir und die Dinge um uns überhaupt so sind, wie sie sind, und mit welchem Recht wir eigentlich von all den Annahmen ausgehen, die wir bisher vorausgesetzt haben.*«
>
> Anton Hügli und Poul Lübcke im Vorwort zu dem von ihnen herausgegeben »Philosophielexikon. Personen und Begriffe der abendländischen Philosophie von der Antike bis zur Gegenwart« (1991). Der Begriff »Eigentum« wird in dem Lexikon nicht behandelt.
>
> »*Alle Regierungsprogramme bewirken das Gegenteil von dem, was beabsichtigt wurde.*«
>
> Elliott-Wellen-Theoretiker, Juni 1998

Neue Eigentümer braucht das Land

Im folgenden werden wir sehen, daß Wirtschaften niemals Gütertausch ist, wie noch und noch behauptet wird, sondern stets die Erfüllung von Verträgen. Wir benennen einen Vertrag im folgenden mit dem aus dem Lateinischen abgeleiteten, gleichbedeutenden Wort **Kontrakt**. Das erleichtert das Ver-

ständnis. Das Wort »Vertrag« suggeriert nämlich, daß sich beide Parteien schon irgendwie gütlich einigen (= vertragen). Das Wort **Kontrakt** leitet sich ab von »contrahere« (= zusammenziehen). Es gibt das Gefühl der Vertragsparteien nach Vertragsabschluß besser wieder: Oh, da zieht sich was zusammen, da muß ich was tun!

Kontrakte werden immer nur aufgrund von **Sicherheiten** ausgefertigt. Niemand schließt einen Arbeitsvertrag mit einem Arbeiter ab, den es nicht gibt. Die Sicherheit für die Lohnzahlung ist die physische Existenz des Arbeiters. Umgekehrt wird ein Arbeiter nur in einer Firma eine Stelle suchen, die noch existiert. Seine Sicherheit ist das Vermögen der Firma, am Markt zu bestehen und sich dort jenes Geld zu verschaffen, mit dem schließlich die Löhne bezahlt werden.

Keine Bank gibt jemandem einen Überziehungskredit, wenn der nicht einen Arbeitsvertrag und seinen Gehaltszettel offengelegt hat. Keine Hypothek wird eingetragen auf ein Grundstück, das nicht im Grundbuch steht.

Kontrakterfüllung und Wirtschaften sind ein und dasselbe. Daher kann es nur mehr Wirtschaft, und damit auch mehr Arbeitsplätze, geben, wenn es mehr Kontrakte gibt. Die aber kann es nur geben, wenn es mehr Sicherheiten gibt. Da die wichtigste Sicherheit nach wie vor das Eigentum ist, muß vor allem untersucht werden, wie wir mehr Eigentum schaffen – und zwar beleihungsfähiges Eigentum.

Dazu muß auch geklärt werden, ob wir das vorhandene Eigentum nicht radikal umverteilen müssen. Achtung: umverteilen, nicht verstaatlichen oder sozialisieren!

In einem Schlager heißt es: »Neue Männer braucht das Land« – je mehr, desto besser. Das variieren wir jetzt zu einem: **Neue Eigentümer braucht das Land** – je mehr, desto besser. Das Eigentum in der Bundesrepublik ist jedes Jahr mehr statt weniger geworden. Die Bürger besitzen allein Immobilien im Wert von 7,4 Billionen Mark, dazu Aktien und Geldvermögen in Höhe von 5,4 Billionen und bewegliches Sachvermögen von 1,2 Billionen. Alles zusammen ist das zehnmal mehr als vor 40 Jahren.

Also muß gefolgert werden: Die bisherigen Eigentümer ha-

ben offenbar versagt. Denn sie sind mit schuld an dem kläglichen Zustand, in dem wir uns befinden.

Der Kern der Sache lautet: Eigentum, das nicht wirtschaftlich eingesetzt, das heißt verschuldet wird, ist asozial gebunkertes Eigentum.

»Eigentum verpflichtet« steht im Grundgesetz der Deutschen (Artikel 14), und wir werden untersuchen, wie dieser Artikel endlich mit Leben erfüllt werden kann. Die bisherigen Versuche, den Verpflichtungsartikel wirtschaftlich zu interpretieren, sind allesamt im Eckchen der Barmherzigkeit gelandet. In dem Sinne also: Wer Eigentum hat, soll davon gelegentlich etwas abgeben, damit die Nichteigentümer nicht völlig unter die Räder kommen. Das aber ist ein schnell durchschauter Unfug. »Eigentum verpflichtet« bedeutet nicht, es als milde Gabe zu verplempern, also in dem Sinne, daß es jeder, der es gerade hat, schnell weitergibt. Das Grundgesetz verlangt nicht, daß wir wie der heilige Martin leben, und die Deutschen sollen sich auch nicht wie Hans im Glück verhalten.

Der Eigentümer soll (und muß!) sein Eigentum behalten, aber er steht in der Pflicht. Große Frage dann: Was ist Eigentum? Was ist Pflicht?

Unter Eigentum versteht das Grundgesetz nicht das Schäufelchen von Klein-Erna. Oder den Fernseher, der bei Opa Hugo in der Schrankwand flimmert. Das Grundgesetz fordert nicht, daß Klein-Erna ihr Schäufelchen dem Peterchen leiht oder daß Opa Hugo auch mal die Nachbarn zum TV-Gucken einlädt, wenn deren Gerät kaputt ist.

Eigentum im Sinne des Grundgesetzes ist ein wirtschaftliches beziehungsweise wirtschaftlich relevantes Gut. Eigentum sind Grundstücke oder Ländereien, sind Fabriken, Maschinen, sind Autos und Flugzeuge, Lizenzen und Patente. Eigentum als Basis jeglichen Wirtschaftens.

Der Gebrauch des Eigentums, so steht es im Grundgesetz, soll »zuleich dem Wohle der Allgemeinheit« dienen! Was soll das nun wieder heißen? Wer dient, hilft einem anderen. Die größte Hilfe, die ein Eigentümer der Allgemeinheit leisten kann, ist zweifellos die Beseitigung der Arbeitslosigkeit (die

West-Immobilie in Altefähr

TOURISMUS
Mut zur Hetze

Ein Bürgermeister auf der Insel Rügen hat sich zu einer ungewöhnlichen Aktion entschlossen: Vor zwei baufälligen Häusern ließ er gelbe Schilder montieren – Aufschrift „Diese Immobilie ist seit 1991 im Besitz eines Altbundesbürgers!" Die Tafeln sollen westdeutsche Besucher darüber aufklären, wer schuld hat am Zerfall der Hotels im Zentrum von Altefähr. „Die Touristen sehen die Schandflecke und fragen: Was macht ihr mit unseren Fördergeldern?" sagt SPD-Bürgermeister Ingulf Donig. Die Reaktionen sind geteilt: Der Tourismusverband Rügen lobt die „mutige Initiative"; ein westdeutscher Geschäftsmann aber droht dem Bürgermeister mit einer Anzeige wegen „Volksverhetzung". Im benachbarten Stralsund geht der Mut zur Hetze noch weiter – dort werden die renovierungsunwilligen (West-)Eigentümer sogar mit Namen geoutet.

Hinweisschild

Abb. 10 *Klassisches Beispiel eines Verstoßes gegen das Grundgesetz. Der Eigentümer dieser Immobilie auf Rügen, ein Geschäftsmann aus dem Westen, fühlt sich durch sein Eigentum zu nichts verpflichtet. Er läßt es vergammeln, statt es wirtschaftlich einzusetzen, es also mit Hilfe der Aufnahme von Schulden zu renovieren.*

von ca. 70 Prozent aller Deutschen als das größte Problem überhaupt angesehen wird). Da das Grundgesetz den Eigentümer verpflichtet und eine Verpflichtung immer eine

Schuld ist, kann die Verpflichtung des Eigentums und dessen Gebrauch zum allgemeinen Wohl nur heißen:
Eigentum muß zum Schuldenmachen dienen. Wer sein Eigentum nicht verschuldet, verstößt gegen die deutsche Verfassung.
Wie nicht wirtschaftlich genutztes Eigentum aussieht, konnte man im »Spiegel« 27/1998 sehen. Dort war das Foto einer »West-Immobilie« in einer Gemeinde auf der Insel Rügen abgebildet. Sie verfällt. Der mutige Bürgermeister ließ vor dem Haus ein gelbes Schild aufstellen: »Diese Immobilie ist seit 1991 im Besitz eines Altbundesbürgers.« (Der Bürgermeister hat zwar Besitz mit Eigentum verwechselt, doch das spielt keine Rolle. Es zeigt allerdings, daß Eigentum auch in den neuen Bundesländern noch lange nicht als das verstanden wird, was es ist: der potentielle Motor allen Wirtschaftens.)

Der Wessi drohte laut »Spiegel« sogar mit einer Anzeige wegen »Volksverhetzung«. In Tat und Wahrheit müßte aber der West-Eigentümer sofort verhaftet werden. Er verstößt eindeutig gegen die deutsche Verfassung, **da er sich der Verpflichtung widersetzt, sein Eigentum zum Wohle der Allgemeinheit einzusetzen.**

Wo bleibt die Hypothek auf die Autobahn?

Im Zentrum unserer Untersuchungen steht der Staat. Er ist der große Schurke im Spiel. Er hat zwar Eigentum, aber er belastet es nicht. Oder haben Sie schon mal etwas von einer Hypothek auf ein Rathaus oder auf 100 Kilometer Autobahn gehört?

Zwar macht der Staat jede Menge Schulden, aber er sorgt nicht dafür, daß anschließend Prozesse starten, mit deren Hilfe die Schulden bedient und abgearbeitet werden. Der Staat setzt weder sein Vermögen wirtschaftlich ein (sonst wären längst alle Rathäuser und Autobahnen privatisiert), noch läßt er bei der Aufnahme von Krediten erkennen, daß er ein wirtschaftliches Konzept besitzt, mit dessen Hilfe Rückzahlungsvorgänge eingeleitet werden können.

Vergleichen Sie bloß mal den Staat als Gläubiger am Ka-

pitalmarkt und ein privates Unternehmen. Dem Staat schmeißen sie das Geld hinterher. Das Unternehmen aber muß die größten Kunststücke absolvieren – von Kreditwürdigkeitsprüfungen bis hin zur Ausarbeitung riesiger Prospekte, in denen die Rückzahlung genauestens geregelt wird wenn es an anderer Leute Geld kommen möchte.

Staatliches und privates Schuldenmachen sind zwei vollständig verschiedene Abläufe mit zwei völlig verschiedenen Folgen: Macht ein Unternehmen Schulden, bringt das die Wirtschaft voran. **Macht der Staat Schulden, reißt er die Wirtschaft ein. Das Unternehmen schafft Arbeitsplätze, der Staat vernichtet sie.**

Da der Staat aber als Institution kein eigenes Leben hat, sondern von Politikern bedient wird, sind es die Politiker, die genauer betrachtet werden müssen.

In den deutschen Parlamenten sitzen mehr als 20000 Abgeordnete. In den deutschen Ministerien arbeiten mehr als 30000 Spitzenbeamte. Alle wollen nur eines: die Arbeitslosigkeit bekämpfen.

Sehr gut! Aber warum machen sich die 50000 Könner nicht selbständig oder gründen selbst neue Unternehmen? Würde nur jeder der Topleute, die den Staat beherrschen und von ihm bezahlt werden, einen kleinen Betrieb mit 100 Mitarbeitern aufbauen, gäbe es fünf Millionen zusätzliche Arbeitsplätze.

Warum sagen wir den Politikern und Beamten nicht: »Wenn ihr die Arbeitslosigkeit bekämpfen wollt, fangt doch einfach damit an – bei euch selbst! Gründet Firmen und stellt Leute ein!«?

Die Politik ist das Problem, nie die Lösung. Die politische Klasse ist indolent. Sie schwafelt zwar lang und breit von der Bekämpfung der Arbeitslosigkeit, ist aber zu feige, sich selbst einen Gewerbeschein zu besorgen und mit der Bekämpfung anzufangen. Warum gibt es keine Joschka Fischer GmbH, keine Gerhard Schröder AG? Der behinderte Wolfgang Schäuble ist einer der leidenschaftlichsten Verfechter von »mehr Arbeitsplätzen«. Warum schafft er nicht selbst Arbeitsplätze wie der behinderte Frank Williams, der einen Formel-1-Rennstall betreibt?

Wenn der Staat aber Arbeitsplätze schafft?

Mit zusätzlichen Staatsschulden können jederzeit neue Arbeitsplätze geschaffen werden. Das weiß jedes Kind. Dazu muß sich der Staat nur Geld leihen, was die Banken ihm jederzeit in jeder gewünschten Höhe zur Verfügung stellen. Die Banken haben dem deutschen Staat (Klartext: den Politikern) schließlich schon insgesamt knapp 900 Milliarden direkte Kredite gegeben. Diese Kredite sind zusätzlich zur sonstigen Staatsverschuldung aufgelaufen (Bundesschatzbriefe usw.).

Arbeitslose mit Staatsschulden zu beschäftigen ist leicht. Die Bundesrepublik Deutschland, die über vier Millionen Arbeitslose klagt, könnte diese Rechnung aufmachen: Jeder Arbeitslose soll 50 000 Mark im Jahr verdienen. Mal vier Millionen macht 200 000 000 000 Mark.

Mit 200 Milliarden Mark zusätzlicher Staatsverschuldung wären also alle Arbeitslosen ein Jahr lang beschäftigt. Klasse!

Allerdings hätten die Menschen dann zunächst nur ein Einkommen in Höhe von 50.000 Mark im Jahr. Sie hätten aber noch keinen Arbeitsplatz. Sie würden vom Staat nur eingestellt, ohne daß sie schon etwas Konkretes zum Arbeiten hätten.

Würde man den neu vom Staat Beschäftigten eine Schaufel geben oder einen Besen, das Mindeste, was man zum Arbeiten braucht, würde sich der Betrag entsprechend erhöhen. Es kämen noch einmal Ausgaben für vier Millionen Schaufeln oder Besen dazu. Eine Schaufel oder ein Besen kostet vielleicht 20 Mark. Damit erhöht sich der Betrag, den sich der Staat leihen müßte, um die Arbeitslosigkeit zu beseitigen, um weitere 80 Millionen. Kleingeld.

Die Arbeit, die damit geschaffen würde, wäre primitiv, und vermutlich ist es auch nicht mit der vom Grundgesetz garantierten Würde des Menschen zu vereinbaren, wenn alle Arbeitslosen irgendwo Erde umgraben oder fegen.

Ein guter Arbeitsplatz ist da schon teurer. Nehmen wir an, der Staat mietet Büroräume für die vier Millionen Arbeitslosen und stellt jedem einen Schreibtisch hin, mit ISDN-Anschluß und Computer. Dann müßte so gerechnet werden: Zehn Qua-

dratmeter Büroraum à 200 Mark Miete im Jahr. Macht 2000 Mark mal vier Millionen, also acht Milliarden Mark. Da die frisch Beschäftigten nicht nur im Büro sitzen, sondern auch telefonieren und am Computer arbeiten wollen, und dies in geheizten oder klimatisierten Räumen, müßten vielleicht noch einmal zwölf Milliarden Mark laufende Kosten angesetzt werden – pro Monat eine Milliarde. Dann würde das Arbeitsbeschaffungsprogramm schon 220 Milliarden kosten.

Aber Büro ist Stumpfsinn, wenn man nur dasitzt und telefoniert oder sich aus dem Internet irgendwelche Informationen holt, die man nicht weiterverwerten kann.

Also müßte sich der Staat etwas Besseres einfallen lassen. Sagen wir: Er beschäftigt jeden der Arbeitslosen in staatlichen Manufakturen. Früher hießen solche Stätten Arbeitshäuser oder staatliche Werkstätten. Dann müßten Maschinen gekauft werden, die in neu gebauten Hallen stehen. Dazu müssen Meister her, die die Arbeitslosen anlernen. Es kommt ein Haufen sonstiger Kosten dazu: Büros, Bewachung, Einkauf von Material, Verkauf usw.

Ein solcher Arbeitsplatz in einer handwerklichen Fertigung oder einer Werkstatt kostet mindestens 50 000 Mark, also genausoviel wie der Durchschnittslohn, den der Staat den Beschäftigten zahlt. Jetzt müßte sich der Staat schon 400 Milliarden leihen, um wieder Vollbeschäftigung zu haben.

Rechnen wir jetzt noch aus, was es den Staat kosten würde, wenn er beschlösse, die Arbeitslosen alle an einem High-Tech-Arbeitsplatz unterzubringen. Ein guter Arbeitsplatz in der Industrie kostet zwischen 200 000 und einer Million Mark. Der Einfachheit halber nehmen wir an, solche Spitzenarbeitsplätze ließen sich sämtlich in einem Jahr aus dem Boden stampfen.

Alles zusammen würde also die Vollbeschäftigung an guten bis sehr guten Arbeitsplätzen zwischen 800 Milliarden und vier Billionen Mark kosten.

Die Summe ist nicht unbeachtlich. Das gesamte deutsche Volkseinkommen eines Jahres liegt bei 3,6 Milliarden Mark (Volkseinkommen = Einkommen aus unselbständiger Arbeit + Einkommen aus Unternehmertätigkeit und Vermögen, wie Mieten, Zinsen usw.).

Selbst wenn uns der Staat alles, was wir in einem Jahr verdienen, zu 100 Prozent wegsteuern würde, würde das nicht ausreichen. Abgesehen davon: Wenn wir jeder unser Jahreseinkommen ausgäben, um die vier Millionen Arbeitslosen zu beschäftigen, und dann noch jeden an einem High-Tech-Arbeitsplatz – dann würde alles Geld nur für diesen einzigen Zweck ausgegeben, und alle Geschäfte, in denen wir sonst einkaufen, müßten schließen. Wir hätten kein Geld mehr für eine Urlaubsreise, für Kino, für ein neues Auto.

Das also kann es nicht sein.

Macht Vollbeschäftigung arbeitslos?

Mit diesem fiktiven Rechenbeispiel haben wir immerhin schon eine erste wichtige Erkenntnis gewonnen: Ein Arbeitsbeschaffungsprogramm kann niemals aus vorhandenem Einkommen finanziert werden. Das Geld, das wir für die Beschäftigung der Arbeitslosen – etwa über eine Arbeitsbeschaffungssondersteuer – abgeben müßten, würde sofort an anderer Stelle fehlen. Oder vereinfacht: Die vier Millionen Arbeitslosen hätten dann zwar Arbeit, aber alle anderen, die von dem Geld leben wollten, das wir abgeben müßten, wären arbeitslos, weil wir bei ihnen nichts mehr kaufen könnten (die Grundausstattung für die neuen Arbeitsplätze ausgenommen).

Damit haben wir einen wichtigen ersten Punkt gefunden, der uns bei der Antwort, wie das Arbeitslosenproblem zu lösen wäre, weiterhilft: Das Geld für neue Arbeitsplätze, egal wie komfortabel sie eingerichtet sind, und das Geld, um die Arbeitslosen zu bezahlen, kann niemals aus vorhandenem Einkommen stammen. Jemand muß es sich **zusätzlich** leihen. Selbstverständlich müßte es sich auch der Staat leihen, der immer vorgibt, die Arbeitslosigkeit bekämpfen zu wollen.

Wenn das Geld für neue Arbeitsplätze aus Krediten stammen muß, dann lautet der Umkehrschluß zwingend: Auch das Geld für alle bestehenden Arbeitsplätze und auch das Geld für die Löhne, die für die Menschen bezahlt werden, die auf die-

sen Arbeitsplätzen tätig sind, mußte sich jemand erst einmal leihen, bevor überhaupt Beschäftigung entstehen konnte. **Arbeitsplätze ohne Kredite gibt es nicht. Und da es kein Wirtschaften ohne Arbeitsplätze geben kann, muß gefolgert werden: Auch Wirtschaften ohne Kredit gibt es nicht.** Da aber jedem Kredit immer eine gleich hohe Schuld entspricht – es wird immer doppelt gebucht! –, können wir feststellen: **Ohne Schulden gibt es keine Wirtschaft.**

Staatsverschuldung ist prima!

In den Buchhandlungen macht ein Buch von sich her, das 1996 erschien und innerhalb von sechs Monaten acht Auflagen erlebte. Es heißt »Lexikon der populären Irrtümer« und behandelt »500 kapitale Mißverständnisse, Vorurteile und Denkfehler von Abendrot bis Zeppelin«. Das Abendrot verheißt in Wahrheit kein gutes Wetter, sondern kündigt eher Regen an. Der Zeppelin wurde nicht vom Grafen Zeppelin erfunden, sondern von einem portugiesischen Jesuitenpater im Jahr 1670. Und so weiter.

Das Buch haben zwei deutsche Topexperten geschrieben, die Professoren Walter Krämer und Götz Trenkler. Beide lehren Statistik an der Universität Dortmund. Statistiker gelten als absolut seriöse Wissenschaftler. Daher ist keiner ihrer Zahlen oder Schlußfolgerungen zu mißtrauen.

Oder doch?

Auch zum Thema Staatsverschuldung äußern sich die Herren in ihrem Buch und räumen gleich mit zwei Irrtümern auf. Irrtum 1: »Eine hohe Staatsverschuldung schadet der Wirtschaft.« Irrtum 2: »Eine hohe Staatsverschuldung belastet künftige Generationen.«

Beide Irrtümer sind bekanntlich weit verbreitet, und da sie auch in diesem Buch, das Sie gerade lesen, vorgetragen werden, müssen wir uns schon anhören, was die beiden Herren, die als Beamte auf Lebenszeit vom Staat bezahlt werden und einen Eid auf die Verfassung geleistet haben, dazu zu sagen haben.

Die beiden Statistiker widerlegen die beiden Irrtümer, die sie anprangern, nicht mit Hilfe eigenen Nachdenkens. Sie plappern vielmehr nach, was andere Kapazitäten zum Thema Staatsschulden von sich gegeben haben, unter anderem der Nobelpreisträger für Wirtschaft Paul A. Samuelson, der langjährige (inzwischen verstorbene) Herausgeber der »Wirtschaftswoche«, Professor Wolfram Engels, und die auf Staatsschulden spezialisierten Professoren Eisner, Mishan, Buster und Kletzer, die in den USA lehren, jenem Land, das die höchsten Staatsschulden überhaupt hat.

»Sehr dumm gucken«

Nun zum ersten Irrtum. Die Professoren Krämer & Trenkler schreiben in ihrem Bestseller (Hervorhebungen in den Zitaten hier und im folgenden von mir): »Die privaten Haushalte in der Bundesrepublik Deutschland sparen jährlich mehr als 100 Milliarden Mark. Darauf sind nicht wenige gewaltig stolz – um soviel **übersteigt** das deutsche Volkseinkommen den Konsum. Was aber viele übersehen, ist die Konsequenz daraus. Denn dieser **Überschuß** der Einnahmen über die Konsumausgaben muß schließlich **irgendwie verwendet** werden. Mit anderen Worten, es sind Wirtschaftssubjekte gesucht, andere Privathaushalte, Firmen, das Ausland, aber auch der Staat. Es gibt gute Gründe, den Staat als Schuldner dabei skeptisch zu betrachten, etwa die notorische Ineffizienz und Verschwendungssucht der öffentlichen Verwaltung, die wir mit unseren Spargroschen vielleicht nur weiter unterstützen. Aber auf der anderen Seite würden viele, die jetzt noch über hohe **Staatsverschuldung** klagen, **sehr dumm gucken,** wenn der Staat das **Schuldenmachen** plötzlich bleiben ließe.«

Ja, da gucken wir jetzt dumm, sehr dumm ...

Aber trösten wir uns. Nicht wir sind dumm. Sondern die beiden Statistikprofessoren. Sie haben von Wirtschaft keine Ahnung.

Das beginnt schon damit, daß die Herren nicht sauber zwischen Verschuldung und Schuldenmachen trennen. Sie ver-

wechseln das eine mit dem anderen und setzen Bestand mit Zuwachs gleich. Die Staatsverschuldung aber kann sehr hoch sein und das Schuldenmachen bei null liegen. Die Verschuldung kann bei null liegen und das Schuldenmachen hoch sein. Jedesmal gibt es völlig verschiedene Effekte.

1966 war die deutsche Staatverschuldung niedrig, der damalige Wirtschaftsminister Karl Schiller machte hohe Schulden – es funktionierte, die in einer Krise steckende Wirtschaft begann zu boomen. 30 Jahre später hat Deutschland eine hohe Verschuldung – bei relativ niedrigem Schuldenmachen (unter der Maastricht-Marke von drei Prozent). Resultat: Nichts funktioniert, die Wirtschaft gerät immer tiefer in die Krise.

Dann haben die Herren Professoren nicht kapiert, daß es so etwas wie einen »Überschuß«, Volkseinkommen minus Konsum, niemals gibt. **Überschüsse gibt es bei Warenproduktionen, aber nicht beim Geld.** Jeder Geldsumme entspricht in jedem Augenblick immer eine gleich hohe Schuldensumme. Ein einzelner kann zwar jederzeit Geld »übrig« haben, aber volkswirtschaftlich, also in der Summe aller einzelnen, entspricht das übriggebliebene Geld immer den gleich hohen übriggebliebenen Schulden. Der einzelne mag sich die Frage stellen: O Gott, wohin mit meinem Geld? Aber jedem frohlockenden Gläubiger entspricht ein sich barmender Schuldner. Jedem Geldschein entspricht eine Schuld in gleicher Höhe.

Doch nicht nur das! Während die Schuld auf den Geldschein wartet, der sie zum Erlöschen bringt, läuft Zeit ab, was die Schuld durch den auf ihr liegenden Zins vergrößert, nicht aber das Geld vermehrt. Denn dadurch, das jemand Geld in der Hand hat, wird es ja nicht mehr. Tatsächlich gibt es nie einen »Überschuß« an Geld. Nie! **Sondern immer einen »Unterschuß«!** Immer! Immer ist zuwenig Geld im Umlauf, um die vorhandenen Schulden auch zu decken, die sich immer weiter vermehren. Aber haben Sie schon mal einen Hunderter gesehen, der über Nacht um einen Quadratmillimeter größer geworden ist?

Die Professoren haben nicht nur von doppelter Buchführung keine Ahnung, die inzwischen im Abendland seit mehr als 500 Jahren gebräuchlich ist. Sondern sie haben auch

keine Ahnung vom Wesen des Zinses, der jede Schuld schneller anwachsen läßt als die zu ihrer Abdeckung vorhandenen Mittel, so daß netto immer neue Schulden gemacht werden müssen, um die alten in ihrer Gesamtheit zu bedienen.

Kohlköpfe und Hohlköpfe

Die Professoren denken in Statistikkategorien und glauben, Geld sei so etwas wie abgeerntete Kohlköpfe oder Schweinehälften, die im Kühlhaus hängen. Die kann der Statistiker zu einem bestimmten Stichtag zahlenmäßig genau ermitteln. Aber die dem Geld zugrundeliegenden Schulden vermehren sich allein an dem Stichtag, da jemand sie addieren wollte, schon wieder um ein 1/365stel des Zinses, der per anno vereinbart wurde. Und während Sie den letzten Satz gelesen haben, sind die Schulden schon wieder um 1/15000stel gestiegen. Das sind bei den 2,5 Billionen Mark Staatsschulden 17 000 Mark.

Die Summe läuft automatisch auf, das fordern die Gläubiger des Staates. Aber das Geld, die Schulden zu bezahlen, ist nicht da. Es sei denn, jemand hat in der gleichen Zeit wieder Schulden in Höhe von 17 000 Mark gemacht. Und damit das Geld geschaffen, die Schulden zu bedienen.

Die Professoren sind Statistiker und können Kohlköpfe und Schweinehälften zählen. So glauben sie, die armen »Überschuß«-Menschen (»Einkommen minus Konsum«) müßten vielleicht sogar ihr Geld vernichten, wie die Bauern ihre Kohlköpfe unterpflügen und ihre Schweine keulen müssen, wenn der Staat ihnen nicht mit einer neuen EU-Subvention unter die Arme greift und alles aufkauft. Vermutlich haben die Professoren auch schon Anzeigen in Zeitungen gelesen wie: »Geld dringend abzugeben. Habe zuviel davon. Wer will es?« Oder sie haben im Fernsehen Berichte von sozialen Unruhen gesehen, wie sich Sparer zusammenrotten und protestieren, weil ihnen keiner ihr Geld abnimmt, bis sich dann doch der liebe Staat ihrer erbarmt.

Wir guckten also dumm, »sehr dumm« sogar, wenn der Staat keine Schulden mehr machen würde? Gäbe es eine An-

lagekrise, vielleicht müßte sogar der landesweite Notstand ausgerufen werden? Brennt schon irgendwo die Republik? Nein. Gott sei Dank, die Republik ist ruhig, noch steht das Bundeskanzleramt. Und wir Bürger zahlen mit unseren Steuern weiter die hohen Gehälter dieser Hohlköpfe, am Monatsersten übrigens schon für den folgenden Monat – wie bei allen Beamten. Und auch noch ihre Pensionen, sobald sie sich zur Ruhe gesetzt haben. Toll!

Jetzt der zweite Irrtum. Die beiden Professoren schreiben: »Weder ist eine **hohe Staatsverschuldung** für sich allein betrachtet etwas Schlechtes, noch belastet sie, wie viele glauben, automatisch unsere Kinder. Denn die **gleichen Kinder,** die unsere Schulden erben, erben auch unsere Vermögen ... der Staat (kann) Schulden machen wie er will – **netto ist die Belastung immer Null** ... der Staat als ganzes (kann auch) keine Schulden machen: was wir aus der einen Tasche herausnehmen, stecken wir in die andere wieder hinein, **und netto gleicht sich alles aus** ... die zukünftige Generation hat durch die aktuelle Schuldenpolitik **weder Vorteile noch Nachteile** ... Und da natürlich die heute gemachten Schulden morgen zurückgezahlt werden müssen, schränken die Schulden von heute den staatlichen Handlungsspielraum morgen ein. Aber verglichen mit den Horrorvisionen künftiger, vor allem in Wahlkampfzeiten durch die deutschen Medien geisternder **Elendsmassen,** die ihr Schicksal unserer aktuellen Schuldenpolitik verdanken, sind diese Wirkungen doch sehr gelassen zu ertragen.«

Wundervoll! Da Schulden immer gleich Guthaben sind, bleibt unterm Strich (»netto«) nichts. Das ist absolut richtig. Daß die Professoren damit sich selbst widersprechen, merken sie noch nicht einmal. Selbst dazu sind sie zu dämlich. Beim Ausräumen des ersten »Irrtums« hatten sie doch gerade erst behauptet, es gäbe Guthaben **netto,** sogenannte »Überschüsse« (also ohne daß jemand gleich hohe Schulden hätte).

Die Herren Professoren sind so kindisch wie die FDP, die im Bundestagswahlkampf 1998 mit dem Slogan »**Mehr Netto für alle!**« angetreten war. Wenn alle netto mehr haben – wo kommt das viele Geld bloß her? Wir können es ahnen: Es fällt

vom Himmel, wie einst das Manna in der Wüste. Da sich netto **alle besser** stellen, kann sich netto **keiner schlechter** stellen. Der liebe Onkel, der Manna vom Himmel regnen ließ, wird auch das schon richten.

Schwachsinn? Nein, Sie irren sich: Es war ein verbindliches Wahlprogramm! Von einer Partei, die sich lange Jahre einen Vorsitzenden geleistet hat, den Grafen Lambsdorff nämlich, der – wie wir schon gesehen haben – von Wirtschaft keine Ahnung hat. Also wundert uns das nicht. Die FDP eine »Wirtschaftspartei«? Zum Lachen!

Dumm, dümmer, Dortmund

Also sind die Staatsschulden jetzt netto oder null oder wie oder was?

Nach der Dortmunder Logik könnte der Staat seine Schulden selbstverständlich sofort verzehnfachen. Da sich die Guthaben dann ebenfalls verzehnfachen, kann doch nichts passieren, weil kein Mensch zusätzlich belastet ist.

Nach der Dortmunder Logik könnte der Staat seine Schulden auch über Nacht streichen. Dann gingen entsprechend hohe Guthaben auch auf Null, und wieder passiert nichts.

Nach der Dortmunder Logik kann der Staat gleich nur noch Schulden machen und alle Steuern streichen, weil Schuldenmachen »weder Nachteile noch Vorteile« bringt.

Warum sprechen die Professoren eigentlich noch davon, daß »zurückgezahlt« werden müsse? Das Problem entfällt ja wohl. Außerdem: Warum und wodurch sollte der staatliche Handlungsspielraum eingeschränkt sein, wo sich doch netto alles ausgleicht?

Oder sind die Professoren vielleicht sogar viel weiter, als wir alle ahnen? Haben sie etwa die **dreifache Buchführung** erfunden und eine Welt der **zinslosen Kredite** entdeckt? Wenn Schulden Guthaben sind und trotzdem noch zum »Überschuß« werden (netto), ist der Staat dann nicht verpflichtet, diese Guthaben gleich noch einmal für sein Schuldenmachen gnädig anzunehmen? Und alles selbstverständlich ohne Zin-

sen. Denn die kommenden Generationen werden nicht weiter belastet, weil sie mit den Schulden die gleich hohen Guthaben erben, und beides bleibt dann einfach so stehen und fertig.

Nicht bloß die »zukünftige Generation« erbt die Staatsschulden und die gleich hohen Guthaben! Nein, die Dortmunder Professoren sagen präzise: die »gleichen Kinder«, wie schön. Weil bekanntlich alle Kinder gleich sind, gleich stark, gleich begabt, gleich reich, gleich arm und vor allem gleich alt sind, sonst wären es ja nicht gleiche Kinder, und weil die gleichen Kinder gleichzeitig die Guthaben und die Schulden haben, ist doch alles paletti! Vermutlich läuft es bei den Professoren so ab: Sobald ein Kind auf die Welt kommt, überschreiben ihm die Eltern ihre Bundesschatzbriefe, und der Standesbeamte teilt mit, daß das Neugeborene Schulden in gleicher Höhe hat. Als Symbol für dieses Nettonull werden dem Kind, das jetzt die Guthaben und die Schulden geerbt hat, **eine blaue und eine rote Kugel** geschenkt (blau für Guthaben, rot für Schulden). Mit den Kullern kann das Baby in der Wiege spielen. Eines Tages, wenn das Kind schon gehen kann, tritt es auf die rote und die blaue Kugel – alles ist putt. Und alles ist gut. Was ist Schwachsinn? **Das** ist Schwachsinn!

Völlig unklar ist schließlich, was die Herren Professoren aus Dortmund mit den »Elendsmassen« meinen. Denn der Staat macht doch gerade Schulden, um die Arbeitslosigkeit zu beseitigen, also um schon den Ansatz zum Elend zu beseitigen. Ist die Staatsverschuldung vielleicht bloß noch nicht hoch genug?

Jawohl, Staatsschulden schaffen Elendsmassen!

Aber leider: Am Elend ist was dran. Es kommt in der Tat durch die Schuldenpolitik: Nur sind es nicht die Staatsschulden, die »aktuelle Schuldenpolitik«, wovon die Professoren faseln, sondern es ist die »hohe Staatsverschuldung«. Es sind die daraus fließenden arbeitslosen Einkommen. Die werden uns immer mehr Arbeitslose bescheren und eines Tages vollends ruinieren. Das geschieht so:

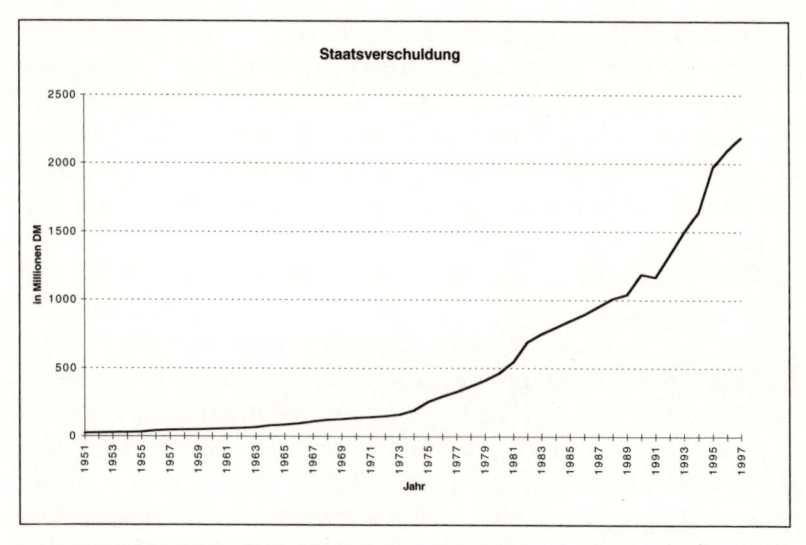

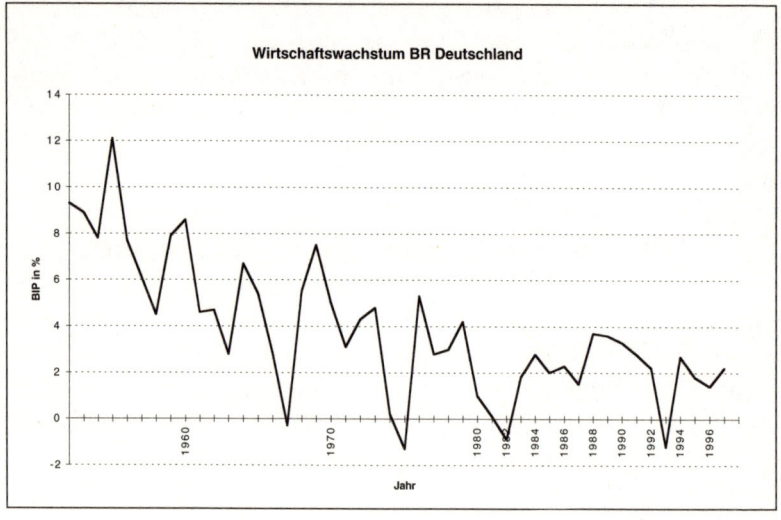

Abb. 11 *Zwei Kurven, eine Sache. Je höher die Staatsschulden gestiegen sind, desto geringer wurde das Wirtschaftswachstum. Fällt das Wachstum unter null, schrumpft also das Sozialprodukt, werden die Staatsschulden noch schneller steigen. Denn der Staat muß die Zinsen zur Schuld schlagen, da er in einer Krise niemals die Steuern erhöhen kann, ohne diese noch mehr zu verschärfen. Außerdem möchte der Staat helfen (Arbeitslose usw.!). Dadurch wird das Wachstum noch weiter ins Minus plumpsen – bis endlich alle arbeitslos sind.*

Sobald ein Schuldner erscheint, der zwar Schulden machen kann und darf, der danach aber keine Anstalten trifft, durch zusätzliche Anstrengungen (bei sich oder bei anderen, die er zu solchen zusätzlichen Anstrengungen zwingen könnte), Zins und Tilgung zu erwirtschaften, erhalten die Gläubiger dieses nichtleistenden Schuldners ein arbeitsloses Einkommen.

Dafür müssen nicht nur sie nicht arbeiten, sondern auch kein anderer!

Und wenn keiner arbeitet, weil keiner arbeiten muß – was haben wir dann? Zunächst immer schwächeres Wirtschaftswachstum, dann Stagnation und **Arbeitslosigkeit**. Dies beweist die historische Entwicklung der Bundesrepublik Deutschland. Obwohl die Staatsschulden immer weiter gestiegen sind, ging der Zuwachs des BIP immer mehr zurück. Der Staat aber hat immer behauptet, er würde Schulden machen, um das Wachstum anzukurbeln oder um zumindest die erreichten Wachstumsraten zu halten. Das Gegenteil ist eingetreten.

Die Reichen werden noch viel reicher

Die nächste Generation, die unsere Schulden erbt, muß sie irgendwie leider doch bedienen – es sei denn, alle Zinsen werden von vornherein nur noch zur Schuld geschlagen und an die Bedienung der Schulden durch Steuern denkt überhaupt kein Mensch mehr (was das Problem bekanntlich nicht löst, sondern nur hinausschiebt).

Nicht »die« nächste Generation erbt alle Guthaben, die sich als Vermögen in Form von Staatspapieren darstellen, sondern nur ein Teil davon. Klartext: die Kinder der Reichen. Sie kassieren die wunderschönen arbeitslosen Einkommen wie ihre Väter.

Die gleich hohen Staatsschulden aber erben alle (!) Mitglieder einer nächsten Generation. Denn jeder ist gleichberechtigter Teil des Staates, im Guten wie im Bösen.

Der Staat hat Zugriff auf alle Bürger, ob reich oder arm. Der Staat ist bekanntlich ein **Fan der Gleichheit.** Also könnte er zum Beispiel sagen: Ich erhebe zur Schuldenbedienung oder gar -tilgung eine Pro-Kopf-Steuer. Jeder einzelne Bürger muß den Betrag, der als Schuld des Staates aufgelaufen ist, in genau der Höhe abtragen, die nach der Formel errechnet wird: Summe der Staatsschulden geteilt durch Zahl der zum Stichtag im Staatsgebiet existenten Bevölkerung.

Für Deutschland wären das – angenommen Stichtag ist 31. Dezember 1998 – grob gerechnet 2,5 Billionen Staatsschulden geteilt durch 83 Millionen Bevölkerung. **Jeder,** ob Baby oder Greis, müßte also 30 000 Mark abliefern.

Obendrein verteilen sich die den 2,5 Billionen Mark Staatsschulden entsprechenden Guthaben nicht gleichmäßig. Aufgrund langjähriger Erfahrungswerte kann man sagen, daß höchstens 20 Prozent der Bevölkerung in den Industrienationen tatsächlich über Nettoguthaben verfügen, also »reich« sind.

Genaue Zahlen für die Bundesrepublik gibt es leider nicht, aber arbeiten wir mit diesem Wert, um diese Form der Schuldentilgung durchzurechnen. Wir könnten jeden anderen Prozentsatz nehmen. Die 20 Prozent kassieren also all das Geld, das der Staat als Pro-Kopf-Steuer kassiert und an die Inhaber der Staatspapiere auszahlt?

Das Resultat einer solchen Aktion läßt sich rasch ausmalen: Die 80 Prozent Nichtreichen würden sofort eine Partei gründen, die diesen Unsinn stoppt. Die 20 Prozent würden leer ausgehen, denn es macht keinen Sinn, die Reichen noch reicher zu machen, indem man die Armen vollends zur Verzweiflung treibt. Besteht keine Möglichkeit, eine solche Partei zu gründen, oder wird eine solche Aktion nicht rechtzeitig durchschaut, oder ist sie gar vom Verfassungsgericht angeordnet, dann werden die 80 Prozent auf die Straße gehen und mit Gewalt verhindern, daß die Aktion exekutiert wird.

Also Revolution!

Was für die gesamte Staatsverschuldung gilt, gilt selbstverständlich auch für ihre Teile. Selbst wenn nur zehn Prozent der Staatsschulden auf diesem Weg zurückgezahlt würden, wären

das pro Kopf immer noch 3000 Mark, für eine vierköpfige Familie also 12 000 Mark. Auch das machen die Familien selbstverständlich nicht mit.
Wieder Revolution!
Auch wenn es nur um eine Tilgung der Staatsverschuldung um den Betrag der Zinsen ginge, die jedes Jahr auflaufen (und die bisher immer wieder zur Schuld geschlagen werden), würde es nicht funktionieren. In diesem Falle würde die Staatsschuld zwar gleichbleiben – aber zu welchem Preis? Die vierköpfige Familie müßte – fünf Prozent Zinsen vorausgesetzt – immer noch 6000 Mark – und das pro Jahr (!) – aufbringen, nur damit die Verschuldung nicht immer weiter steigt und alles nicht noch schlimmer wird.
Und noch mal Revolution!
Damit Ihnen ganz, ganz klar ist, worum es geht, hier noch einmal: 2,5 Billionen Staatsschulden, 83 Millionen Menschen, fünf Prozent Zinsen. Damit die Staatsverschuldung nicht automatisch immer höher steigt, müßte jeder Deutsche pro Kopf und Jahr 1500 Mark mehr Steuern zahlen als bisher! **Das** ist das Problem!

Man kann es drehen und wenden, wie man will: Die Vorstellung, daß die Staatsverschuldung in der inzwischen erreichten Höhe auch nur ansatzweise zurückgezahlt werden kann, ist völlig illusorisch. Wer das durchsetzen wollte, hat sofort schwerste soziale Unruhen auf dem Hals, vermutlich sogar den Umsturz.

Erinnern wir uns doch bloß an die beinahe schon prärevolutionären Bewegungen in vielen europäischen Ländern, als wegen der Einführung des Euros und der damit verbundenen Einhaltung der Maastricht-Kriterien minimal gespart wurde, um die Staatsverschuldung noch einmal in den Griff zu kriegen. Massenweise eilten die Arbeiter auf die Straße, überall Streiks und sozialer Unfrieden! Selbst ein so verdienter und erfahrener Politiker wie Helmut Kohl ging unter.

Nein, liebe Freunde der Staatsverschuldung: Rückzahlung wird es nie und nimmer geben! Selbst die Verhinderung des weiteren Aufblähens dieses Monsters ist schlechterdings unmöglich. Der allgemeine Staatsbankrott und damit die ersatz-

lose Streichung auch aller Guthaben, also die gewaltigste »Währungsreform« aller Zeiten, kommt so sicher wie das Amen in St. Peter.
Wenn es so weitergeht, ist die Bundesrepublik Deutschland verloren!

Warum sind nicht alle Menschen reich?

Könnten – statt der 20 Prozent – nicht alle 100 Prozent der Bevölkerung über Nettoguthaben verfügen, also »reich« sein? Theoretisch ist das möglich, setzt man den Staat als Großschuldenmacher voraus. Das würde dann etwa so funktionieren:

Der Staat will endlich alle reich machen und legt ein gigantisches Sparförderungsprogramm auf. Jeder Bürger soll mindestens eine Million Mark Nettovermögen haben. Wer schon darüber liegt, wird nicht gefördert, aber alle anderen. Von einer Million Mark auf der hohen Kante kann jeder leben. Denn zu fünf Prozent angelegt, sind das 50 000 Mark im Jahr (vierköpfige Familie: 200 000 Mark).

Die Förderung geht dann so: Der Staat gibt jedem Bürger den Betrag, der ihm zur Million fehlt. Das Geld muß sich der Staat natürlich leihen. Er leiht es sich bei der Sparförderungsbank. Aber wo kriegt die ihr Geld her? Ganz einfach: Die Bürger, die ihre Million **Sparförderung** bekommen, müssen das Geld zur Gegenfinanzierung ihrer Sparförderung auf just dieser Bank wieder einzahlen.

Dann haben wir lauter Millionäre. Und alles ist fein, bis der erste merkt, daß er Gläubiger und Schuldner in einer Person ist.

Wie kriegt der Staat die Arbeitslosen weg?

Das Problem ist sichtbar: Ein »Arbeitsloser« bietet seinerseits seine Arbeitskraft ja nur an (zu welchem Preis spielt zunächst keine Rolle), weil er kein arbeitsloses Einkommen bezieht. Hat

sein potentielles Gegenüber am Arbeitsmarkt aber kein Interesse daran, Arbeitsplätze anzubieten, findet der Arbeitslose keine Arbeit.

Warum hat aber der andere kein Interesse? Ganz einfach: Das potentielle Gegenüber bezieht arbeitslose Einkommen und muß sich nicht Einkommen mit Hilfe unternehmerischer Arbeit und dem damit verbundenen Risiko beschaffen.

Dieses Phänomen ist als **Siemens-Syndrom** bestens bekannt: Der Weltkonzern hält in der Bilanz 20 Milliarden Mark Wertpapiere (Kurswert) vor, denkt aber nicht daran, diese Mittel für die Schaffung von Arbeitsplätzen zu investieren.

Große Frage: Wer schafft arbeitslose Einkommen, für die niemand arbeiten muß? Wer ist der wichtigste Schuldner des Gläubigers Siemens? Sollte es jemand sein, der sich zwar verschulden kann, der danach aber keine Anstalten macht (machen kann oder machen muß), die Schulden abzuarbeiten? Dann würde nicht nur Siemens keine Arbeitskräfte nachfragen, sondern auch sonst niemand – und das, obwohl die 20 Milliarden in Wertpapieren in der Siemens-Bilanz logischerweise Schulden sind, die eigentlich irgend jemand ab»arbeiten« müßte.

Das beweist: Haben wir es also mit einem nicht leistenden Schuldner zu tun, geht jeder Wunsch nach »mehr Beschäftigung« ins Leere.

Der nicht leistende Schuldner wäre demnach die alleinige Ursache der Arbeitslosigkeit.

Ein solcher Schuldner kann gewiß jemand sein, der sich einen Firmenkredit beschafft und diesen – statt ihn zu investieren – für sich verwendet. Der Baulöwe Jürgen Schneider lieh sich Geld für Bauinvestitionen, aber er verwendete es für sich beziehungsweise transferierte es auf Geheimkonten im Ausland, statt es für Bauten zu verwenden.

Der mit Abstand größte *und* nicht leistende Schuldner aber ist der Staat. Er leistet weder selbst, noch zwingt er andere dazu, für ihn zu leisten.

Denken Sie an die 1500 Mark, die pro Kopf der Bundesbürger jährlich als **zusätzliche** Steuer fällig wären, wenn der Staat

seine Verschuldung noch einmal in den Griff bekommen wollte: Angenommen, es gelänge tatsächlich, diese 1500 Mark Staatsschuldsteuer pro Kopf und Jahr (!) durchzusetzen, ohne daß es einen Volksaufstand gäbe, dann müßte der Bürger diese 1500 Mark irgendwie verdienen, das heißt er müßte mehr und härter arbeiten. Da der Staat die 1500 Mark pro Kopf aber nicht abfordert, sondern als neue Schuld zur alten schlägt, wird für das Geld nirgends gearbeitet.

Die Zinsen, die die Gläubiger des Staates kassieren, sind also arbeitslose Einkommen. Und diese Einkommen die Ursache von Nichtleistung, konkret: von Arbeitslosigkeit.

Der Staat gilt als infallibler Schuldner (»kann nicht pleite gehen«), und gegen einen Vollstrecker, der obendrein das Gewaltmonopol besitzt, ist schwerlich zu vollstrecken. Dennoch kommt niemand an dem Fakt vorbei, daß der Einwohner eines Schuldenstaates, der in seinem Portefeuille Staatstitel hält, etwas ganz Besonderes ist, nämlich Gläubiger und Schuldner in ein und derselben Person.

Es sind nun aber zunächst nicht die laufend gemachten Staatsschulden, die Arbeitslosigkeit verursachen, zumal dann nicht, wenn diese Schulden gemacht werden, um Arbeitslosigkeit mit Konjunkturprogrammen und ähnlichem zu »bekämpfen«. Diese Schulden schaffen zusätzliche Nachfrage und helfen, den Arbeitsmarkt zu entlasten – **kurzfristig.** Sondern es ist die bestehende Staatsverschuldung, aus der für die Halter der Staatstitel (= Gegenbuchung!) die arbeitslosen Einkommen quellen.

Dies ist die Ursache der Arbeitslosigkeit! Der Staat ist die einzige Ursache der Arbeitslosigkeit!

Die Korrelation von steigender Staatsschuldenquote und steigender Arbeitslosenquote in den wichtigsten Industrienationen ist völlig eindeutig.

Abb. 12 nachfolgende Seiten
Arbeitslosenquote und Staatsschuldenquote in den wichtigsten Industrienationen der Welt. Mit einem Blick ist zu sehen, daß die Arbeitslosigkeit steigt, nachdem die Staatsschulden gestiegen sind, und umgekehrt.

Deutschland

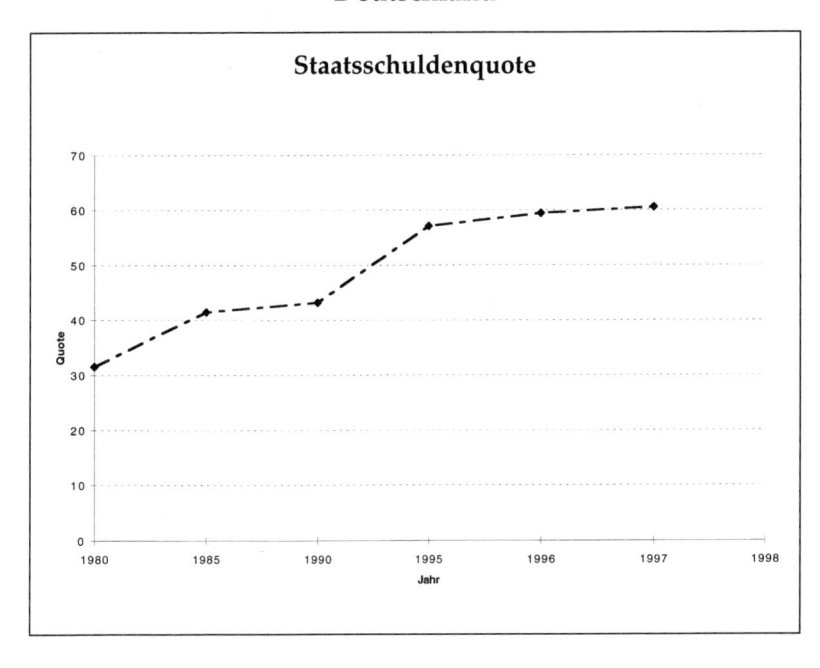

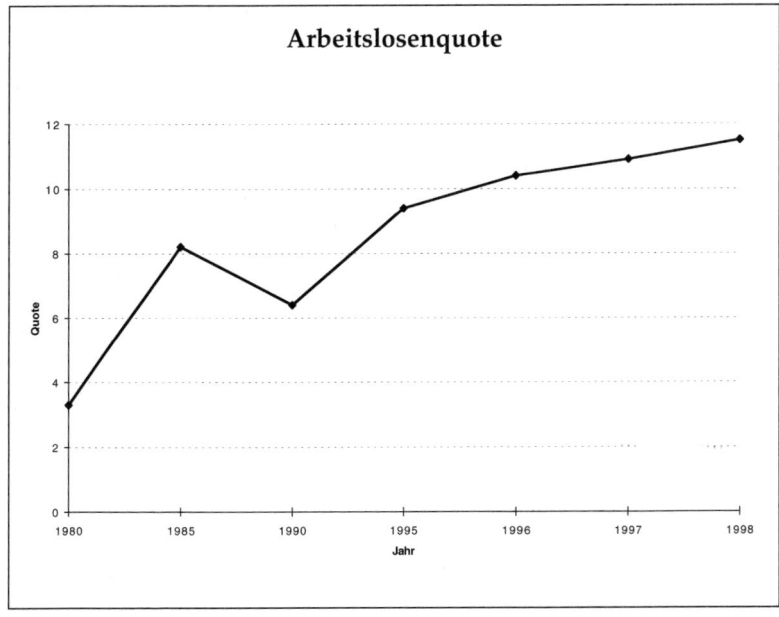

Staatsschuldenquote

Arbeitslosenquote

Dänemark

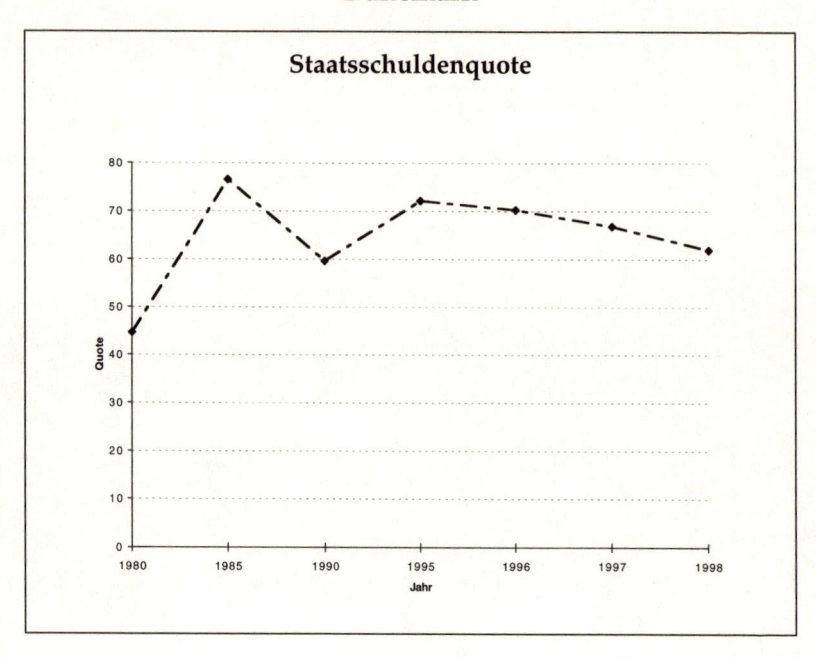

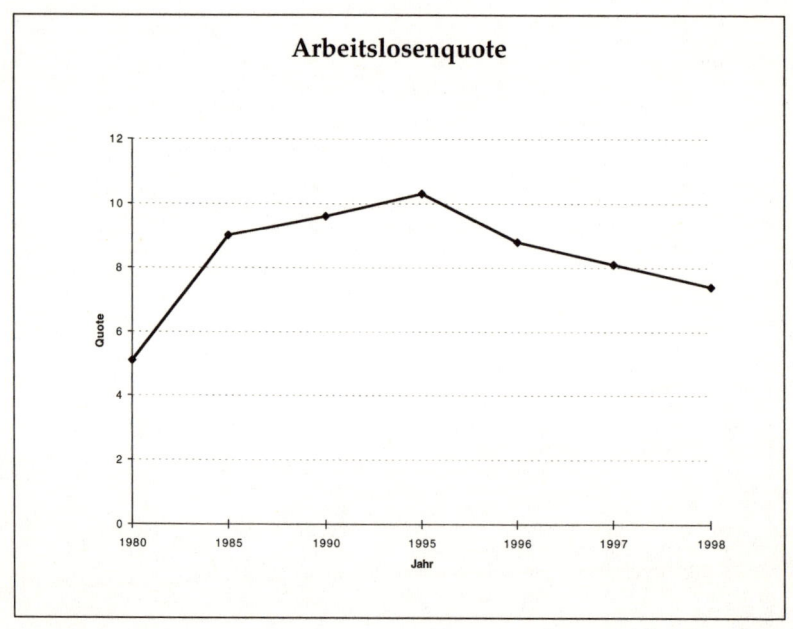

Staatsschuldenquote

Arbeitslosenquote

Finnland

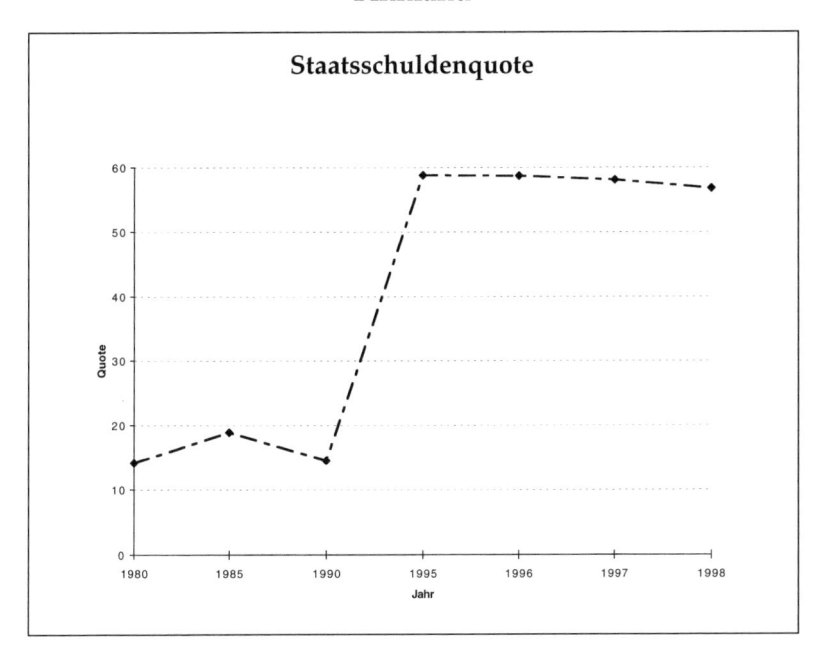

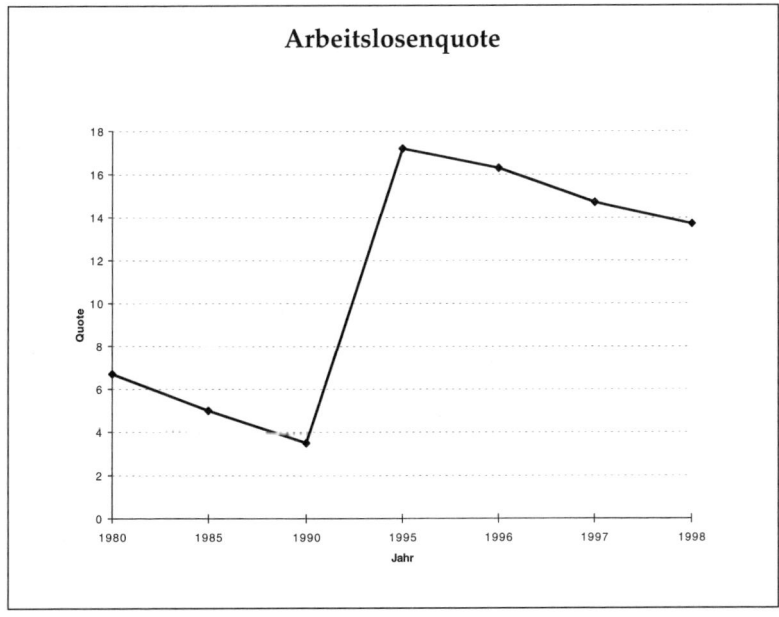

Staatsschuldenquote

Arbeitslosenquote

Frankreich

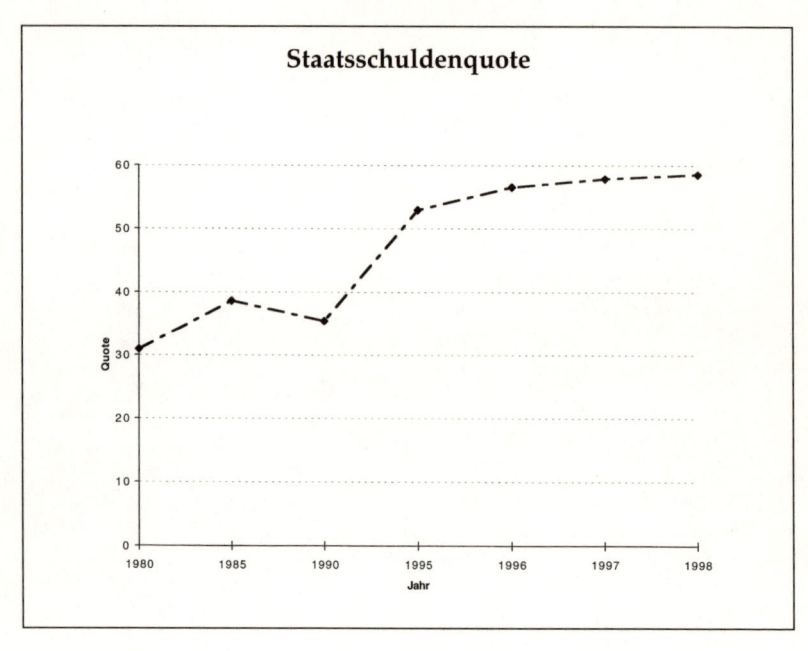

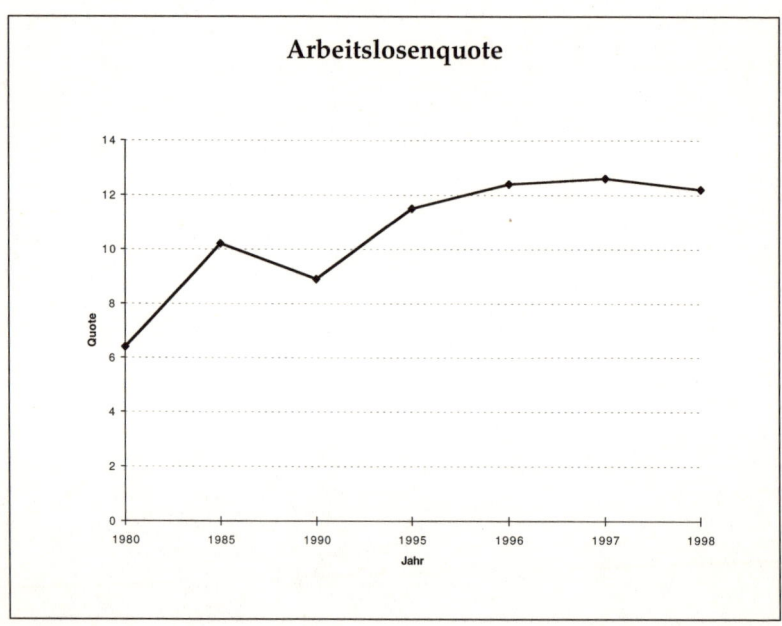

Staatsschuldenquote

Arbeitslosenquote

Großbritannien

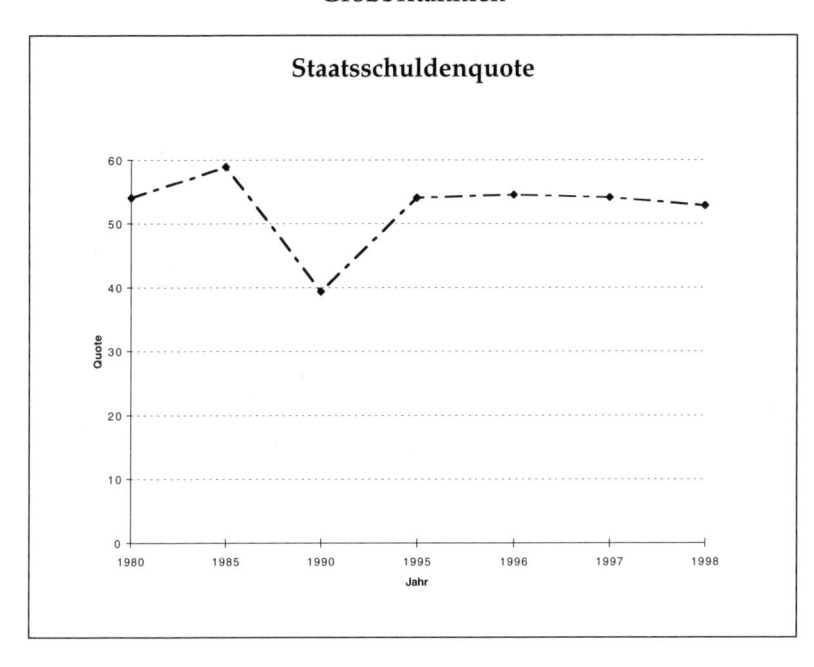

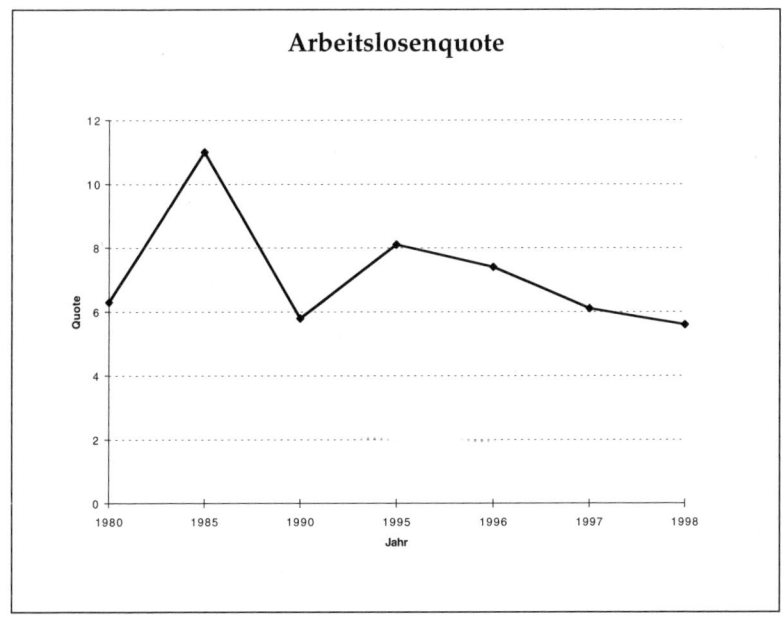

Staatsschuldenquote

Arbeitslosenquote

Irland

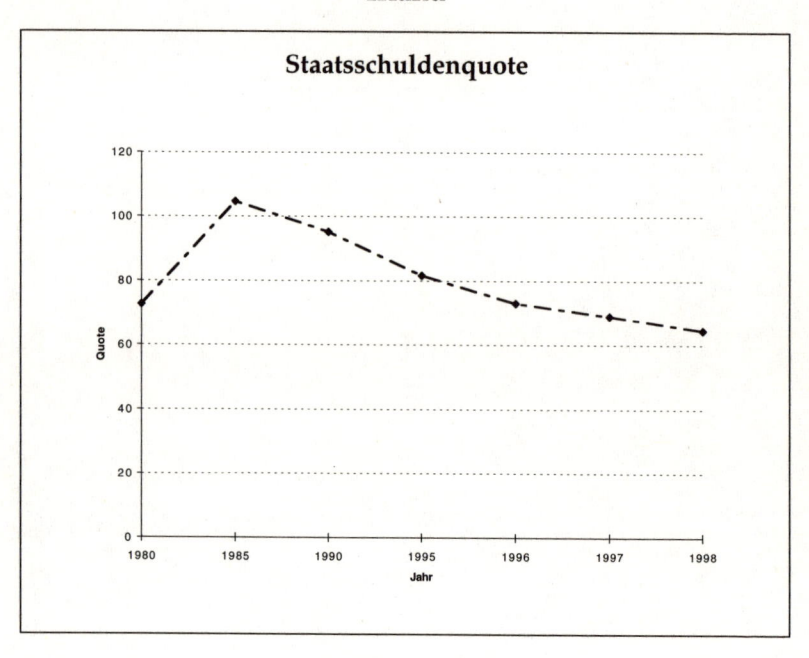

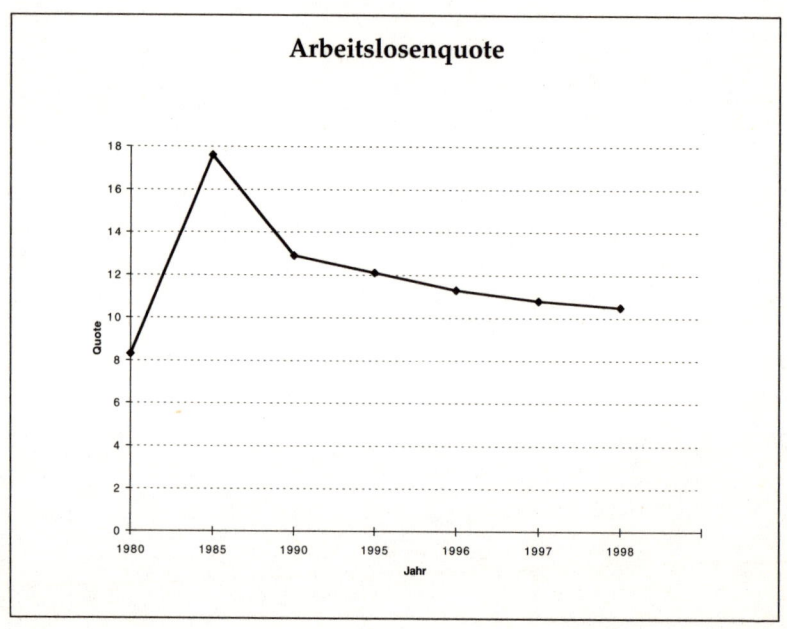

Staatsschuldenquote

Arbeitslosenquote

Italien

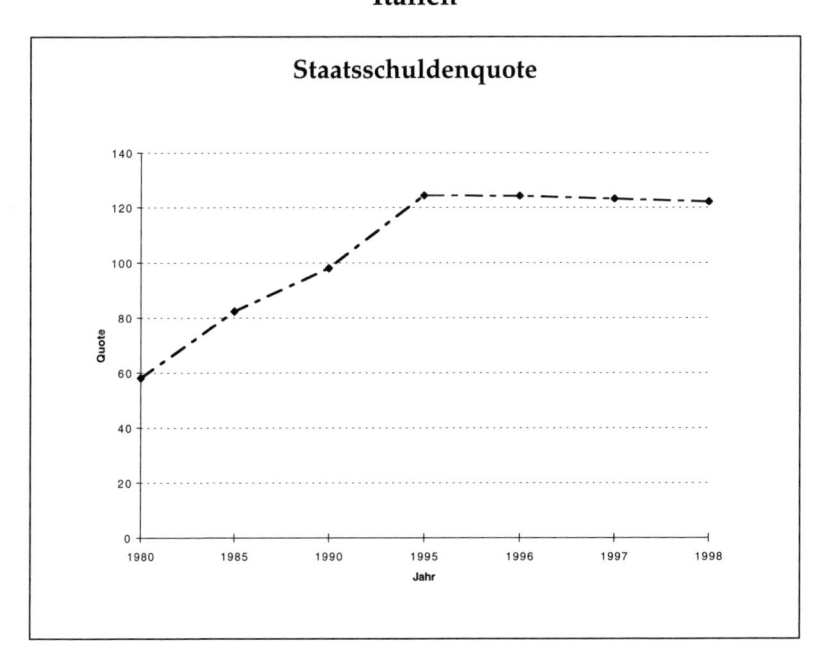

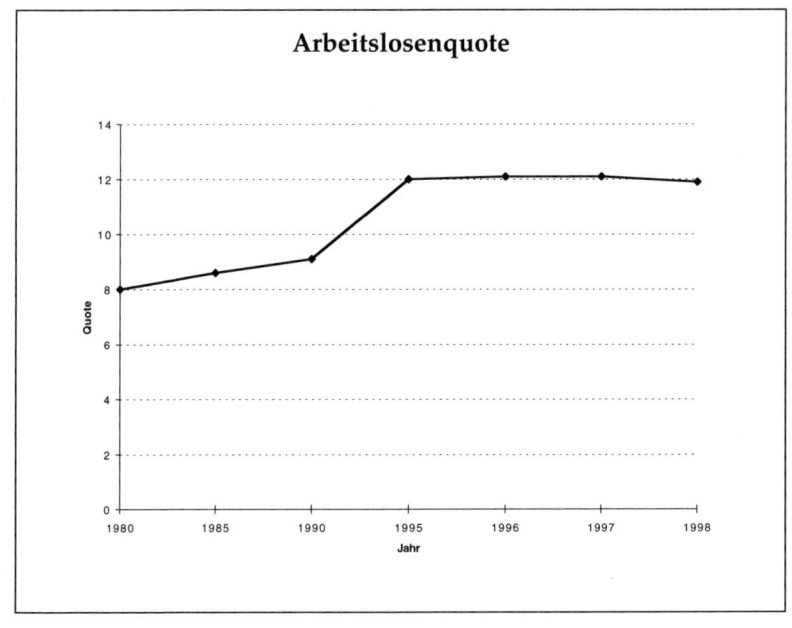

Staatsschuldenquote

Arbeitslosenquote

Japan

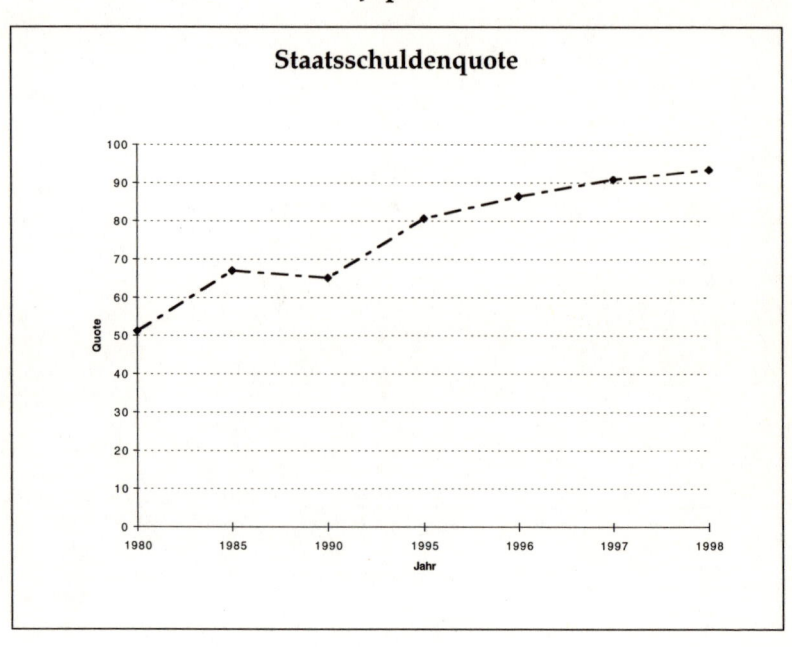

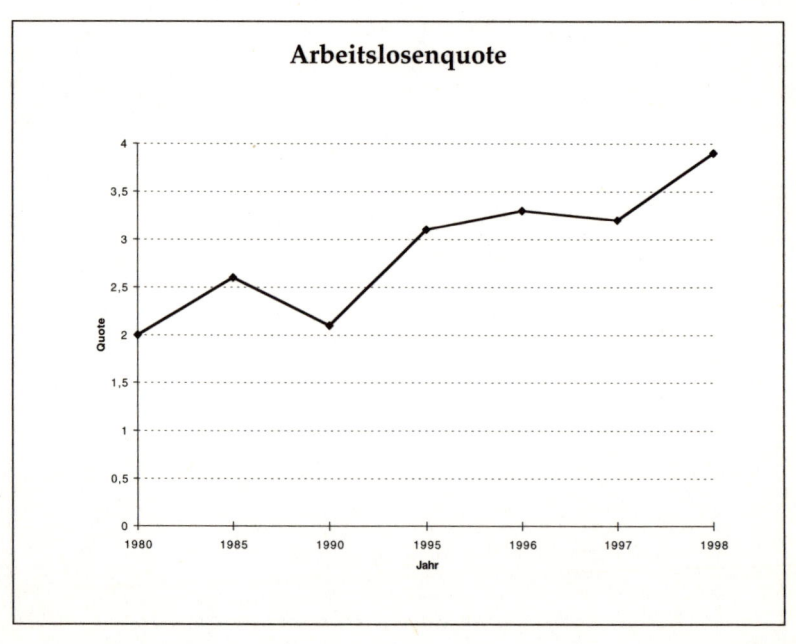

Staatsschuldenquote

Arbeitslosenquote

Kanada

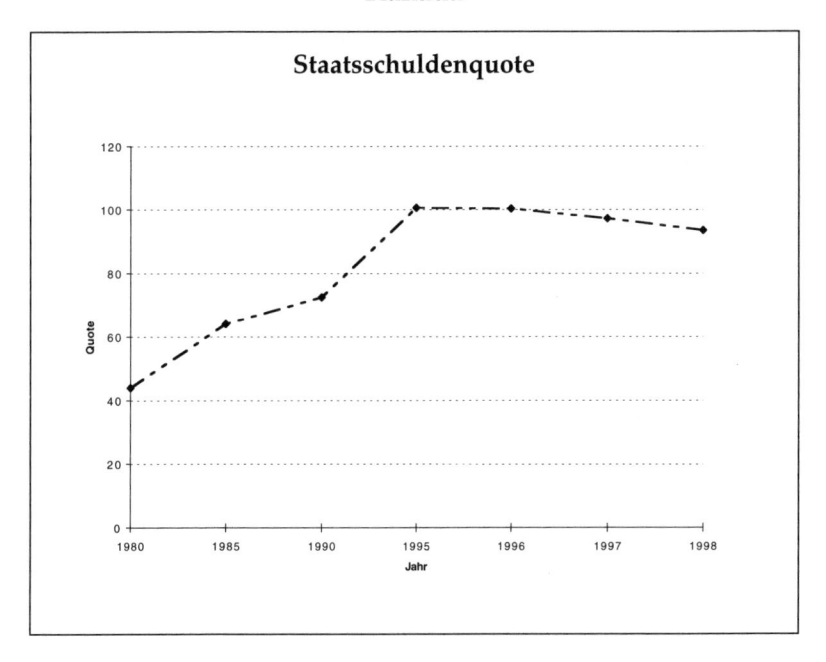

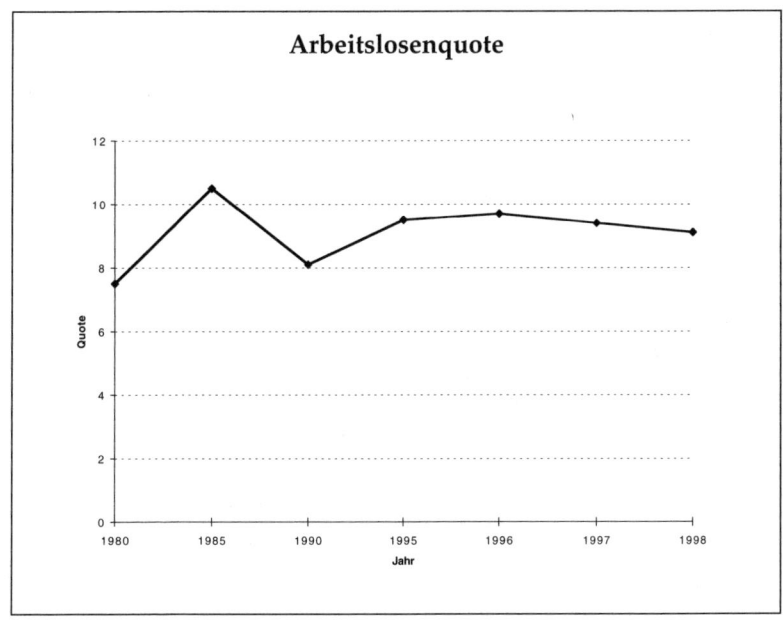

Staatsschuldenquote

Arbeitslosenquote

Niederlande

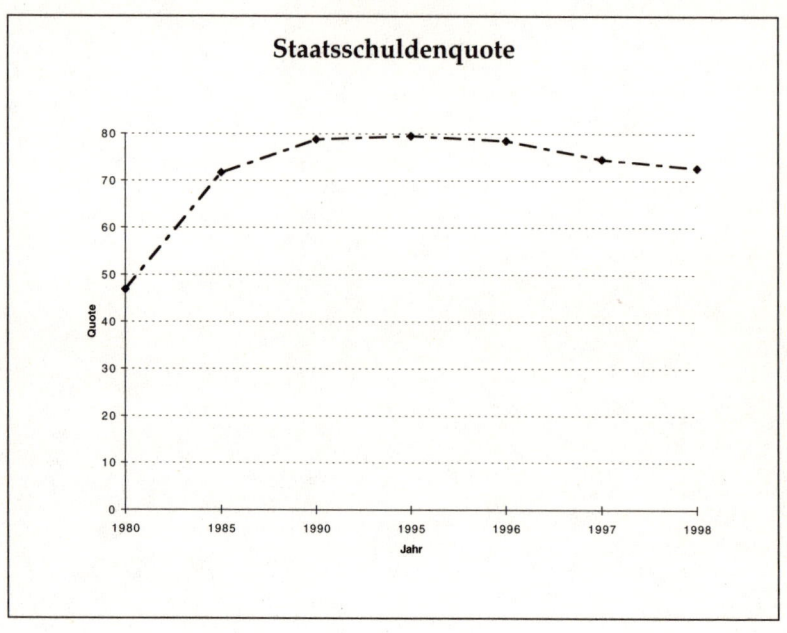

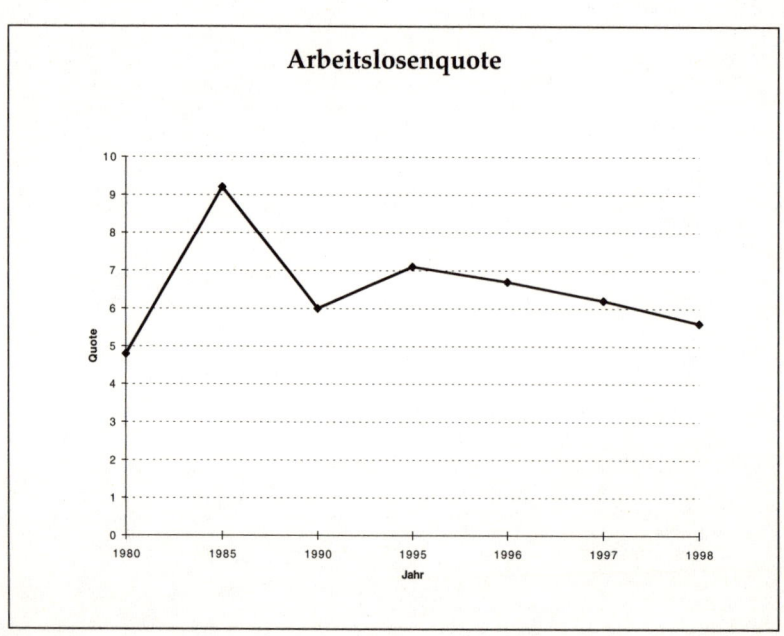

Staatsschuldenquote

Arbeitslosenquote

USA

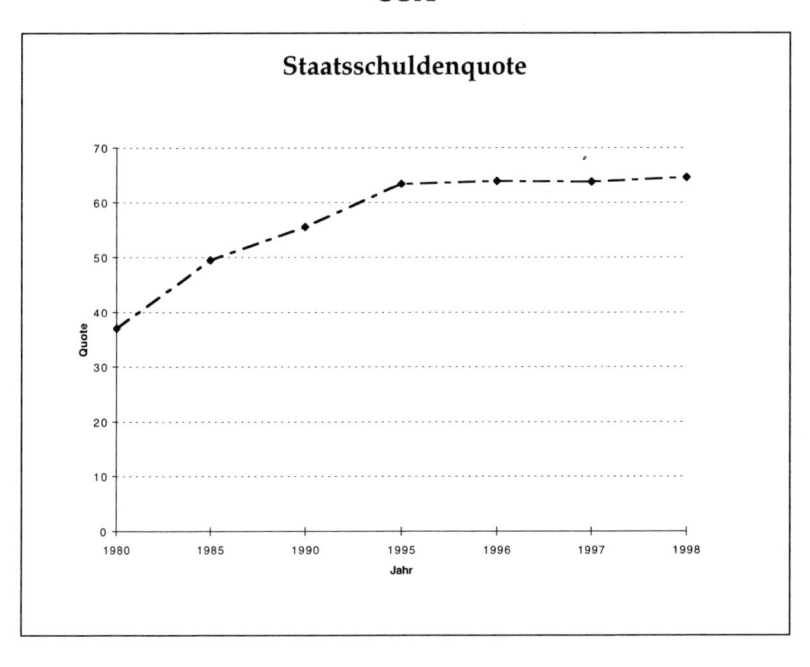

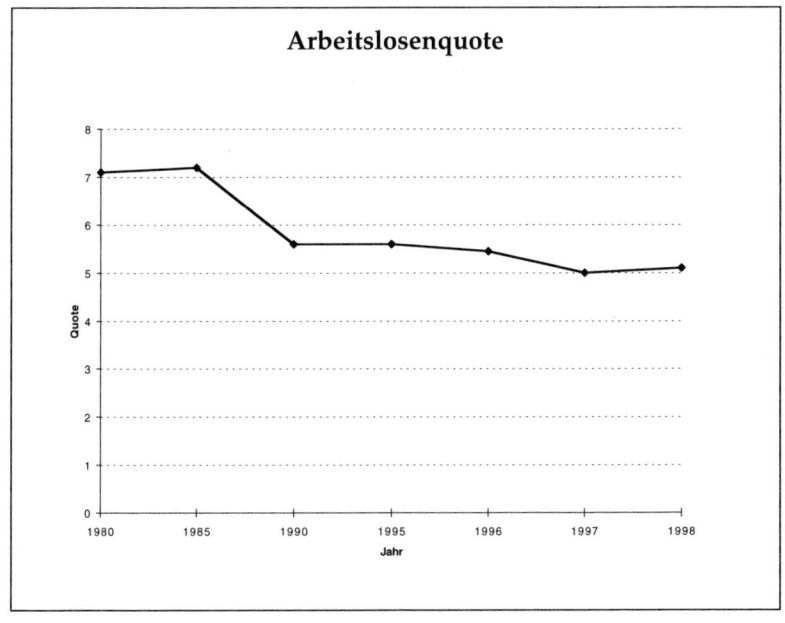

Staatsschuldenquote

Arbeitslosenquote

Spanien

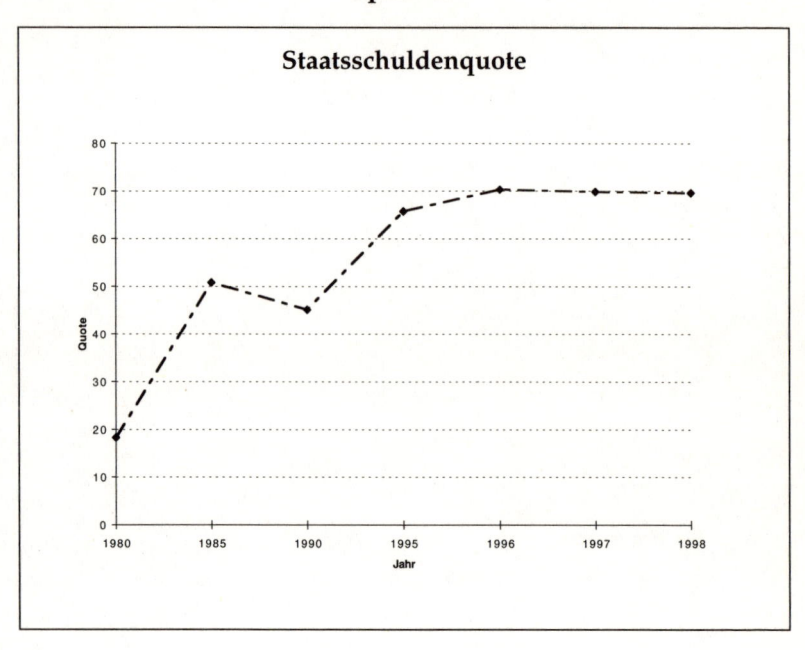

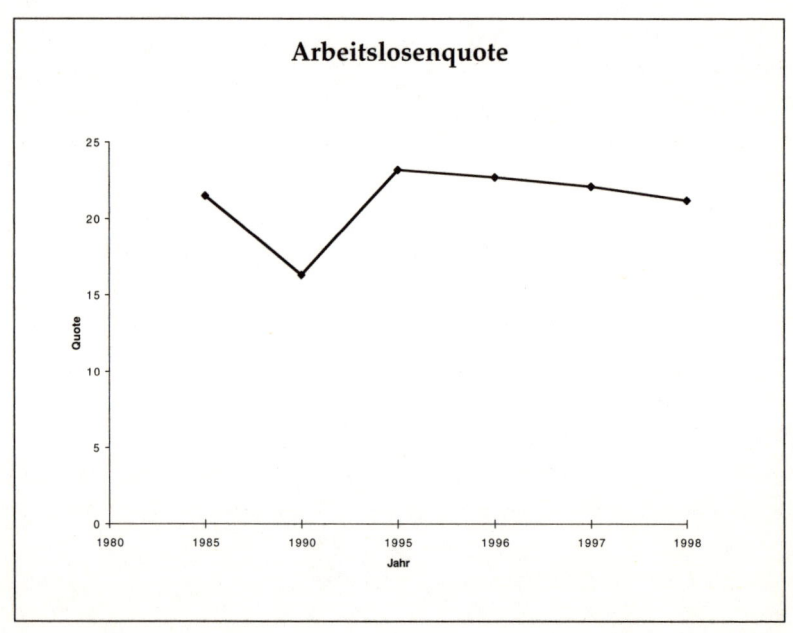

Staatsschuldenquote

Arbeitslosenquote

Schweden

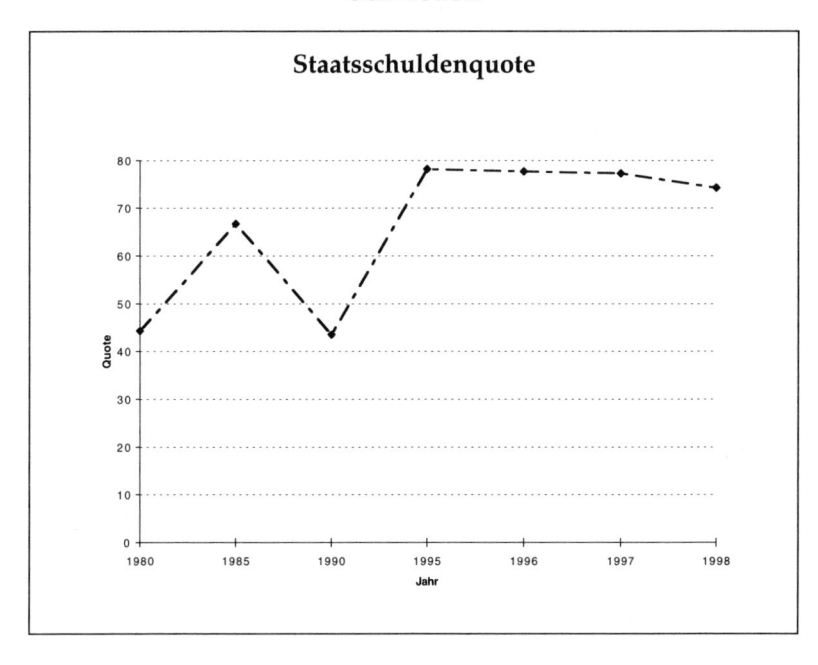

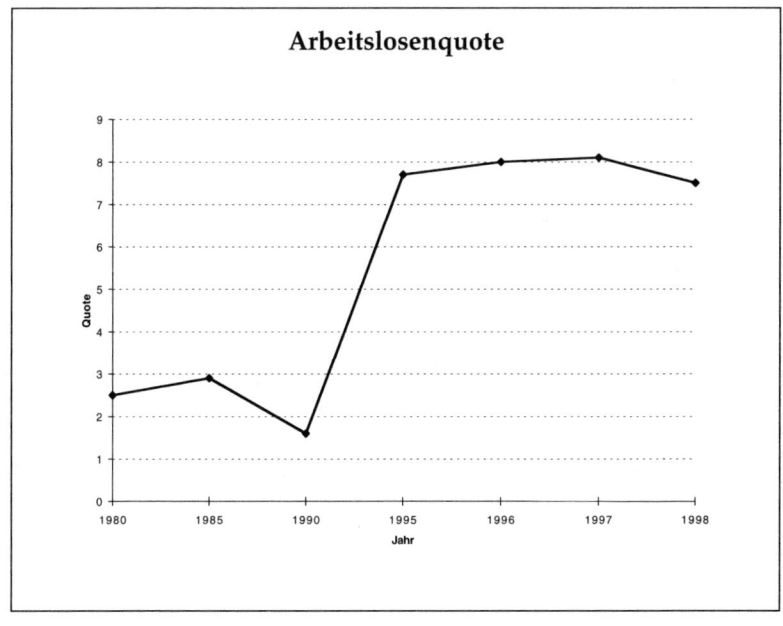

Staatsschuldenquote

Arbeitslosenquote

Die Entwicklung der letzten Jahre macht es überdeutlich: Selbst eine kleine Verminderung der Staatsschuldenquote hat sofort positive Auswirkungen auf den Arbeitsmarkt. Das Beispiel der USA, wo trotz stark gestiegener Schuldenquote die Arbeitslosigkeit abnimmt, ist nicht etwa ein Gegenbeweis dazu, sondern die Bestätigung: Die US-Titel werden nicht in den USA gehalten, sondern zu fast 40 Prozent im Ausland, vor allem in Japan. Dort ist – mit zeitlicher Verzögerung – just jener Verrentungsprozeß eingetreten, um den es geht.

Japan steckt in der klassischen Schuldenfalle, die wir noch genauer analysieren werden: Weil es die Titel hält, steigt das arbeitslose Einkommen bei Teilen seiner Einwohner rasant. Dies hat erst zur **Bubble Economy** mit märchenhaften Aktienkursen und Immobilienpreisen geführt, dann 1990 zu deren Crash und anschließend zum heutigen Attentismus, wobei jetzt »kein Geld mehr ausgegeben wird«. Ankurbelungsprogramme verpuffen, der Abmarsch in die deflationäre Depression ist nicht mehr aufzuhalten.

Die anderen Länder werden alsbald folgen. Es sei denn, sie schaffen die Staatsschulden ab. Oder vielleicht den Staat gleich mit? Denn so wie er wirtschaftet, wird er ohnehin untergehen. Ein Todgeweihter.

Debitismus
Die Tauschtheorie ist falsch, und der Euro verschwindet – in einer Hyperinflation?

>»*Reiner Gütertausch ist in Gesellschaften in Vergangenheit und Gegenwart niemals ein quantitativ nennenswertes oder gar beherrschendes Muster für ökonomische Transaktionen gewesen.*«
>
>George Dalton, Völkerkundler und Wirtschaftswissenschaftler (1982)
>
>»*Unter der Regierung des Pharao Asychis herrschte große Not an Geld, und es wurde ein Gesetz erlassen, daß man gegen Verpfändung der Mumie des eigenen Vaters Geld borgen dürfe.*«
>
>Der griechische Historiker Herodot (Historien II, 136)

»Erstmals ist es möglich ...«

Grundlage aller Überlegungen zum Thema staatliche Verschuldung und (gleich hohe) private Guthaben mit der sich daraus **automatisch** ergebenden Arbeitslosigkeit ist die Theorie des **Debitismus**.

Diese Theorie basiert auf Untersuchungen der Bremer Hochschullehrer Gunnar Heinsohn und Otto Steiger, die in

den Beginn der 80er Jahre zurückreichen, laufend verfeinert und schließlich in das ultimative große Standardwerk »Eigentum, Zins und Geld« von 1996 gegossen wurden.
Der **Debitismus** wurde 1990 an der Hochschule von St. Gallen in einer Dissertation von Daniel Stelter akademisch überprüft und akzeptiert. Diese Theorie ist widerspruchsfrei formuliert und **konnte bisher nicht widerlegt werden.** Da der **Debitismus** der heute allseits gelehrten und akzeptierten ökonomischen Theorie in entscheidenden Punkten widerspricht, kann nur eine von beiden richtig sein: die heute vorherrschende Theorie der Wirtschaft, wie sie zum Beispiel in Lehrbüchern von Paul Samuelson, Robert Barro oder Rüdiger Dornbusch zum besten gegeben wird (die alle Volkswirtschaftsstudenten zum Examen herunterbeten müssen). Oder die Theorie des **Debitismus.**

Die St. Gallener Dissertation kommt zu folgendem Schluß: »(Der Debitismus) ist **in sich konsistent** und einleuchtend. Erstmals ist es möglich, eine Erklärung für die Dynamik des westlichen Wirtschaftssystems, aber auch für das Auftreten von Krisen abzugeben.«

Debitismus besagt, daß Wirtschaften immer eine Tätigkeit ist, die unter Druck stattfindet. Diesen Druck erzeugen Schulden. Daher auch der Name, abgeleitet vom lateinischen »debere« = schulden beziehungsweise »debitum« = geschuldet, also die Schuld, die das einzelne Wirtschaftssubjekt sich selbst (!) oder anderen gegenüber hat. **Wirtschaft ist die Erfüllung von Schuldverhältnissen. Wirtschaften »als solches« gibt es nicht.**

Der arme Vincent

Um uns klarzumachen, worum es beim Wirtschaften unter Schuldendruck geht, müssen wir zunächst einige Begriffe klären:

1. Sich betätigen, also etwas »tun«
Das kann jeder jederzeit. Jeder kann Muscheln sammeln oder auf hohe Berge steigen. Er kann häkeln oder Bücher lesen. All

das ist wirtschaftlich irrelevant, was sich in der Regel schon daraus ergibt, daß solches »Tun« zwar Befriedigung oder auch Bewunderung verschafft, aber sonst nichts.

Viele Menschen glauben, ihr Tun habe einen Sinn, sei wertvoll oder müsse von anderen anerkannt werden, bloß weil sie es absolvieren. Oft meinen Künstler, ihre Werke seien wertvoll, und wenn sie keiner kauft, fühlen sie sich verkannt, oder sie verfallen in Depressionen, werden Sonderlinge und bringen sich um wie Vincent van Gogh.

Heute mögen Bilder von van Gogh zweistellige Millionenbeträge erlösen. Die Auktionshäuser, die van Goghs versteigern, beschäftigen dadurch viele Menschen. Es werden herrliche Kataloge gedruckt, es wird Champagner gereicht. Die Verkäufer können sich vom Erlös ihrer Bilder Dutzende von Villen oder Ferraris kaufen. Das schafft Arbeitsplätze. Alles das ist heute wirtschaftlich von großer Bedeutung.

Aber damals, als der arme Vincent lebte und keine Bilder verkaufen konnte, war sein Tun wirtschaftlich nichts wert – höchstens daß er ein paar Pinsel-, Farben- oder Leinwandproduzenten und deren Arbeiter für wenige Minuten zu beschäftigen half.

Viel Frust im Leben resultiert überhaupt aus der Tatsache, daß die Menschen glauben, etwas zu **leisten,** bloß weil sie etwas **tun.** Ob aber jemand etwas tut oder nichts tut, ist für den wirtschaftlichen Prozeß völlig belanglos.

In der Wirtschaft – und von ihr handelt dieses Buch – interessiert einzig und allein solches Tun, das ein anderer anerkennt. Diese Anerkennung drückt der andere dadurch aus, daß er für die Tätigkeit oder das Ergebnis der Tätigkeit etwas bezahlt. Tut er das nicht, hat die Betätigung des ersten keinerlei Bedeutung.

Jemand könnte auf die Idee kommen, den Mount Everest abzutragen, eine gewiß übermenschliche Leistung. Aber wenn das keinen interessiert, wenn also keiner dafür etwas bezahlt, etwa dafür, daß er bei der gigantischen Arbeit zugucken kann oder daß er auf der dann neu geschaffenen Mount-Everest-Tiefebene gegen Eintrittsgebühr spazierengeht, ist das Tun des Mount-Everest-Abtragers absolut nichts! Und nichts wert.

Da das Geld für die Bezahlung – wie wir gleich sehen werden – niemals vollständig vorhanden sein kann, jedenfalls wenn man alle Angebote einer Volkswirtschaft mit der dafür zur Verfügung stehenden Kaufkraft vergleicht, müssen sich die Käufer verschulden, wenn sie bezahlen wollen.

2. Arbeiten
Das gibt es immer nur aufgrund eine Vertrages. Der ist das sogenannte »Arbeitsverhältnis«. Arbeiten als solches, etwa Garten umgraben, die kranke Oma immer wieder umbetten, fällt unter Punkt 1.
Selbstverständlich gibt es auch Arbeiten, zu denen man sich »verpflichtet« fühlt. Eine Verpflichtung ist aber nichts anderes als eine **Schuld,** auch wenn es darüber keinen Vertrag gibt. Natürlich gibt es keinen Pflegevertrag zwischen der Großmutter und ihren Kindern oder Enkeln. Dennoch kümmern sie sich rührend um die alte Dame.
Solches Arbeiten, zu dem wir uns verpflichtet fühlen oder sogar per Gesetz verpflichtet sind, wie die finanzielle Unterstützung von Verwandten in direkter Linie (vgl. § 1601 ff. BGB), nennen wir Abtragen von **Urschuld.**
Die Urschuld ist der Schlüssel zum Verständnis des ökonomischen Ablaufs.

3. Wirtschaften
Das ist der Zwang, mit Hilfe von Arbeit Schulden abzuarbeiten. Da es kein Arbeiten außerhalb von Schuld(= Vertrags)verhältnissen gibt, ist Wirtschaft immer die Erfüllung von Verpflichtungen.
Diese Überlegungen mögen Ihnen ungewohnt vorkommen. Doch sie helfen uns, das Phänomen **Wirtschaft** mit einem Schlag deutlich zu verstehen.
Zunächst reicht es, wenn wir uns klarmachen, daß **Wirtschaften** niemals Arbeiten »als solches« ist, sondern stets **Bedienung von natürlich vorgegebenen oder von mehr oder minder freiwillig eingegangenen Schuldverhältnissen.**

Friseur Meir und sein Schaf

Die derzeitige Volkswirtschaftslehre basiert auf dem »Tauschtheorem«. Das besagt: Jeder Mensch arbeitet, produziert oder leistet etwas – und sei es, daß er irgendwann aufsteht und sich wieder hinlegt. Dieses Tun soll aber »irgendwie« mehr erbringen, als der einzelne selbst verbraucht oder verbrauchen kann. Jeder Mensch erwirtschaftet also einen rätselhaften »Überschuß«.

Da er mit diesem Überschuß selbst nichts anfangen kann, begibt er sich an einen Ort, wo er andere Menschen trifft, denen es genauso geht wie ihm. Auch die kommen mit dem Ergebnis ihres Tuns oder ihres Könnens daher.

Der eine bringt Esel, der andere Schafe. Der eine Gerste, der andere Bier. Der eine Volkswagen, der andere Pornoheftchen. Der eine bringt ein gemaltes Bild, der andere singt ein Lied. Der eine bietet an, entzündete Blinddärme, der andere, eingewachsene Fußnägel zu entfernen. Der eine heißt Meir und macht Frauen den besten Kurzhaarschnitt, der andere heißt Trapattoni und stellt die beste Fußballmannschaft zusammen.

Nun müssen alle diese Produkte, diese Leistungen oder Leistungsangebote, für die es jede Menge Nachfrage gibt, »getauscht« werden, und zwar mit den Menschen, die ihrerseits etwas anbieten. Der Friseur Meir möchte ein junges Schaf haben, um es zu herzen, Maestro Trapattoni hat einen entzündeten Blinddarm und sucht einen Chirurgen für die Operation usw. Alle diese Produkte beziehungsweise die Nachfrage nach diesen Produkten oder Leistungen müssen irgendwie »passend« gemacht werden.

Diese komplizierten Tauschvorgänge, so lehren die Ökonomen, erledigen die Menschen auf dem **Markt,** und das tun sie mit Hilfe von **Geld.**

Der Schleier des Nobelpreisträgers

Vereinfacht ausgedrückt stellt sich die moderne Nationalökonomie das Wirtschaften so vor:

Es gibt ein Angebot von Gütern und Leistungen, und es gibt eine Nachfrage nach Gütern und Leistungen. Und um das al-

les auszugleichen, ist irgendwann das Geld als **Tauschmittel** erfunden worden. Geld ist wie ein Ölfilm, auf dem alles so ablaufen kann, daß möglichst viele zufrieden sind. Professor Paul A. Samuelson, Nobelpreisträger für Wirtschaft, schreibt in seinem dutzendfach aufgelegten Lehrbuch »Economics« (Volkswirtschaftslehre), das Millionen von Studenten auswendig gelernt haben: »Sobald wir den eigentlichen Kern der **Tauschvorgänge** bloßlegen, indem wir den sie verhüllenden **Geldschleier** lupfen, dann gilt selbst für die höchstentwickelten Industriegesellschaften, daß der Handel zwischen Einzelpersonen oder Nationen **letztlich auf bloßen Gütertausch** hinausläuft.«
 Dieser Satz ist das zentrale Glaubensbekenntnis der heutigen Wirtschaftsexperten. Diesen Satz halten alle Volkswirte der Welt für richtig, wie jeder Christ die Existenz des dreieinigen Gottes für eine Selbstverständlichkeit hält.

Erfanden die Indianer den Kapitalismus?

Aus dieser Theorie des gegenseitigen Tauschens hat der berühmte US-Ökonom und Kolumnist des »Wall Street Journal« George Gilder sogar die Entstehung des **Kapitalismus,** also der besten und heute weltweit fast uneingeschränkt herrschenden Wirtschaftsform abgeleitet. Sein Standardlehrbuch heißt »Reichtum und Armut« (1981). Gilder griff dabei auf Indianerstämme im Westen Kanadas und auf abgelegenen Südseeinseln zurück, deren Häuptlinge sich immer besuchen und gegenseitig mit Geschenken überhäufen. Und damit ein Häuptling den anderen übertrumpft, werden die Geschenke immer gewaltiger (was natürlich bedeutet, daß in dem jeweiligen Stamm immer mehr Indianer immer härter arbeiten müssen, um die Geschenke zu fabrizieren). Gilder: »Der Kapitalismus beginnt historisch mit dem **Geben.**«
 Aus dieser Gabenwirtschaft sei dann so eine Art »Wirtschaftswachstum« entstanden, das sich über die ganze Welt verbreitete, sich immer mehr verfestigen konnte und uns bis heute sehr erfreut.

Die Theorie, daß sich aus einem sich immer weiter in die Höhe schaukelnden Tauschen die Marktwirtschaft mit Massenwohlstand, also der **Kapitalismus** entwickelt hätte, ist leider ebenso falsch wie die Tauschtheorie. Ich bin auf Gilders groben Unfug von der Erfindung des Kapitalismus in der Südsee ausführlich in meinem Buch »Der Kapitalismus« (1986) eingegangen. Dem betreffenden Kapitel mit dem Titel »Disneyland« habe ich die sprachliche Ableitung des Wortes »Tauschen« aus dem Wörterbuch von Johann Andreas Schmeller vorangestellt: »Tauschen, mittelhochdeutsch tüschen, factitiv zu tüzen, schweigen. Der Tausch (mittelhochdeutsch tusch) heimliches Wesen, Betrug. **Daz getiusche, mittelhochdeutsch, Täuschung, Betrug.**«

Wer tauscht, täuscht. Wer täuscht, betrügt. Und wer uns eine Tauschtheorie als Basis der Wirtschaftswissenschaften auftischt, betrügt nicht nur. Er ist auch dumm.

Gunnar Heinsohn und Otto Steiger haben mit ihrem Buch »Eigentum, Zins und Geld« (1996) die Tauschtheorie in wissenschaftlich unangreifbarer Form erledigt und schreiben: »Weil die Ökonomen sich ... bis heute auf Tauschoperationen als Kern allen Wirtschaftens fixiert haben, (sind) die Grundelemente des Wirtschaftens **bis heute nicht verstanden.**«

Urschuld und Kontraktschuld

Im folgenden wird nun eine auf Heinsohn und Steiger basierende (sie auch weiter entwickelnde beziehungsweise verbreiternde) Theorie vorgetragen, die es jedem ermöglicht, die Grundelemente des Wirtschaftens **zu verstehen.** Sie lautet: Wirtschaft ist nicht tauschen. Sondern Wirtschaften heißt immer nur eines: die Bedienung beziehungsweise Tilgung von Schuld.

Dabei unterscheiden wir zwei Schuldverhältnisse (andere gibt es nicht):

Die natürlich vorgegebene Schuld. Wir nennen sie die Urschuld.

Die vertraglich eingegangene Schuld. Dies ist die Kontraktschuld.
Wirtschaften ohne diese beiden Schuldverhältnisse gibt es nicht.

Der bekannte Finanzmarktexperte Bernd Niquet urteilte 1997 in seinem überall wohlwollend besprochenen Buch »Der Crash der Theorien. Eine neue Sicht von Wirtschaft und Börse« (Vorwort: André Kostolany): »Jedes Wirtschaftssubjekt ist primär ein Schuldner, **welches es sich selbst schuldig ist, sich am Leben zu erhalten.** Und von der **Angst vor Überschuldung** angetrieben wird. Diese Sichtweise, die für den Autor über lange Zeit gleichsam ein ›missing link‹ in den eigenen Überlegungen darstellte, wurde dem Buch von Paul C. Martin, Der Kapitalismus, entnommen.«

Was steht in »Der Kapitalismus«?

- **Urschuld** ist die Verpflichtung des einzelnen sich selbst gegenüber. Wird die Urschuld nicht laufend abgetragen, kommt es zum Erlöschen des Wirtschaftssubjektes (physischer Tod).
- **Kontraktschuld** ist die Verpflichtung einem Marktteilnehmer gegenüber. Wird die Kontraktschuld nicht abgetragen oder bedient, kommt es zum Bankrott (»bürgerlicher Tod«).

Im Laufe der Entwicklung von Bevölkerung und Wirtschaft steigt der Anteil der Summe der Kontraktschulden relativ zur Summe der Urschulden an. In einer Stammesgesellschaft liegt der Anteil der Urschulden bei 100 Prozent aller Schulden. In einer heutigen, arbeitsteiligen Volkswirtschaft liegt der Anteil der Urschulden (Existenzminimum beziehungsweise Lebensstandard pro Jahr mal Zahl der Existierenden mal Restlebenszeit) noch bei ca. 75 Prozent der Gesamtverschuldung. Der Rest sind Kontraktschulden.

Was sind nun Schulden?

Wir definieren sie als Verpflichtungen, die allein durch Zeitablauf größer werden. Der Hungrige wird durch Zeitablauf hungriger, der Schuldner versinkt tiefer im Zwang der Ver-

strickung, zurückzahlen zu müssen. Aus dem durch Zeitablauf **unvermeidlichen** Anwachsen von Ur- und von Kontraktschuld ergibt sich ein Erfüllungsdruck. Dieser Druck ist der Motor des Arbeitens und Wirtschaftens.

Wirtschaften ist der Versuch, die **Urschuld** abzutragen, beziehungsweise der Versuch, mit Hilfe von Arbeitsteilung, also einem Geflecht von Kontraktschulden, die **Urschuld** zu minimieren und eingegangene **Kontraktschulden** abzubauen.

Der Zeitablauf verhindert dabei, daß wir unendlich lange warten können. **»Zeit« und »Wirtschaft« ist daher eine Tautologie – beides ist dasselbe und eins.**

Die **Urschuld** startet mit der Existenz des Menschen. In einer Gesellschaft, die nur aus Urschuldnern besteht, kann die Urschuld durch schlichte Güterproduktion abgetragen werden (Jagd, Ernte). In unserer heutigen modernen Wirtschaft mit ihren immer höher geschraubten Ansprüchen ist die **Urschuld** aus sich heraus stark angestiegen. Nur Essen, Trinken und Behaustsein reichen dem modernen Menschen nicht mehr. Aus der Feuerstelle wurde die Mikrowelle, aus dem Zufußgehen der GTI, aus dem Schwatz übers Wetter der Zwang, auf die Uni gehen zu müssen.

Je weiter sich der Mensch »zivilisierte«, desto höher wurden seine »Ansprüche«, die »unbedingt« erfüllt werden müssen und die nur ein anderes Wort für eine durch soziale Zwänge in die Höhe geschraubte Urschuld sind. Wenn sich der Nachbar einen Wintergarten anbauen läßt, verspüre ich den zwanghaften Wunsch, es ihm gleichzutun. Wie heißt es so schön? Es heißt: »Das bin ich mir schließlich schuldig.« Sich selbst gegenüber etwas zu schulden – voilà, das Wort verrät schon die gesteigerte **Urschuld**.

Das angesehene US-Magazin »U.S. News & World Report« hat der **Urschuld** der Eltern ihrem Kind gegenüber am 30. März 1998 eine Titelgeschichte gewidmet. Wir sehen ein liebes Baby mit einem Strichcode über der kleinen Stirn und lesen dazu die Zeile (übersetzt): »Die wirklichen Kosten, Kinder großzuziehen. Würden Sie glauben, daß es pro Kind 1.455.581 Dollar kostet?«

Abb. 13 *Die Kosten eines neugeborenen Kindes in den USA. Diese Kosten sind Urschulden der Eltern. Sie resultieren aus keinem Vertrag, sondern aus einem sozialen Zwang.*

Knapp 1,5 Millionen Dollar, umgerechnet ca. 2,6 Millionen Mark! Das sind die Eltern in Amerika also ihrem Kind »schuldig«. Die Eltern sind nicht etwa Millionäre, sondern Mittel-

klassefamilien, die ein Einkommen pro Jahr (vor Steuern) zwischen 35 500 und 59 700 Dollar haben, also zwischen 63 000 bis 106 000 Mark. In dieser Größenordnung liegen in Deutschland gutbezahlte Facharbeiter und leitende Angestellte. Daß diese US-Rechnung auch Kosten für höhere Schulbildung (College) enthält und entgangene eigene Einkommen der Eltern und entsprechende entgangene Zinsen darauf, spielt für unsere Betrachtung keine Rolle. Es geht ums Prinzip.

Das angesehene deutsche Magazin »Wirtschaftswoche« hat am 23. Juli 1998 eine ähnliche Titelgeschichte veröffentlicht. Den deutschen Arbeiterhaushalt kostet ein Kind 435 000 Mark, den Akademikerhaushalt 675 000 Mark.

Der Mensch kann eben nicht leben, ohne zu wirtschaften (für sich oder für Schutzbefohlene). »Unschuldige« Kinder gibt es nicht. Allein die Nahrungsmittel für ein 15 Jahre altes amerikanisches Mittelklassekind kosten nach der Berechnung von »U. S. News« pro Jahr umgerechnet fast 3500 Mark.

Versuchen wir, eine Mindestsumme für die Urschuld zu bestimmen. Ein neugeborener Mensch muß – Preisstabilität vorausgesetzt – in seinem Leben (ca. 70 Jahre) Einkommen in Höhe von mindestens 1,5 Millionen Deutschen Mark (zehn Millionen öS, 1,3 Millionen sFr., 750 000 Euro) erarbeiten oder für sich erarbeiten lassen, wenn er nicht verhungern und nicht unbehaust durchs Leben gehen will. Dieser Betrag ist die durch nichts anderes als durch seine Geburt entstandene **Urschuld**.

Da jedes Jahr im deutschen Sprachraum etwa 760 000 Kinder geboren werden, kommt also jedes Jahr eine Gesamt-**Urschuld** von mehr als einer Billion Mark zusätzlich in die Welt. Diese Summe ist nirgends festgehalten, aufgeschrieben oder vertraglich fixiert. Sie ist trotzdem da. Sie ist die **Passivseite des Lebens**.

Wer die **Urschuld** tilgt, spielt keine Rolle. Das können die Eltern sein, das kann ererbtes Vermögen sein (für dessen Zinsen Dritte arbeiten müssen), das kann der Staat sein, der dann eben andere Menschen zur **Urschuld**-Begleichung heranzieht (durch Steuern oder auf Pump).

Hungerstreik: Wann stirbt ein Urschuld-Verweigerer?

Daß die **Urschuld** eine Schuld ist, also nach unserer Definition durch Zeitablauf größer wird (sonst wäre es keine Schuld), ergibt sich aus der Tatsache, daß Menschen verdursten oder verhungern, wenn sich niemand findet, der die Schuld bedient. Man weiß aus den bedauerlichen Fällen von Hungerstreiks, die bis zum tödlichen Ende durchgeführt werden, daß ein Mensch, der keine feste Nahrung zu sich nimmt, nach ca. 60 Tagen tot ist.

Würde ein Hungerstreik nach beispielsweise 20 Tagen abgebrochen, müßte die bis dahin »aufgelaufene« Schuld anschließend abgetragen werden, das heißt jenes Geld, das zunächst »eingespart« wurde, muß anschließend doch aus-

Abb. 14 *Totentafel zur Erinnerung an irische Freiheitskämpfer, die nach einem Hungerstreik starben. Die meisten waren nach etwa 60 Tagen tot. Das ist der Zeitraum, in dem ein Mensch die Tilgung seiner Urschuld äußerstenfalls aussetzen kann.*

gegeben werden, um den Hungerstreikenden wieder auf die Beine zu bringen.

Noch zur **Kontraktschuld.** Sie startet mit Vertragsabschluß eines Menschen, der ein vertragsfähiges Subjekt sein muß. Kontraktschulden werden mit Hilfe von Schuldendeckungsmitteln (Geld) abgetragen, die ihrerseits nur in einer Kontraktschuldenwirtschaft entstehen können. Den Prozeß der Geldentstehung haben Heinsohn und Steiger ausführlich behandelt. Wir werden dazu noch einen Exkurs liefern, der zusätzliche Erkenntnisse bringen kann.

Vertragsschulden sind in jeder beliebigen Höhe kontrahierbar. Die Basis für Kontraktschuldvorgänge ist entweder **Eigentum,** das »bewertet« sein muß, also seinerseits eine Geldwirtschaft und damit Kontraktschulden voraussetzt, oder es sind **erwartete Einkommen** aus zeitlich vorausgegangenen Kontraktverschuldungen (Arbeitseinkommen, Gewinne, Mieten, Lizenzen usw.).

Eigentum bleibt immer bewertetes Eigentum, das allerdings nur bewertet sein kann, nachdem/indem Eigentum beliehen wurde/wird – sonst gäbe es kein »Geld«, das dem Eigentum ein »Preisschild« aufsteckt. Eigentum, das für eine Kontraktschuldenwirtschaft relevant sein soll, ist also immer beliehenes Eigentum beziehungsweise setzt dieses voraus.

Kain und Django

Gesellschaften, in denen es nur darum geht, die **Urschuld** zu bewältigen, sind langweilig. Jeder geht halt auf sein Feld, pflügt, sät und erntet. Andere zieht es auf die Jagd. Wieder andere züchten Vieh. Die Tage fließen träge dahin. Der Prediger Salomon hat diesen Zustand in der Bibel beschrieben: »Ein Geschlecht vergeht, das andere kommt; die Erde aber bleibt ewiglich. Die Sonne geht auf und geht unter und läuft an ihren Ort, daß sie wieder daselbst aufgehe. Der Wind geht gen Mittag und kommt herum zur Mitternacht und wieder herum an den Ort, da er anfing. Alle Wasser laufen ins Meer, doch wird das Meer nicht voller; an den Ort, da sie herfließen, fließen sie

wieder hin. Es sind alle Dinge so voll Mühe, daß es niemand ausreden kann ... **Was ist's, das geschehen ist? Eben das hernach wieder geschehen wird. Was ist's, das man getan hat? Eben das man hernach wieder tun wird; und geschieht nichts Neues unter der Sonne** ...«
Adam, der »im Schweiße seines Angesichts« auf dem Acker arbeiten mußte, ist der Prototyp des Urschuld-Bewältigers. Was wir Urschuld nennen, heißt in der Bibel »Erbsünde«. Das Wort Sünde ist ja nichts anderes als ein Schuldigsein. Wer sündigt, lädt eine Schuld auf sich. Wir, die Nachkommen Adams, sind in der immer gleichen Erbsünde verstrickt, weil wir unsere Urschuld bewältigen müssen.

Adams Söhne Kain und Abel sind Symbolfiguren für das Entstehen von Eigentum, aus dem sich Zins und Geld entwickelt haben. Kain, der ältere, war Ackersmann, Abel war Schäfer. Zwischen beiden mußte es zum Streit kommen. Denn der Schäfer weidet seine Tiere auf demselben Feld, das der Ackersmann bestellen möchte. Damit die Tiere ihm nicht verlorengehen, hat er die Weide vielleicht auch noch eingezäunt.

Der scharfsinnige französische Philosoph Jean-Jacques Rousseau führte das ganze Elend der Welt bekanntlich auf den ersten Menschen zurück, der ein Stück Land einzäunte und behauptete, es sei sein Eigentum. Er forderte 1754 in seiner Schrift »Abhandlung über den Ursprung und die Grundlagen der Ungleichheit unter den Menschen«: »Hütet euch, diesem Betrüger zu glauben, ihr seid verloren, wenn ihr vergeßt, daß die Früchte **allen** gehören, die Erde aber **niemandem.**«

Die Sozialisten wollen bis heute das Eigentum »abschaffen«, um wieder Frieden und Gerechtigkeit unter den Menschen herzustellen. Aber sie doktern damit am Symptom herum; von den wahren Ursachen dessen, was so schön »Lebenskampf« heißt, haben sie keine Ahnung.

Der Dualismus zwischen Ackersmann und Viehzüchter ist in der Geschichte immer wieder ein klassischer Konfliktstoff gewesen. So begannen die englischen Viehzüchter im 16. Jahrhundert das Land zu umzäunen, und sie brauchten sehr viel

Land, weil Viehhaltung extensive Landwirtschaft ist. Das geißelte der große Thomas Morus, Lordkanzler Heinrichs VIII., als Fürsprecher der Bauern. Morus wurde nach einem mysteriösen Gerichtsverfahren enthauptet. Ihm erging es zwar wie Abel, aber er war ein Kain.

Kenner von Wildwestfilmen können zahlreiche Plots aufzählen, in denen die bösen Viehzüchter plötzlich auf die Farm des kleinen, braven Farmers kommen und ihm androhen, ihn umzulegen, wenn er sein Land nicht abgibt. Die »Glorreichen Sieben« helfen mexikanischen Bauern, und Django macht die bösen Viehzüchter und ihre gekauften Killer tot.

Von der *Urschuld* zur *Kontraktschuld*

Spannend wird es, wenn die Urschuld weder mit Ackerbau noch Viehzucht, sondern nur noch mit Hilfe einer Kontraktschuld bewältigt werden kann. Wenn es also keinen aus der Familie oder dem Stamm gibt, der demjenigen hilft, der in Not ist.

Auch dafür gibt es in der Bibel eine Symbolfigur, den Stammvater Abraham. Der war viehzüchtender Nomade, die Bibel bezeichnet ihn als »Fremdling« in allen Ländern, die er durchstreifte. Abraham hatte kein Grundeigentum, doch plötzlich ein **Urschuld**-Problem, das er mit seinen Ressourcen allein nicht bewältigen konnte. Er mußte eine Grabstelle für seine geliebte Frau Sarah besorgen. Er sprach zu seinen Leuten: »Gefällt es euch, daß ich meinen Toten, der vor mir liegt, begrabe, so höret mich und bittet für mich Ephron, den Sohn Zorahs, daß er mir gebe seine zwiefache Höhle, die er hat am Ende seines Ackers; er gebe sie mir um **Geld** (!), soviel sie wert ist, unter euch zum Erbbegräbnis.«

Die neu entstandene **Urschuld** ist die Beerdigung der geliebten toten Frau. Die Grabstelle ist nur auf dem Acker (Eigentum) eines anderen zu finden. Also muß Abraham den Acker kaufen. Dazu braucht er **Geld. Und das zu einer Zeit, als Münzen noch längst nicht erfunden waren!** Heutige Ökonomie-Nobelpreisträger würden das, was Abraham will, ei-

nen **Tauschvorgang** nennen. Da aber nichts leichter ist, als Vieh gegen einen Acker zu tauschen, selbst wenn der etwas Besonderes hat (eine Höhle aus Stein) – warum kommt dann Geld ins Spiel?

Die Bibel weiter: »Ephron antworte Abraham und sprach: Mein Herr höre doch mich! Das Feld ist **vierhundert Lots Silber wert;** was ist das aber zwischen mir und dir? Begrab nur deinen Toten!«

Abraham schlägt das Geschenk aus und widerlegt damit ganz nebenbei den Unfug, den der führende Kapitalismus-Theoretiker George Gilder mit seiner Tausch-Aufschaukelei noch heute – Tausende von Jahren später! – auftischt.

Die Bibel schließlich: »Abraham aber wog Ephron das **Geld** dar, das er gesagt hatte, vierhundert Lot Silbers, das im **Kauf** (!) gang und gäbe war. Also ward Ephrons Acker, darin die zwiefache Höhle ist, Mamre **gegenüber,** Abraham **zum eignen Gut** bestätigt, mit der Höhle darinnen und mit allen Bäumen auf dem Acker umher ... Danach begrub Abraham Sarah, sein Weib ... Also ward **bestätigt** der Acker und die Höhle darinnen Abraham zum Erbbegräbnis ...«

Alles ganz genau wie ein Grundstückskauf heute auch. Der Gegenstand ist beschrieben (Acker mit Höhle). Es wird nicht getauscht, ausdrücklich ist von »Kauf« die Rede. Es gibt einen Zeugen, Mamre ist quasi der Notar. Beim Tausch braucht man bekanntlich keinen Zeugen. Das Eigentum wird bestätigt. Das Ergebnis eines Tausches muß man nicht bestätigen.

Und vor allem: Sobald es um Eigentum geht, in diesem Fall um den Erwerb von Eigentum, ist sofort auch Geld im Spiel. Das Entscheidende am Fall Abraham: Er will fremdes Eigentum haben und es nicht nur nutzen, was ihm Ephron angeboten hatte. Dazu muß er dem anderen Eigentümer eigenes Eigentum bieten, in diesem Fall besonderes Eigentum, statt Vieh eben Silber.

Dieses »Geld« erleichtert keinen Tauschvorgang, **denn ein direkter Tausch Vieh gegen Acker wäre viel leichter gewesen, als den Umweg über Geld zu wählen.** Ephron hätte doch sagen können: »Der Acker ist 400 Lämmer wert.« Und Abraham hätte die Lämmer abgezählt, sie Ephron gegeben und fer-

tig. Das Geld war ein **Umweg.** Es hat die wirtschaftliche Transaktion nicht erleichtert, sondern **erschwert!** Denn der Nomade mußte sich seinerseits das Silber durch den Verkauf von Lämmern, deren Fleisch oder Milch erst mal besorgen.

Warum also dann Geld? Antwort: Das Geld ermöglicht es dem Verkäufer, den Gegenwert des verkauften Ackers über die Lebenszeit der Lämmer hinaus aufzubewahren.

Exkurs: So ist Geld entstanden

Die Geldentstehung ist ein sehr komplexer Vorgang und läuft über die Stationen Urschuld – Eigentum – Kontraktschulden – Zins – Geld. Schauen wir uns die Stationen an einem Beispiel näher an, das von einem gegenüber dem anschließend vorgestellten Modell von Heinsohn/Steiger breiteren Ansatz ausgeht:

1. Ein Mann arbeitet seine Urschuld ab. Seine Urschuld-Deckungsmittel (»Nahrung«) müssen mindestens so lange halten, wie Zeit zwischen Herstellung (Jagd, Ernte) und Einsatz (Urschuld-Tilgung per Konsum) verstreicht. Ein Fisch, der vor dem Verzehr verfault, kann nicht zur Tilgung beitragen.

2. Das Problem, Urschuld-Tilgungsmittel über die Zeit zu bewahren, führt zur **Lagerhaltung** beziehungsweise zum Ausweichen auf »Wertaufbewahrungsmittel«. Die Verfallskurve von Frischfisch geht steil, die von Trockenfisch weniger steil, die von Getreide schon erheblich flacher gegen null. **Edelmetall** hat kein Verfallsdatum. Seine Verfallskurve ist eine Parallele zur Zeitachse.

3. Irgendwann wurde Edelmetall entdeckt und der Wunsch, es zum Eigentum zu haben, in den Kanon der Urschulden aufgenommen. Zwischen dem Wunsch, Edelmetall zu horten oder als Schmuck zu tragen, und dem Wunsch, seine Frau in einer Höhle zu begraben, oder dem Wunsch, seine Kinder auf ein College zu schicken, besteht kein prinzipieller Unterschied. Sobald der Mensch sich die Erfüllung dieser Wünsche **schuldig** ist, gehören sie zur Urschuld.

4. Der Wunsch nach dem Eigentum Edelmetall setzt Lagerhaltungswirtschaften voraus. Wer nur von der Hand in den Mund lebt, kann nichts speichern, weder Nahrungsmittel noch Edelmetall. Der Edelmetalleigentümer hat nun einen Vorteil – vorausgesetzt, Edelmetall zählt auch zum Urschuld-Kanon anderer Menschen, mit denen er in Berührung kommt. Als die Spanier Amerika eroberten, berichteten sie immer wieder, daß die Ureinwohner Gold als nichts Besonderes erachteten. Gold war bei ihnen noch nicht so fest im Urschuld-Kanon verankert, daß sie es als Zeitüberbrückungsmittel, alias Geld, verwendet hätten – ganz im Gegensatz zur Alten Welt. Außerdem waren die Kulturen der Maya und der Inka feudalistisch beziehungsweise staatswirtschaftlich-sozialistisch organisiert. **Im Feudalismus und im Sozialismus gibt es aber weder Privateigentum noch Geld.**

Die Banknoten der DDR waren **Bezugsscheine**, im Inland allgemein verwendbar. Hitlers Bezugsscheine waren faschistisch und menschenverachtend: »100 Gramm Rindfleisch« – nicht mehr, nicht weniger. Honeckers sozialistische Bezugsscheine waren menschlicher. Die Bürger hatten freie Auswahl, auch wenn es die Waren nicht gab, die sie wählen wollten. Und wenn es mal Bananen gab, mußte man sich eben sputen, um für seine Bezugsscheine welche zu erhaschen.

5. Mit Hilfe vom im Urschuld-Kanon verankerten Edelmetall kann der Edelmetalleigentümer Leistungen oder Eigentum anderer Urschuldner erhalten, siehe oben den Kauf des Erbbegräbnisses durch Abraham für 400 Lot Silber. Aufgrund der unterschiedlichen Verfallsdaten von Eigentum, dessen spezieller Eigenschaften und temporaler Verfügbarkeiten entwickeln sich konkrete Preisverhältnisse. Der Preis für den Abraham-Acker wird so kalkuliert: Die erwarteten Erträge des Ackers entsprechen den Erträgen, die das Silber abwerfen würde, wenn es in einen anderen Acker angelegt (oder auf eine Bank getragen) werden würde.

6. Edelmetall und Ackerland tragen kein Verfallsdatum. Da Edelmetall als solches keinen Ertrag abwirft, müssen die Erträge, die der Acker abwirft, der Maßstab für dessen Preis sein. Wäre Abrahams Acker in Wirklichkeit eine Geröllhalde mit

einer Höhle darauf gewesen, hätte er nur dann einen Preis gehabt, wenn die Höhle zur Bewältigung der Urschuld Totenbestattung seitens des Eigentümers hätte dienen können. Abraham konnte seine tote Sarah, die wegen der Hitze rasch beerdigt werden mußte, auch nicht transportieren, bis er, der das Ziehen über weite Strecken gewohnte Nomade, woanders eine Höhle gefunden hätte, die er hätte nutzen können.

7. **Das Edelmetall als Gut ohne Verfallsdatum wird zum Maßstab für Güter (und Tote) mit Verfallsdatum** beziehungsweise für Urschuld-Bewältigungsgegenstände in verschiedenen Stadien des Verfalls. Eine neue Ernte ist teurer, das heißt »kostet« mehr Gold als Getreide, das schon lange lagert. Ein Verstorbener muß rasch beerdigt werden usw.

8. **Das Edelmetall wird »Geld« (es »gilt«) und – da es sich ohne Risiko des natürlichen Untergangs beleihen läßt – zur Basis für Kreditvorgänge auf breiter Front.**

9. Kredite sind möglich mit allen Gütern als Sicherheit, die noch eine Restlaufzeit haben, aber der Kredit muß spätestens zum letztmöglichen Zeitpunkt der Konsumierbarkeit oder der Existenz der Beleihungsgrundlage fällig gestellt sein, da sonst die Sicherheit verschwindet. Daher war in der Geschichte immer wieder »Grund und Boden« als nicht zerstörbares Aktivum beliebt. So gaben die Führer der Französischen Revolution **Assignaten** (Schuldscheine) aus, Geld, das auf den **enteigneten Gütern** von Adel und Klerus basierte. Da sich die Verwertung der Güter aber hinzog, von deren wirtschaftlicher Nutzung ganz zu schweigen, wurden die Schuldscheine rasch entwertet. Die Assignatenwährung endete in einer **Hyperinflation.**

Währungen mit auf dem Feld produzierten Gütern als Deckung verschwanden rasch, wie auch die Idee zu einer deutschen **Getreide-Mark** 1923. Ähnliches gilt für Währungen, die minderwertiges, also vergängliches Metall als Grundlage hatten, zum Beispiel die **Kupfer-Standards** in Rom während der Punischen Kriege und zur Zeit der Soldatenkaiser im 3. Jahrhundert sowie in Schweden und Rußland im 17. Jahrhundert.

10. Das Edelmetall mit nicht definierbarem Verfallsdatum setzt sich gegen andere Beleihungsgrundlagen durch. »Gold

ist eine permanente Option«, habe ich in »Der Kapitalismus« geschrieben. Das Metall (Barren, Münzen) läuft als **endlos prolongierbare Beleihungsgrundlage** um und kann jederzeit als Schuldendeckungsmittel für Ur- und Kontraktschulden eingesetzt werden.

11. Inzwischen hat sich unser Geldsystem völlig vom Edelmetall gelöst. Es werden nur noch Fälligkeiten beliehen. Das geht gut, solange die Fälligkeiten ihrerseits eingehalten werden. Da Fälligkeiten aber nur bedient werden können, wenn immer wieder neue Schulden gemacht werden (Kernsatz des **Debitismus**!), basiert unser weltweites Geldsystem darauf, daß immer neue Kredite aufgenommen, also Schulden gemacht werden.

12. Wird unser heutiges Geld nicht dauernd prolongiert, indem die zugrundeliegenden Kreditvorgänge immer weiter vorangetrieben werden, **verschwindet alles Geld aus der Wirtschaft** – außer jenem, das die Notenbank einst gegen Gold ausgegeben hat.

Noch ein Wort zur »Erfindung« der Münzen. Der englische Numismatiker Colin M. Kraay hat schon 1964 in seinem bahnbrechenden Aufsatz »Hoards, Small Change and the Origin of Coinage« (Horte, Wechselgeld und der Beginn der Münzen) im »Journal of Hellenic Studies« nachgewiesen, daß die ältesten Münzen nicht etwa »Kleingeld« waren, das das tägliche Warentauschen auf den Märkten erleichtert hätte, sondern »Großgeld«, das bis zu einem Gewicht von über 40 Gramm ausgeprägt wurde (sogenannte Dekadrachmen). **Die Behauptung, Münzen hätten irgendwann den lästigen Tausch Ware gegen Ware »erleichtert«, ist komplett falsch und lächerlich.** Es ist unverantwortlich, daß dieser Unfug immer noch in den Lehrbüchern unserer Wirtschaftsstudenten vorkommt.

Das HS-Modell und Weiterungen

Wie aus Eigentum Schulden, alias Kredite, und damit Geld entstanden sind, haben auch Heinsohn und Steiger in ihrem bahnbrechenden Werk detailliert beschrieben. Wer dieses

Buch nicht gelesen hat, sollte zum Thema Wirtschaft besser schweigen. Das **Heinsohn/Steiger-Modell** (HS-Modell) setzt privates Eigentum an Grund und Boden als Basis für die Geldentstehung voraus und beschränkt sich im wesentlichen auf die aus privatem Grundeigentum automatisch folgenden Prozesse.

Das HS-Modell in Kurzform: In einer Gesellschaft von privaten Eigentümern gerät einer von ihnen in Not (Mißernte, Krankheit usw.). Der Stamm kann ihn nicht mehr durchfüttern, da er keinem Stamm mehr angehört. Auch der Feudalherr, der ihn früher schützte und versorgte (gegen Abgaben, Pacht, Gefolgschaftsdienste, Leibgeding, usw.), ist nicht mehr da.

Denn der Feudalherr wurde durch die typische, in der Geschichte immer zu beobachtende Revolution mit anschließender Eigentumsaufteilung beseitigt (auch die Beendigung des SED-Regimes in der DDR war so eine Revolution gegen ein Feudalregime, definiert durch die Tatsache, daß ihm alles Eigentum als »volkseigen« zustand; nur leider ging es mit der anschließenden Eigentumsaufteilung an die Revolutionäre – die DDR-Bürger – schief, siehe Kapitel »Die Lösungen«, Teil »Zweites Problem«).

Jetzt muß sich der Eigentümer leider selbst helfen, und das geht nur, indem er Schulden bei anderen Eigentümern macht. Diese Schuldaufnahme sieht so aus: Ein anderer Eigentümer verbrieft sein Eigentum und verleiht einen Teil dieser Verbriefung an den Notleidenden. Jeder Teilbrief (aus Ton, Papyrus, Pergament, Wachstafel usw.) dieser Verbriefung hat natürlich einen Wert, weil der Inhaber dieses Briefes sich im Falle einer Nichtzahlung aus dem Eigentum direkt bedienen kann. Diese Verbriefung ist **Geld,** mit dem sich der Notleidende dann bei jedem anderen Eigentümer etwas kaufen kann. Keiner hat Grund, das Geld nicht anzunehmen, weil er ja über den Brief jederzeit in das Eigentum des Leihgebers vollstrecken kann.

Der Zins, den dieses Geld trägt, ergibt sich aus dem Verzicht des Eigentümers auf jene Sicherheit, die das Eigentum ihm gäbe, wenn es nicht belastet wäre. Der **Zins** ist der Preis für die Aufgabe der Sicherheitsprämie, auf die der Eigentümer verzichtet, der sein Eigentum verpfändet.

Das HS-Modell ist in sich schlüssig und richtig, wobei sich die Entstehung von Geld und Zins beim Übergang von der Urschuld zur Kontraktschuld noch mit anderen Beispielen illustrieren läßt. Das HS-Modell entwickelt Geld primär aus der Sache (Eigentum), unser Modell setzt bei der Schuld an (Erfüllungsdruck).

Schuldknechtschaft ...

Noch ein Beispiel: Ein Mann scheitert am Urschuld-Problem. Er ist logischerweise ein Eigentümer, sonst würde der Stamm oder der Feudalherr für ihn sorgen. Um nicht unterzugehen, leiht er sich Nahrungsmittel. Als Sicherheit für die Rückgabe bietet der Mann Eigentum an. Das muß aber nicht Eigentum an einer Sache sein, nicht verbrieftes Land (oder Vieh).

In der frühen Geschichte konnte ein in Not geratener Urschuldner auch **seine Arbeitskraft oder die seiner Familie** als Sicherheit anbieten. Das hieß damals »Schuldknechtschaft«. Die Bibel, als Quelle für menschliche Geschichte, deren Leiden und Freuden unerreicht, beschreibt das Phänomen im Buch Nehemia (Kap. 5 ff.):

»Und es erhob sich ein großes Geschrei der Leute aus dem Volk und ihrer Frauen ... Die einen sprachen: Unsere Söhne und Töchter müssen wir **verpfänden,** um Getreide zu kaufen, damit wir essen und leben können. Die anderen sprachen: Unsere Äcker, Weinberge und Häuser müssen wir **versetzen,** damit wir Getreide kaufen können in dieser Hungerszeit.«

Das eine Mal werden Menschen eingesetzt, das andere Mal Sachen. Beide Male geht es um dasselbe: Geld zur Beseitigung der **Urschuld** (Hunger!) zu beschaffen. Bis heute sind viele Eltern gezwungen, zu zweit zu arbeiten, in vielen Familienbetrieben werden auch die Kinder eingespannt. Das Geld, das den Kindern zusteht, die in Pakistan FIFA-Fußbälle zusammennähen, kassieren die Eltern. Doch egal ob klein, ob groß: Weil keiner am Problem der **Urschuld**-Bewältigung vorbei-

kommt, ist jeder von uns **lebenslang Schuldknecht**. Knecht seiner Urschuld.
Jeder Mensch lebt in Schulden. Das läßt uns der Kapitalismus in brutaler Konsequenz spüren. Deshalb ist der Kapitalismus so verhaßt.

... und Selbstversklavung

Und noch eine Variante zum HS-Modell: Der Urschuldner in Not kann außer seinem Eigentum über Sachen oder seinen Familienmitgliedern (die im alten römischen Recht Eigentum des Pater familias waren) natürlich auch das **Eigentum über sich selbst** einsetzen! Und zwar nicht nur, indem er für andere und damit letztlich für sich und seine **Urschuld** arbeitet.
Sondern indem er sich, dem er ja untrennbar selbst gehört, verkauft!
In der Antike, die bekanntlich voller Sklaven war, gab es tatsächlich auch die **Selbstversklavung**. Die hat Professor Paul Veyne vom Collège de France, einer der besten Kenner der Antike, erst vor kurzem bei der genaueren Durchsicht eines Textes des Philosophen Seneca entdeckt und in einem Aufsatz »Freie Männer als Sklaven und die freiwillige Sklaverei« einer verblüfften Öffentlichkeit vorgestellt (in: Die Römische Gesellschaft, München 1995).
Ein freier Mann verkaufte sich danach selbst in die Sklaverei. Dafür bekam er Geld. Damit eröffnete er ein Geschäft. Der Mensch war sozusagen sein eigenes Stammkapital – wie Models, Athleten und TV-Stars bis heute zu sagen pflegen: »Mein Körper ist mein größtes Kapital.« Der Sklave durfte nach antikem Recht zwar nicht mehr über sich selbst verfügen, er war zur »Sache« geworden, aber er konnte jede unternehmerische Tätigkeit ausüben, nach der ihm der Sinn stand.
So diente die Selbstversklavung dem Zweck, mit Hilfe des dadurch in Geldform gewonnenen Kapitals große Geschäfte zu starten. Damit verdiente der Sklave dann so viel, daß er sich von seinem Herrn wieder freikaufen und sich, so ihm das

Geschäftsglück hold war, als schwerreicher Mann zur Ruhe setzen konnte.

Veyne summiert: »Ehrgeizige junge Leute **wählten die Sklavenkarriere**, die, so unsicher sie war, dennoch eine Chance zum Fortkommen bot, anders als die freie Armut, die nur die Aussicht auf den Ackerbau oder den Hungertod eröffnete.«

Sind wir Sklaven ...

Im Grunde machen wir es heute nicht viel anders. Auch wir brauchen Geld, nicht unbedingt, um der lästigen Feldarbeit (Spargelstechen!) oder gar dem Hungertod zu entgehen, aber immerhin zumeist zu Konsumzwecken. Dann gehen wir zur Bank und überziehen unser Konto oder nehmen einen Ratenkredit auf. Als Sicherheit dient nicht irgendein Eigentum, sondern das Einkommen, das wir **in Zukunft verdienen** werden. Der Banker fragt: »Was verdienen Sie? Darf ich Ihren Lohnnachweis sehen oder Ihren Einkommensteuerbescheid?« – »Bitte sehr!« – »Alles klar. Sie kriegen einen Kredit in Höhe von drei Monatsgehältern. Oder wollen sie fünf?« – »Ja, gerne!« – »Also fünf.«

Was ist das? Sie, der Kreditnehmer, haben sich damit quasi **selbst verpfändet**. Zwar kann die Bank nicht in Ihre Person vollstrecken, Sie also nicht auf dem Sklavenmarkt verkaufen, wenn Sie Ihren Dispo nicht abdecken, aber sie kann in Ihr Einkommen vollstrecken, indem sie einen Pfändungsbeschluß über Ihren Lohn oder Ihr Gehalt bei Ihrer Firma erwirkt. Fragen Sie mal einen Personalchef, wie viele Gehaltskonten heutzutage verpfändet sind. In manchen Firmen ist das mehr als die Hälfte!

Der Mensch von heute ist zwar kein Sklave im hergebrachten Sinn, aber er ist genauso zur **Arbeit für einen anderen** verpflichtet wie der Sklave. Und was er (28,5-Stunden-Woche bei VW!) noch schwarz nebenbei erwirtschaftet, das dient ihm dazu, ein eigenes Haus zu bauen oder zu kaufen und Geld fürs Alter zurückzulegen.

... oder lebenslänglich Schuldknechte?

Wird der Vertrag über einen Leihvorgang (Umfang von Leistung und Gegenleistung, Rückzahlung, Tilgung, Fristen, Zins) geschlossen, ist die **Kontraktschuld** in der Welt. Der Kontrakt ist seinerseits fungibel (Gläubigerwechsel!), oder er kann – diskontiert – sofort für die Abwicklung von (bereits bestehenden, simultan oder später abgeschlossenen) Kontrakten über Lieferung von Waren oder Leistungen weiterverwendet werden.

Aber keine Schuld ist bloß als solche in der Welt, wie ein Haustier, das eben halt so mitläuft. Sondern sie wird größer, größer, größer. Es sei denn, sie wird getilgt.

Mit den Kontraktschulden kommt ungeheurer Druck in die Welt, der kapitalistische Prozeß startet.

Das Wort **Kapitalismus** ist allerdings fehl am Platz. Denn Kapital, das vorhanden ist, beruhigt. Wer Kapital hat, schläft gut. Eine kapitalistische Wirtschaft wäre demnach wie ein Friedhof. Alles ist da, alles ruht. Warum sollte sich ein Kapitalist aufregen? Worüber?

Höchstens darüber, daß er nicht genug Kapital hat. Dann wäre also **Gier** der langgesuchte Wirtschaftsmotor? Nein! Diese Vorstellung wurde schon in frühen Mythen lächerlich gemacht. Denken wir nur an die Geschichte von König Midas, der auf goldenem Thron saß und auch sonst nicht arm war und dann noch einen Wunsch frei hatte. Und der gierige Midas wünschte sich, daß alles, was er berührte, zu Gold werde. Und da verwandelte sich sein Brot zu Gold und sein Wasser. Und Midas verreckte elendiglich.

Oder ist es die **Angst** der Menschen, die Kapital haben? Angst, es zu verlieren? Angst ist gewiß ein Motiv, etwas zu wollen, zu wünschen, zu fordern. Und mancher reiche Mann wälzt sich nachts unruhig im Bette, wenn er daran denkt, sein Depotauszug könnte am nächsten Morgen kleiner sein als der, mit dem er sich vom vorangegangenen Tag verabschiedet hat.

Doch den ungeheuren **Druck**, der auf der Welt lastet, erklären weder Gier noch Schlafstörungen. Auf jeden Reichen kommen Tausende Arme, die wirklich nicht wissen, wovon sie

morgen leben sollen. Millionen Schuldner, die nicht wissen, wie sie das Geld auftreiben sollen, das am nächsten Ersten fällig ist.

Ich erzähle jetzt die Geschichte des Hamburger Kaufmanns John Parish, um ein für allemal klarzumachen, worum es in der Wirtschaft wirklich geht. Wir sind im Jahr 1783. Parish reitet eines Morgens von seinem Landhaus an der Elbchaussee in Richtung Börse. Auf dem Marktplatz muß er erfahren, daß sich der damals reichste Hamburger Kaufmann Peter Hiß für bankrott erklärt hatte und die ganze Börse in Aufruhr war. Parish schreibt in seinen Memoiren: »Ich fühlte, wie mein Gewicht plötzlich doppelt auf den Sattel meines Pferdes zu drücken schien ... Täglich hatte ich **Zahlungen zu leisten** ... Jetzt wurde die Sache ernst ... Ich begann unruhig zu werden ... mußte jetzt von Tag zu Tag Dispositionen treffen, richtiger: Von Nacht zu Nacht; **Schlaf hatte mich verlassen** ... am Tage lief ich umher und gab schließlich statt Bargeld Wechsel in Zahlung. Ich fühlte mich langsam **zu Tode gehetzt.**«

Doch weiter: »Ich verlor jeden Appetit. Dagegen plagte mich fortwährend Durst, weshalb ich unausgesetzt kaltes Wasser trank. **Mein Gesichtsausdruck war der eines Übeltäters, eines Ertrinkenden** ... Ich sah auf die Masse der Wechsel vor mir und blätterte in ihnen wieder und wieder: was war zu tun?«

Schließlich kann Parish den Konkurs mit Hilfe eines freundlichen alten Juden abwenden, der ihm seine Wechsel stundet. Er ist gerettet: »Dies war die schwerste Zeit meines Lebens ... Noch jetzt schaudere ich, wenn ich daran denke. **Damals schüttelte es mir das Mark aus dem Gebein.** Wer **graue Haare,** diese äußeren Zeichen der Respektabilität, rasch zu haben wünscht, soll nur ... mein damaliges Leben führen. Er wird sein Ziel bald genug erreichen.«

Das Leben des John Parish war das jedes Unternehmers, der im kapitalistischen Prozeß immer unter permanentem Schuldendruck zu leben hat. Die Jahreszahl spielt keine Rolle.

Endlich haben wir den Motor gefunden!

Der debitistische Druck verleiht dem arbeitsteiligen Wirtschaften seine unnachahmliche Dynamik! Und die anderen Erklärungsversuche? Wir hören und lesen immer nur von notwendigen, aber von keinen hinreichenden Ursachen, die den wirtschaftlichen Wachstumsdruck erklären könnten. Schauen wir sie uns an:

1. Die immer als Motor der wirtschaftlichen Entwicklung gerühmte **Arbeitsteilung,** die der schottische Zollaufseher Adam Smith 1776 in seinem gefeierten Werk über den »Wohlstand der Nationen« entdeckt hat, ist in Wahrheit nichts als eine Summe von Kontraktschulden. Nicht die Arbeitsteilung schafft die wirtschaftliche Dynamik, sondern der Druck, den jene Schuldverhältnisse auslösen, die jede Arbeits-»Teilung« definieren. Arbeitsteilung setzt Arbeitsverträge voraus, also **Kontraktschulden.** Die schaffen den Druck.

2. Die **Marktwirtschaft** ist keineswegs der Wirtschaftsmotor, auch nicht »mehr Marktwirtschaft«, wie immer wieder behauptet und gefordert wird. Marktwirtschaft ist nur ein Synonym für eine möglichst zeitsparende Abwicklung von Kontraktschulden (die ihrerseits der Motor sind): Der Schuldner kann **nur auf dem Markt** Schuldendeckungsmittel beschaffen. Auf dem Markt muß er Ausschau halten nach potentiellen »Nachschuldnern«, die das System braucht, um fortzubestehen.

3. Das **Eigentum** als solches ist nicht essentiell für die wirtschaftliche Dynamik, sondern immer nur das beliehene Eigentum. Insofern ist die Forderung nach Sicherung des Eigentums immer zu interpretieren als Forderung nach **Maximierung von beleihungsfähigem Eigentum.** Eigentum als »Eigen« ist wirtschaftlich irrelevant. Eigentum muß den Eigentümer verpflichten, es zu verschulden. Daraus ist automatisch eine Lösung zur Beseitigung des Arbeitslosenproblems abzuleiten:

Nicht wirtschaftlich eingesetztes, das heißt nicht verschuldetes Eigentum, ist zu expropriieren und anschließend neuen Eigentümern zu geben, die gezwungen sind, es zu beleihen. Das ist der Sinn der Forderung nach einer »Umverteilung«, der wir uns uneingeschränkt anschließen.

Und noch mal hatte Marx nicht recht

Wir konzentrieren uns im folgenden auf den Teil des debitistischen Prozesses, der aus Kontraktschulden resultiert, wiewohl auch Lebensbewältigung ohne Kontraktschulden existiert, zum Beispiel in Stammes-, Klosterhof-, Eigen- oder Selbstversorgungswirtschaften, in denen nur Urschulden bewältigt werden. Kontraktschulden sind **zinsbewehrt**. Es muß also mehr zurückgezahlt werden, als geliefert wurde. Der Schuldner muß mehr leisten, als derjenige geleistet hat, der Leihgeber war – ein Resultat der Präferenz der Gegenwart gegenüber der Zukunft. Könnte der potentielle Schuldner warten, würde er sich nicht verschulden. Und der Gläubiger, der ebenfalls warten könnte, würde nie vollstrecken.

Jetzt zum Punkt. Besteht die Rückzahlung (Geliehenes plus Zins) nicht in Naturalien, sondern in Schuldendeckungsmitteln, die sich nicht via Mutter Natur vermehren lassen, ist die Frage zu stellen: Wo kommen die zusätzlichen Schuldendeckungsmittel (Geld) her? »Geld heckt nicht Geld«, lehrte der große Aristoteles. Klartext: Münzen (heute: Geldscheine) kriegen keine Kinder. Selbst wenn die Notenbank immer mehr Geld in Umlauf bringt, kann sie das immer erst tun, **nachdem** vorher Schulden gemacht wurden, die sie dann ankaufen kann. Geld drucken kann man zwar jede Menge, es aber in Umlauf bringen – das geht nur, nachdem **vorher** Schulden gemacht wurden.

Auf die richtige Fährte setzt uns Karl Marx bei seiner Analyse der Realisierung des Mehrwerts (»Das Kapital«, II. Band, 2. Buch). Marx muß den Mehrwert (= Verzinsung des Eigenkapitals, Unternehmergewinn, alias Kapitalzins o. ä.) irgendwie auf die Welt bringen, denn ohne Mehrwert gibt es keine Ausbeuter. Aber Marx schafft es nicht.

So fragt er verzweifelt: »Wie kann die Kapitalistenklasse beständig 600 Pfund aus der Cirkulation herausziehen, wenn sie beständig nur 500 Pfund hineinwirft?«

Und: »Die Frage ist also nicht: Wo kommt der Mehrwert her, sondern: Wo kommt das Geld her, um ihn zu versilbern?« In der Tat: das ist die Frage.

Marx gibt diese Anwort: »So paradox es auf den ersten Blick scheint, die Kapitalistenklasse selbst wirft das Geld in die Cirkulation, das zur Realisierung des .... Mehrwerts dient.« Das ist Unsinn. Denn wozu sollten die Kapitalisten ihr Geld, das sie doch sowieso schon besitzen und besser behalten könnten, auf die weite Reise schicken?

Marx behilft sich mit einem Deus ex machina. Er schreibt, daß die »nötige Geldsumme« durch die **Produktion von Gold und Silber** »in die Cirkulation geworfen wird«. Dies ist ein Zirkelschluß, denn auch Gold- und Silberbergwerke sind kapitalistische Betriebe, die auf Mehrwert aus sind. Wo aber kommt dann deren Mehrwert her? Fällt er vom Himmel, und die Bergwerksbesitzer halten ihre Schürzchen auf wie das Mädchen im Märchen »Sterntaler«?

Heute haben wir es obendrein nicht mehr mit einem Waren-, sondern mit einem Kreditgeldsystem zu tun. Geld basiert nicht mehr auf Eigentum und den daraus zu erwartenden Einkünften, sondern fast ausschließlich auf Forderungen und den **daraus** fließenden »Geldern«.

Der Marxsche Ansatz, der vor 113 Jahren ins Leere ging, kann heute unschwer vollendet werden: **Alles Geld einer Volkswirtschaft ist Kreditgeld, alle Produktion ist vorfinanziert.** Der Mehrwert (Gewinn, Zins usw.) wird von den verschuldungsfähigen Marktteilnehmern (»Kapitalistenklasse«) einer Volkswirtschaft in die Zirkulation geworfen – in Form von **zusätzlichen** Krediten.

Das ist der zentrale Punkt der debitistischen Theorie: Die Wirtschaft ist eine endlose Kette von Schuldverhältnissen.

Welche Waren- und Leistungsformationen ihnen zugrunde liegen, also wofür sich jemand verschuldet, spielt keine Rolle. Die Verschuldungskette muß nur fortgesetzt werden. Das geht, indem zusätzliche Nettoneuverschuldung abläuft. Immer weiter.

Sollte die Kette brechen, gehen alle zeitlich vorangegangenen Schuldner unter. Reißt der debitistische Kettenbrief, ist die Kontraktion aller wirtschaftlichen Aktivitäten – die nur wirtschaftliche Aktivitäten sein können, weil sie auf Kontraktschuldverhältnissen basieren – unausweichlich. Am Ende steht alles still.

Die **Nettoneuverschuldung** ist der entscheidende Punkt. Sie kommt nur zustande, indem verschuldete Marktteilnehmer verschuldungsfähige und verschuldungsbereite **Nachschuldner** finden. Die Mittel, diese Schuldner zu finden, sind Waren und Leistungen, die zum Kauf und damit – gesamtwirtschaftlich gesehen – zu einer Nettoneuverschuldung anreizen. Diesen Anreiz müssen die Altschuldner auf dem Markt bieten.

In Wahrheit werden also sub summa aller Märkte nicht Waren angeboten, sondern es wird zu Verschuldungen aufgefordert, damit diese Waren vom Markt verschwinden. **Markt** ist nur ein anderes Wort für den Platz, wo die systemnotwendigen **neuen** und **zusätzlichen** Schuldverhältnisse kontrahiert werden müssen.

Ohne Staatsschulden gibt es kein Geld!

Zum Schluß dieses Kapitels noch ein weiterer Aspekt: Heute besteht mehr als ein Drittel aller Kontraktschulden auf der Welt aus **direkten** Staatsschulden. Rechnet man die **indirekten** Staatsschulden dazu (Rentenversprechen!), sind es mehr als drei Viertel. Dies ist schon schlimm genug und verheert Wirtschaft und Arbeitsmärkte (wie wir noch ausführlich sehen werden).

Da alle Schuldverhältnisse nach der ehernen Regel des **Debitismus** immer weiter fortgesetzt werden müssen, müßte auch die Staatsverschuldung immer weiter – und schneller – fortgesetzt werden, wenn es nicht zum Kollaps kommen soll, es sei denn, die **staatlichen** Schuldverhältnisse werden durch **private** ersetzt.

Dies wird aber immer schwieriger, je höher der Anteil der Staatsschulden bereits ist. Wer tauscht schon gern ein sicheres **Staatspapier,** zum Beispiel einen US-Bond, der als bestes Wertpapier überhaupt gilt, gegen eine **Industrieanleihe,** die mit allen Risiken behaftet ist, die der freie Markt nun einmal mit sich bringt, auf dem sich das betreffende Unternehmen täglich bewähren muß? Und was passiert, wenn der Staat seine Verschul-

dung radikal herunterfährt, nicht nur die Neuverschuldung, sondern auch den Bestand an Altschulden, den er vor sich herschiebt? Wo sind die Unternehmen, die den Schuldner Staat ersetzen könnten? Auf welchen Märkten operieren sie? Welche **neuen** Märkte könnten sie überhaupt erschließen? China vielleicht, das selbst überschuldet ist? Rußland vielleicht, das gerade wieder mal einen seiner üblichen Staatsbankrotte hinlegt? Die Dritte Welt, die so pleite ist, daß ihre Schulden dauernd umgeschuldet oder gleich erlassen werden?

Könnten gar die **privaten Haushalte** in den Industriestaaten an die Stelle des Schuldners Staat treten, indem sie ihrerseits **noch mehr** Güter auf Pump kaufen, sich noch mehr verschulden, als sie es ohnehin schon sind? NEIN!

Einen **vierten** Schuldner außer Staat, Firmen und privaten Haushalten, also den großen Unbekannten, aber gibt es nicht. In der letzten großen Wirtschaftskrise, jener in den 30er Jahren, zog sich die Welt am eigenen Schopf aus dem Sumpf, indem sie den Staat als noch verschuldungsfähigen Schuldner entdeckte, zusätzlich zu Unternehmen und Privathaushalten. Die Essenz der Lehre des berühmten Ökonomen John Maynard Keynes lautete bekanntlich: Der Staat muß Schulden machen, um der Wirtschaft wieder auf die Beine zu helfen.

Heute aber ist der Staat endlich auch selbst überschuldet. Wer hilft uns nun? Keiner, es sei denn Aliens besuchen uns in Ufo-Flotten und erklären, daß sie alles kaufen wollen, was keinen Absatz mehr findet.

Der Euro und die Hyperinflation

Aber das ist nicht alles. Auch die Notenbanken haben sich an das keynesianische Rezept gehalten, die privaten Schuldner durch den Staat zu **ersetzen**. Das Geld, das sie ausgeben, ist fast nur noch durch Staatstitel gedeckt. **Der Staat ist der mit Abstand größte, in vielen Staaten schon der einzige Kunde der Notenbanken.** Die neue Notenbank Europas, die EZB, will auch nur noch Staatstitel ankaufen, um neues Geld in Umlauf zu bringen: Entweder ausländische Staatsschulden,

vor allem die der US-Regierung, die dann als sogenannte »Devisen« oder »Währungsreserven« verbucht werden. Oder die EZB kauft inländische Staatsschulden an, über die sogenannte »Offen-Markt-Politik«.

Klartext: Fast alles **Geld** beruht schon auf der Diskontierung von **Wertpapieren** der öffentlichen Hand oder auf Derivaten dieser Wertpapiere, also Wertpapierbündeln, die private Banken den Notenbanken auf Zeit verkaufen. Das sind sogenannte Wertpapierpensionsgeschäfte, bei denen quasi der Hintermann des Hintermanns zur Notenbank eilt. Würden die Staatsschulden getilgt oder verschwänden sie nach einem weltweiten Staatsbankrott komplett, **würde auch die gesamte auf Staatstiteln basierende Geldmenge verschwinden.**

Tja, dann hätten wir keine Bundesanleihen und keine US-Bonds mehr, aber leider auch kein Geld. Käme es gar noch vor der Einführung des Euro zum Staatsbankrott in Euroland (und wer garantiert uns, daß der nicht aufschlägt?!), **könnte der Euro gar nicht starten.** Denn es gäbe nichts, **wogegen** er ausgegeben werden könnte!

Oder die andere Variante: Je mehr die Staatsverschuldung heruntergefahren würde, desto problematischer wäre es für die Notenbanken, überhaupt noch Geld im Umlauf zu halten. Werden alle Staatsschulden bis zum letzten Cent zurückgezahlt, gäbe es keine Titel mehr, **wogegen** die Notenbank überhaupt noch Geld ausgeben könnte. Dann gälte die Gleichung: Staatsschulden null = Geldmenge null. Der Staat ist schuldenfrei, hurra! Kein Geld ist mehr im Umlauf, herrje!

Und noch das: Da die EU-Staaten auf die Formel »Staatsschulden = maximal 60 Prozent des BIP« verpflichtet sind und die meisten diese 60 Prozent schon überschritten haben oder wie Deutschland nur mit Buchungstricks einhalten können, müßten Staatsschulden zurückgezahlt werden, falls es zu einer Wirtschaftskrise kommt und das BIP (Bruttoinlandsprodukt) nicht wächst, sondern schrumpft. Wie schnell das in einer Industrienation passieren kann, haben wir gerade in Japan gesehen. Dort fällt das BIP. Wäre Japan ein Staat in Euroland, müßte Japan seine Staatsverschuldung **tilgen!**
Womit aber tilgen, wenn die Wirtschaft und damit auch

die Steuereinnahmen den Rückwärtsgang eingelegt haben?
Mit neuem Schuldenmachen?
In Euroland ist es theoretisch möglich, jährlich mehr Schulden zu machen als die von Maastricht vorgeschriebenen drei Prozent des laufenden BIP, aber dann sind Strafzahlungen fällig, und zwar mindestens 0,2 Prozent des BIP. Wie soll **dieses** Geld aufgebracht werden? Durch Steuererhöhungen? Das würde die Konjunktur noch weiter abwürgen. Noch mehr Schuldenmachen, obwohl es verboten ist? Wer kauft einem Staat seine Schuldtitel ab, der sich nicht an die Gesetze hält? Wer gibt dem Staat dann noch Kredit?
Das kann am Ende nur die Notenbank sein. Dann wird eben ein neues Gesetz zur Sicherung von Wirtschaft und Währung beschlossen. In langen Nachtsitzungen in Brüssel. Eine noch so kleine Wirtschaftskrise in Euroland kann nur darauf hinauslaufen, daß die **Notenpresse** angeworfen wird. Und läuft die Notenpresse einmal, gibt es kein Halten mehr.

Dann würde der schöne neue **Euro** ruckzuck in einer Hyperinflation verschwinden. Denn auch die Schulden, die der Staat bei seiner Notenbank direkt machen darf, zählen mit bei der Drei-Prozent-Grenze des Maastrichter Vertrages. Also müßten permanent Brüsseler Nachtsitzungen stattfinden, auf denen immer höhere Prozentsätze beschlossen werden. Bekanntlich ist jede Inflation nicht dadurch definiert, daß die Schulden **weniger** werden, sondern immer schneller **mehr**.

Auch das kapieren die Ökonomen nicht, die behaupten, zur Not könne sich der Staat mit Hilfe einer Inflation **entschulden**. In einer Inflation werden die **alten** Schulden wertloser, aber das geht nur, indem **neue** Schulden gemacht werden, die sich über die Notenbank in Bargeld verwandeln. **Am Ende einer Hyperinflation läuft irrsinnig viel Geld um, aber gleich irrsinnig hoch ist dann auch die Staatsverschuldung.** Inflation tilgt Schulden? Von wegen! Inflation maximiert die Schulden!

Und es kann tatsächlich zur Hyperinflation des Euro kommen? Jawohl, Sie haben richtig gelesen. Das liegt nicht am mangelnden guten Willen der EZB-Gewaltigen. Und wenn der erste EZB-Chef Wim Duisenberg bei der Eröffnung seines schönen Hochhauses in Frankfurt Ende Juni 1998 treuherzig

versicherte, daß er alles tun werde, um den Euro stabil zu halten, so kann man ihm das ruhig abnehmen. Aber Duisenberg ergeht es wie einem Patienten, der mit Krebs in beiden Lungenflügeln zum Arzt kommt und erklärt, daß er jetzt doch endlich aufhöre mit dem Rauchen. Da lacht der Arzt und sagt: »Das lohnt nicht mehr.« **Es liegt nicht an dem, was vor uns liegt, sondern an dem, was wir in der Vergangenheit getrieben haben.** Die Staatsverschuldung ist es, die erst die Wirtschaft, dann die Währung in den Abgrund reißt. Und war es nicht genau derselbe Duisenberg, der als sozialistischer Finanzminister in Holland alles daransetzte, die Staatsverschuldung auch in seinem Land auf jene Höhe zu treiben, die sie jetzt erreicht hat?

Das alles ist also wichtig für die Beurteilung der zu erwartenden ersten Phase des kommenden Desasters, der drohenden deflationären Implosion der gesamten Wirtschaft. Da die Staaten ihre Beleihungsgrenzen erreicht haben oder gezwungen sind, Beleihungsgrenzen einzuhalten (Maastricht!), ist der Kollaps des gesamten Geldsystems nur eine Frage der Zeit.

Erst Forderungsvernichtung durch Deflation, dann Geldvernichtung durch Hyperinflation – das ist der Lauf der Welt. Unwandelbar wie die Straße der Gestirne.

Wir müssen uns sehr schnell etwas einfallen lassen ...

Einer, der sich schon etwas hat einfallen lassen, ist der weltberühmte US-Professor Allan H. Meltzer, der auch die Bundesbank berät. Meltzer schreibt in der »Financial Times« am 17. Juli 1998, es sei Zeit (»time«), die Japan-Krise mit Hilfe der Notenpresse (»print money«) zu lösen. Bitte sehr:

PERSONAL VIEW ALLAN MELTZER

Time to print money

Japan should take the opportunity provided by a new government to change economic policy, pursue monetary expansion and devalue

---

Und da glaubt noch jemand, der Euro wird halten?

Erst Deflation, dann Revolution!
Der Staat treibt uns in Crash und Krise und gefährdet die Demokratie

>»Die Preise fallen, die Qualität bleibt.«
>
>Tengelmann-Werbung, Sommer 1998
>
>»Weder Verelendung noch Prosperität als solche können zur Revolution führen, sondern die Wechsel von Prosperität und Verelendung, Krisen, Schwankungen, das Fehlen jeglicher Stabilität – das sind die treibenden Kräfte der Revolution.«
>
>Leo Trotzki (1926)

Die Finanzkrise ist gestartet

Die Federal Reserve Bank von Kansas City, eine Filiale des Notenbanksystems der USA, hielt vom 28. bis 30. August 1997 ein Symposium zum Thema »Finanzkrisen« ab. Aus aktuellem Anlaß, die **Asienkrise** hatte gerade begonnen.

Erstes Ergebnis des Kansas-Palavers: **Jede Finanzkrise wird durch eine Überschuldung manifest. Jede Finanzkrise ist eine Überschuldungskrise.** Diese Überschuldung verschärft sich im Laufe der Krise immer mehr und führt zu fallenden Werten, Kursen, Preisen, also zu jener **Deflation,** die Asien verheert. Zweites Ergebnis: Krise und Deflation lassen sich nur beseitigen, indem man die immer bitterer beißenden **Schulden** irgendwie aus der Welt schafft.

Wir sind mitten im Thema. Und wenn Schulden an den Pranger gestellt werden, dann natürlich auch die **Staatsschulden.** Die Frage ist nur: Wird das Elend, das die Staatsschulden anrichten, erst **in** der Krise aufgedeckt, hat man das Problem **vor** Ausbruch der Krise übersehen?

Oder sind es nicht überhaupt die Staatsschulden, die eine Finanzkrise überhaupt erst **verursachen?**

Martin Wolf, einer der besten Köpfe der »Financial Times«, hat nach dem Kansas-Palaver einen Kanon »schmerzhafter Lektionen« zusammengestellt, die nach dem Ausbruch einer Finanzkrise gelernt werden müssen.

Als wichtigstes Erfordernis (»requirement«) bezeichnet Wolf am 16. Juni 1998 die rasche (»swift«) Beseitigung des Schuldenüberhangs (»debt overhang«). Die Schulden müssen irgendwie weg, **sonst ist die Krise nicht zu heilen.** Leider hat Wolf nicht mitgeteilt, ob und wie denn der logischerweise gleich hohe Guthabenüberhang zu beseitigen ist.

Dazu hätte er sagen müssen, daß **auch die Guthaben** rasch eliminiert werden müssen. Die Lektion unseres Buches lautet ja: **Um die Überschuldung zu beseitigen, muß die Überguthabung beseitigt werden.**

Vermutlich hat sich in Kansas niemand getraut, diese Ungeheuerlichkeit auszusprechen. Auf der Kansas-Konferenz trafen sich Banker, die ihren Kunden nicht sagen mochten: Freunde, euer Guthaben ist gestrichen. Banker tun so etwas nicht, weil sie Angst haben, erzürnte Sparer würden anschließend die Kassenräume stürmen und die Bank in Schutt und Asche legen.

Auf der Konferenz waren auch im Staatsdienst stehende Experten, Volkswirte und Professoren, die nicht mitteilen wollten, daß es an **ihrem Arbeitgeber** Staat und seiner Schuldenwirtschaft liegt, wenn zur Bewältigung einer Krise der Schuldenüberhang und damit gleichzeitig der Guthabenüberhang eliminiert werden muß.

Und der Journalist Wolf hat sich nicht getraut, den Guthabenüberhang anzufassen, weil er wußte, daß die meisten seiner Leser just jener Klasse angehören, der es dann finanziell an den Kragen ginge. Guthaben streichen? Das würde die Rei-

chen um den Schlaf bringen – eine Ungeheuerlichkeit. Nein, der Journalist einer Finanzzeitung darf so etwas niemals schreiben.

Die Guthabenparalyse

Ein anderer Autor der »Financial Times« hat sich sehr wohl getraut, diese Ungeheuerlichkeit auszusprechen. Der Mann heißt Jan Toporowski. Er war Chefvolkswirt der Londoner Standard Chartered Bank und gilt als einer der führenden Kapitalmarktexperten der Welt. Toporowski schrieb am 19. Februar 1986 in der »Financial Times« einen Beitrag mit dem Titel »Why the world economy needs a financial crash« (Warum die Weltwirtschaft einen Finanz-Crash braucht). Die Konsequenzen waren für Toporowski unangenehm: Er wurde gefeuert.

Toporowskis Argumentation ist einfach und klar:
1. Es hat keinen Sinn, die Titel, die nicht mehr bedient werden können, immer nur **um**zuschulden. Sie müssen als wertlos deklariert werden. Der dann folgende Crash mindert die Ansprüche der Darlehensgeber entsprechend (»would so devalue the claims of the lenders«).
2. Die Abwertung der Guthaben (»devaluation of those claims«) ist **absolut notwendig** zur Belebung der realwirtschaftlichen Aktivitäten und vielleicht sogar für das Überleben des kapitalistischen Systems (»perhaps even for the survival of the capitalistic system«).
3. Nur so würden Handel, Investitionen und die Produktion, die unter einer fortschreitenden Lähmung durch die Ansprüche der Guthabeninhaber leiden (»are suffering progressive paralysis from the burden of rentier claims«), eine Wiederbelebung (»revival«) erfahren.

Ganz genau das ist es! Die Guthaben, konkret: die daraus fließenden Renteneinkommen, müssen verschwinden, wenn das freie, marktwirtschaftliche System wiederbelebt werden soll, das sonst untergeht.

Seit der mutigen Analyse des Jan Toporowski haben sich

die Ansprüche der Nichtstuer (»rentier claims«) vervielfacht. Parallel dazu ist die Zahl der Arbeitslosen explodiert. Nun muß es nicht unbedingt der Crash sein, der die sinnlos aufgetürmten, alles paralysierenden Guthaben vernichtet. Wir werden elegantere und akzeptablere Möglichkeiten kennenlernen, den arbeitslosen Einkommen zu Leibe zu rücken. Sollten sie nicht durchgezogen werden, was aufgrund der starken Markt- und Machtstellung der »Rentiers« leider wahrscheinlich ist, bleibt in der Tat nur der **Crash**.

Bei fortgesetzter Staatsverschuldung kommt der Crash so oder so. Wird er nicht rasch und sorgsam geplant herbeigeführt (zumindest in Teilen!), kommt er eben etwas später und auf einem noch höheren Niveau. Es ist wie mit einem Krieg. Zuerst wird sanfter, aber bestimmter Druck ausgeübt. Fruchtet der nicht, wird irgendwann militärisch eingegriffen, alles eskaliert. Am Ende steht die Atomkatastrophe.

Muß es so weit kommen?

Bravo Debitismus! Ein Dakapo

Die Gegenüberstellung der »FT«-Autoren Wolf und Toporowski zeigt: Wer ernsthaft Schulden streichen will, muß gleichzeitig Guthaben vernichten. **Nur wer Guthaben vernichtet, kann entschulden.** Wer das nicht kapiert, hat offenbar zuwenig Verstand. Oft scheint mir, als seien die Schulden in der einen Gehirnhälfte vorhanden, die Guthaben in der anderen. Die eine Hälfte denkt immer nur an was Schlimmes (Mein Geld ist in Gefahr!), die andere nur an etwas Schönes (Es ist ganz leicht, mein Geld zu retten!).

Obendrein geht es nicht nur um ein Rechte-Tasche-linke-Tasche-Phänomen. Sondern um das, was Schulden und Guthaben über den Zeitablauf vorantreibt: der auf beiden liegen de **Zinssatz**, also der beide aufquellende **Zins**.

Diese Sicht der Dinge erreichen, also mit beiden Hirnhälften denken, kann nur, wer versteht, was **Debitismus** heißt. Die Gleichung Schulden = Guthaben ist nicht einfach nur eine Gleichung, sondern sie besitzt eine unglaubliche Dynamik,

die wie eine Sturzflut alles mit sich reißt. Nur wenn wir das verstehen, sind wir imstande, endlich aus den Problemen der Weltwirtschaft herauszufinden.

Es gibt nur eine einzige Erklärung des Phänomens Wirtschaft, die richtig ist. Nur der **Debitismus** kann erklären, wie Wirtschaft funktioniert und wodurch sie gefährdet ist. **Jede nichtdebitistische Weltsicht ist vom Ansatz her falsch.**

Bitte lassen Sie sich daher noch einmal von dieser Theorie überzeugen:
- Es wird nicht getauscht, also aufgrund von irgendwelchen Nettobeständen aus gewirtschaftet, sondern **ausschließlich aufgrund von Schuldverhältnissen.**
- Schulden sind dadurch definiert, daß sie im Zeitablauf größer werden; Schulden, die »stehenbleiben«, gibt es nicht. Das Anwachsen von Schulden bestimmen bei der **Urschuld** physische Gegebenheiten (Hunger, Durst), bei der **Kontraktschuld** die von den Vertragsparteien vereinbarten Zinssätze.
- Schulden sind nur möglich, wo es **privates Eigentum** gibt. In eigentumslosen Gesellschaften (Sozialismus) wird nicht gewirtschaftet, sondern das, was auf Geheiß von oben produziert wird, verteilt.
- Arbeitsteilung ist nichts als eine Summe von Kontraktschuldenketten. Dabei müssen sich die **Unternehmer,** die Arbeit schaffen, in ihrer Gesamtheit verschulden. **Arbeitsteiliges Wirtschaften ohne Zins ist nicht vorstellbar.** Arbeitsteilung als solche, von der Adam Smith, der Begründer der modernen Nationalökonomie, behauptet, sie würde »die produktiven Kräfte der Arbeit mehr als alles andere fördern«, fördert in Wahrheit **gar nichts.**
- Nur der die Schulden über Zeitablauf automatisch vergrößernde Zins erzeugt jenen **Druck,** der zur »Wachstumsdynamik« führt. Die Marxisten nannten diese Dynamik »Entfesselung der Produktivkräfte«, die im realen Sozialismus nur leider nirgends stattgefunden hat.
- Zusätzliches Sozialprodukt läßt sich nicht mit den vorhandenen Schuldendeckungsmitteln vermarkten, also mit Hilfe der sogenannten Geldmenge. Alles vorhandene Geld ist im-

mer nur das Resultat **zeitlich vorangegangener** Kontrakte. Geld als solches oder »netto« gibt es nicht. Die Vorstellung von einer Geld-»Menge«, die als Tauschmittel **außerhalb** oder **neben** der Wirtschaft vorhanden ist, ist Blödsinn. Jeder Geldmenge entspricht eine gleich hohe Schuldenmenge.

- **In einer kapitalistischen Wirtschaft ist immer zuwenig Geld vorhanden** beziehungsweise »im Umlauf«! Um alle laufenden Schuldverhältnisse vertragsgemäß abzuwickeln, also die Schulden plus die Zinsen (oder die erwarteten Gewinne) zu bezahlen, braucht die Wirtschaft immer zusätzliche Schuldendeckungsmittel. Dieses »neue Geld« aber kann nur durch endlos fortgesetzte Nettoneuverschuldung geschaffen werden. So heckt dann Geld doch Geld und gleichzeitig gleich hohe neue Schulden. Das hatte der große Aristoteles nicht begriffen.

- Die neuen Schuldverhältnisse helfen nicht nur bei der Erfüllung alter Kontrakte, sondern sie führen ihrerseits zum bekannten **Schuldendruck,** dem man nur durch die Erstellung von Gütern und Diensten entkommen kann, die zeitlich später mit Hilfe **wiederum neuer** Kredite/Schulden vom Markt genommen werden. Daraus resultiert eine ad infinitum laufende Verschuldung. **Der Kapitalismus ist ein Kettenbrief.**

- Das Angebot einer Volkswirtschaft (auch der gesamten Weltwirtschaft) kann sich **nie** seine (gesamte) Nachfrage schaffen. Die zu jedem beliebigen Zeitpunkt vorhandene Nachfrage reicht niemals aus, um den Markt zu räumen. Das »wirtschaftliche Gleichgewicht« ist eine Schimäre.

- Tritt der **Staat** als Schuldner auf den Plan, hilft er zunächst den vom Untergang bedrohten Schuldnern. Deshalb sind alle von »Ankurbelungsprogrammen« begeistert. Da der Staat aber weder etwas leistet noch potentielle Nachschuldner nachhaltig zur systemnotwendigen Nettoneuverschuldung zwingen kann, verpufft der Effekt schnell. Das ist das bekannte »Strohfeuer«, das nach solchen Schnellschüssen immer wieder beobachtet wird.

- Da die Staatsschulden nach Erlöschen des Strohfeuers aber nicht verschwinden, sondern als **Guthaben** bei jenem Teil der Bevölkerung stehenbleiben, der sich den Kauf von

Staatsanleihen leisten konnte, kassieren diese »Reichen« arbeitslose Einkommen. Weder der Schuldner (Staat) noch die Gläubiger (reiche Bürger) leisten etwas. **Das teilt die Gesellschaft immer schneller in Arme und Reiche.**
* **So verschärft der Staat jene sozialen Mißstände, die zu bekämpfen er vorgibt.** Am Ende ist der Staat überschuldet, der Crash (Staatsbankrott) droht, Finanzkrise und Deflation starten. **Im einen Teil der Bürger wächst die Angst um den Arbeitsplatz, im anderen Teil wächst die Angst ums Geld.**
* Staatsschulden sind gut. Die Staatsverschuldung ist schlecht.

Die alberne Theorie vom 1 = 1

Wieder und wieder haben Armeen von Ökonomen behauptet, das durch die Produktion von Gütern und Diensten geschaffene »Geld« (für Löhne, Vorlieferanten usw.) reiche aus, um den Markt zu »räumen«. Der berühmte Adam Smith fabelte sogar von einer »unsichtbaren Hand«, die diesen Prozeß steuern würde – zum Wohle aller. Diese These wurde in Abertausenden von Büchern festgehalten und in die kompliziertesten mathematischen Formeln gegossen.

Der französische Wirtschaftsprofessor Gérard Debreu (geboren 1921) erhielt für die ultimative Ausformulierung dieses Gleichgewichts sogar den Nobelpreis des Jahres 1983. Sein Werk »Theory of Values: An Axiomatic Analysis of Economic Equilibrium« von 1959 (Theorie der Werte: Eine axiomatische Analyse des wirtschaftlichen Gleichgewichts) ist zwar von erstaunlicher Eleganz.

Doch der Nobelpreisträger hat nichts anderes getan, als die Gleichung $1 = 1$ zu verfeinern. Diese Gleichung gilt in der wirklichen Wirtschaft leider nicht. Warum nicht? Weil **gleich** mit **gleichzeitig** verwechselt wird.

Wir können uns aber die Zeit nicht wegdenken. Es werden zwar die gleichen Güter, die produziert werden, auch zum Verkauf angeboten, aber eben zu unterschiedlichen Zeitpunkten. Nur wenn alles in derselben Nanosekunde stattfände,

würde die Gleichung 1 = 1 (Gleichgewicht = Gleichzeitigkeit) stimmen.

Schon das Wort »Gleichgewicht« verrät, warum die heutige ökonomische Theorie albern ist. Die Waren, die verkauft werden sollen, haben genau das **gleiche Gewicht** wie die Waren, die produziert wurden. Aber auf dem Markt wird nicht Gewicht mit Gewicht getauscht, sondern es wird **gekauft**. Und zwar mit Geld, das seinerseits ein Schuldschein ist.

Auf dem Schuldschein B, der die Waren kaufen soll, muß eine größere Summe stehen, als auf dem Schuldschein A, der die Produktion finanziert hat. A minus B ist der Zins, der in der Zeit aufgelaufen ist, die zwischen Produktionszeitpunkt und Verkaufszeitpunkt verstrichen ist.

Kann denn der debitistische Prozeß überhaupt stabil sein? Selbstverständlich! Solange sich die – aufgrund der vorangegangenen **alten** Schuldverhältnisse – jeweils erforderlichen **neuen** Schuldverhältnisse einstellen.

Das Sozialprodukt eines Jahres muß immer um den Betrag steigen, der den in diesem Jahr fällig werdenden Zinsen auf die vorhandenen, das heißt in früheren Perioden kontrahierten Schulden entspricht. Und mindestens muß das Sozialprodukt eines Jahres so hoch sein, daß die im Laufe des Jahres zur Bedienung der Urschulden erforderlichen Mittel für den Lebensunterhalt produziert werden. Sonst verhungert die Bevölkerung.

Die Gleichung **1 = 1** muß in der wirklichen Wirtschaft so verändert werden: Das erste 1 (Produktion) entsteht jetzt. Das zweite 1 (Verkauf der Produktion) aber kommt später. Das zweite 1 ist also um einen Korrekturposten (= Zeitablauf mal Zinssatz) zu erhöhen.

Ob die zur Erhaltung des debitistischen Prozesses, also unserer Wirtschaft, unserer Arbeitsplätze und unseres Wohlstands erforderliche **zusätzliche** Nachfrage eintrifft, weiß kein Mensch. Weil niemand weiß, ob die zur Beibringung der erforderlichen Nachfrage notwendigen neuen Schulden irgendwann gemacht werden.

Die kommende Rentenpleite

Der debitistische Prozeß wird gestört oder scheitert endgültig, sobald die vermaledeite Nettoneuverschuldung nachläßt oder gar aufhört. Die Ursachen für das Reißen unseres Kettenbriefs können vielfältiger Natur sein.

Nehmen wir als erstes eine sofort einleuchtende Ursache: Die Zahl der Unternehmen oder Privatpersonen, die sich verschulden könnten, **nimmt ruckartig ab.** Wenn keine neuen Schuldner mehr auf der Bühne des Lebens erscheinen, ist Abpfiff. Daher auch die Angst der »älteren« Generation, daß »zuwenig Jüngere« nachwachsen. Das Elend aller Rentensysteme, die auf einem **Generationenvertrag** beruhen, ist bekannt. In dem Generationenvertrag (den kein Menschen je gesehen oder gar unterschrieben hat) versteckt sich hinter einem Qualm von leeren Worten (»sozial«, »solidarisch« usw.) ein simples System: **Die Alten sind die Gläubiger, die Jungen sind die Schuldner. Die Alten kassieren, die Jungen zahlen.**

In Deutschland ist der Generationenvertrag sehr schön zu studieren: Die Versorgung der Alten über das »Rentensystem« geschieht durch gleichzeitiges Inkasso bei den Jüngeren, die Arbeitseinkommen beziehen. Irgendwelche nennenswerten Vermögen, die im marktwirtschaftlichen Prozeß arbeiten und Erträge abwerfen könnten, existieren nicht.

In der »Financial Times« war am 11. Juni 1998 eine Aufstellung der »unfundierten Pensionsverpflichtungen 1995–2050« zu sehen, also jener Altersversorgungs- oder Rentenpflichten, denen keinerlei Vermögen gegenübersteht. Frankreich, Japan und Deutschland lagen alle zwischen 110 und 120 Prozent des jährlichen Sozialprodukts ihrer Volkswirtschaften. Da Japan unter anderem auch wegen seiner raschen Überalterung und der fehlenden Möglichkeit, seine Renten aufbringen zu können, in die schwerste Wirtschaftskrise seiner Geschichte abgetaucht ist, sollten wir uns in Deutschland auf etwas Ähnliches einstellen.

Die Jungen sind ihrerseits nur bereit, sich auf den Schwindel einzulassen, weil sie hoffen, ihre eigene Altersversorgung wird durch die nächste Generation gesichert. Diese Genera-

tion hofft dann auf die übernächste und so fort. **Auch ein Kettenbrief.** Viele Rentner sind empört, wenn man ihnen sagt: Ihr lebt auf Kosten der jüngeren, arbeitsfähigen Generation! Sie denken nämlich, sie würden von dem Geld leben, das sie selbst eingezahlt haben. Davon kann aber keine Rede sein. Das Geld, das die Rentner ihrerseits in einem fleißigen Arbeitsleben eingezahlt haben, ist längst ausgezahlt und ausgegeben – von den Menschen, die unsere Friedhöfe bevölkern.

Wann ist wieder Revolution?

In der Geschichte ist es gelegentlich zu ruckartiger Abnahme der Zahl der verschuldungsfähigen Unternehmen oder Privatpersonen gekommen, zum Beispiel nach der größten Katastrophe, die Europa je heimgesucht hat, der **Pestepidemie** Mitte des 14. Jahrhunderts (»Schwarzer Tod«). Damals verschwand innerhalb kurzer Zeit ein Drittel, in einigen Gegenden sogar die Hälfte der Bevölkerung. **Die Folge war eine lang anhaltende deflationäre Depression.**

Im Verlauf solcher langen Abwärtsbewegungen erleben wir revolutionäre Explosionen. Solange es den Menschen gutgeht, kommen sie nicht auf umstürzlerische Gedanken. David Hackett Fischer hat im besten Buch, das es zum Thema historischer Preisentwicklungen gibt, dieses Auf und Ab anschaulich geschildert (The Great Wave. Price Revolution and the Rhythm of History, Oxford 1996): Preisgeschichte ist Sozialgeschichte ist Weltgeschichte.

Erstes Beispiel: Die Preise für englischen Weizen fielen von der Mitte des 14. Jahrhunderts bis 1520 von knapp 50 auf 15 damalige Geldeinheiten, die für Roggen in Frankfurt von 40 auf 16. Eigentlich müßten doch alle Menschen gejubelt haben, weil alles billiger wurde. Doch das Gegenteil trat ein.

In England wütete Bürgerkrieg, in Deutschland kam es zu schweren Unruhen. Der Pfeifer von Niklashausen in Franken rief 1476 zum Ungehorsam gegen die Obrigkeit auf, in Württemberg formierte sich 1514 der Aufstand des Armen Konrad (Bundschuh), 1525 kam der Bauernkrieg, der einzige flächen-

deckende Revolutionsversuch der deutschen Geschichte (Thomas Müntzer usw.).

Zweites Beispiel: Auch Martin Luthers »Reformation« hatte monetäre Ursachen: den Verkauf von kirchlichen Ablässen gegen Geld, das schlicht nicht mehr vorhanden war. Johann Eberlin, genannt von Günzburg, veröffentlichte 1524 die Schrift: »Mich wundert, daß kein Geld im Land ist …« Wer kapiert hat, wie Wirtschaft funktioniert, und wer weiß, daß Geld alias Kaufkraft nur ins Land kommen kann, wenn sich neue Schuldner finden, den wundert das überhaupt nicht. Denn in Zeiten von **Preisverfall und Krise** kommt niemals Geld ins Land – wozu sollte sich auch jemand verschulden, außer um sein nacktes Leben zu erhalten? **Jeder andere kann warten, weil alles billiger wird.** Und derjenige, der sich verschulden muß, um seine Urschuld abzutragen, greift irgendwann zur Waffe, um diesen Zustand gewaltsam zu beenden. Zu Beginn des 16. Jahrhunderts waren die Bauern überschuldet.

Das Volk steht auch auf, sobald die Preise nicht mehr weiter fallen, aber immer noch die Löhne. Oder noch schlimmer: Wenn die Preise schon wieder anziehen, die Löhne aber noch nicht, **wenn also die Reallöhne deutlich fallen!** Dann spürt jeder, daß »Geld fehlt«. Dann ist die ausweglose Lage da, gegen die es nur noch ein Rezept gibt: **Revolution.**

Das 18. Jahrhundert ist ein erstklassiges Beispiel für durch fallende Reallöhne ausgelöste Revolutionen. Heute hochaktuell, da in vielen Staaten wieder einmal die Reallöhne **scharf nach unten** gehen (Indonesien!). Was mit **Deutschland** passiert, wo die Reallöhne fast stagnieren und die Gefahr besteht, daß sie demnächst sogar fallen, kann sich jeder an fünf Fingern ausrechnen: Erst werden die extremen Parteien gewählt, dann wird das ganze »System« in Frage gestellt und schließlich »abgeschafft«. Am 28. Juni 1998 kam die »Welt am Sonntag« mit dieser Schlagzeile:

Vertrauen in die Demokratie nimmt in Deutschland ab

Die hochangesehene Sonntagszeitung schreibt dazu: »Seit 1992 ist die Zustimmung zu der Aussage: ›Mit der Demokratie können wir die Probleme lösen, die wir in der Bundesrepublik haben‹ deutlich zurückgegangen: im Westen von 75 auf 56 Prozent, im Osten von 52 auf 30 Prozent. **Zugleich wächst die Überzeugung, ›daß unsere Gesellschaft unaufhaltsam auf eine ganz große Krise zusteuert‹.**«
Wundert Sie das? Nein. Denn Sie wissen, daß es der Staat mit seiner Schuldenwirtschaft ist, der erst die Krise schafft und **dann die Demokratie vernichtet.**

Zurück zu jenem Spiegel, den uns das 18. Jahrhundert vorhält. Zahlreiche Erschütterungen! Die Revolution in den amerikanischen Kolonien Englands, verursacht durch die **Überschuldung des Mutterlandes,** das fieberhaft nach neuen Einnahmequellen suchte und in Amerika den berüchtigten Teezoll einführte, der die Boston Tea Party auslöste, mit der die Revolution begann. Die Französische Revolution und am Ende der Untergang aller alten Strukturen, ebenfalls verursacht durch die **Überschuldung der europäischen Staatenwelt.**

Mitte des 18. Jahrhunderts drehte sich der bis dahin deflationäre Trend bei den Lebensmitteln, und die Preise stiegen wieder. **Dadurch sanken die *Reallöhne* immer rascher.** In England lagen sie 1795 bei knapp 50 (Index 1451/75 = 100), aber 1740 hatten sie noch bei 75 gelegen. In Neapel sanken sie von 1740 = 100 bis 1795 auf fast 60, in Deutschland von 100 Punkten anno 1740 bis 1790 auf etwas unter 80. **Bei solcher rapiden Verschlechterung seiner Lebensbedingungen wird das Volk zum Rebellen.**

Kommt dann noch ein plötzlicher Preisschub, der das Leben, alias die Bewältigung der Urschuld, praktisch unmöglich macht, kracht's endgültig. Die französischen Forscher Rudè und Lefebvre haben den Zusammenhang zwischen dem **Anstieg der Brotpreise** in Paris und dem **Brodeln der Revolution** untersucht. Und siehe da: Der Preis (in Sous) für einen Vierpfundlaib stieg vom Sommer 1788 bis zum Sommer 1789 von 9 auf 14,5. Der Preishistoriker Fischer schreibt: »**Die Bastille wurde am gleichen Tag gestürmt, als die Brotpreise ihren Höhepunkt erreichten. Es war der 14. Juli 1789.**«

Die Herrschenden haben keine Ahnung von solchen Abläufen. Am 14. Juli 1789 notierte der französische König Ludwig XVI., der später enthauptet wurde, in seinem weit von Paris entfernten Schloß Versailles in sein Tagebuch, das besondere Ereignisse festhalten sollte: »Nichts« (Rien)! Und seine Frau Marie-Antoinette fragte, als ihr berichtet wurde, daß die Menschen sich kein Brot mehr kaufen könnten: »Warum essen sie dann nicht Kuchen?« Auch Marie-Antoinette wurde enthauptet.

Obendrein hatte Frankreich 1788 die Zahlung der Zinsen auf seine Schulden, die fast 40 Prozent der Staatsausgaben ausmachten, eingestellt, also de facto Staatsbankrott erklärt, **wodurch die Kaufkraft auch der Reichen rapide fiel.** Also? Also kein Geld im Land.

Heute liegt der Anteil der Zinsen für die Staatsschulden in den EU-Staaten schon bei rund 38 Prozent aller Etats, ist also **vom Zündpunkt nicht mehr weit entfernt.** In Deutschland haben die Zinsen im Bundeshaushalt längst die Ausgaben für die Bundeswehr überholt. Das meiste Geld gibt der deutsche Staat für »Soziales« aus, wobei wieder auf Pump finanziert wird, was die Zinsausgaben immer weiter in die Höhe treibt ...

Die europaweite **Revolution von 1848** fiel mit dem Tiefpunkt der Depression nach den Napoleonischen Kriegen zusammen, und das wichtigste Resultat der »großen Depression der Bismarckzeit« war das Heraufziehen des von Marx und Engels so glutvoll geforderten revolutionären Sozialismus.

Die Weimarer Republik ging inmitten einer schweren deflationären Depression unter. Dabei stand es lange Zeit auf Messers Schneide, ob das Ende eine kommunistische oder eine nationalsozialistische Diktatur sein würde. Konsequenterweise bezeichneten die siegreichen Nazis ihre Machtübernahme als »Revolution«.

Die grüne Lust am Untergang

Es muß nicht immer eine deflationäre Depression mit einem raschen Verfall der Reallöhne (mit oder ohne finalen Preisschub für Grundnahrungsmittel) sein, die eine Katastrophe heraufbeschwört. Die debitistische Kette kann schon reißen, wenn ideologische Kräfte auftreten, die das »ganze bisherige System« in Frage stellen oder umkrempeln wollen.

Eine solche ideologische Kraft ist heute die Umweltschutzbewegung. Sie stellt die Industriegesellschaft in Frage und damit auch den ihr zugrundeliegenden debitistischen Prozeß. Die **Grünen** sind eine extremistische Partei, allerdings keine post-, sondern eine prädeflationäre. Sie sind ein Kind der **disinflationären** Periode, die weltweit seit 1980 läuft und die uns die Explosion der Staatsverschuldung beschert hat.

Sobald die aufgrund der Staatsverschuldung unausweichliche Deflation uns voll erwischt und die Sorge um den **Lebensunterhalt** die Sorge um die **Umwelt** ablöst, werden die Grünen wieder **verschwinden**. Ihr Abstieg hat längst begonnen.

Wie konnte es überhaupt zu einer solchen Bewegung mit einer starken Anhängerschar kommen? Warum gab es in Zeiten, die erheblich verschmutzter waren, nicht schon solche Bewegungen? Im Kaiserreich war die Luft viel dreckiger als heute, und der legendäre Londoner Nebel, dem Edgar Wallace in seinen Krimis in den 20er Jahren ein Denkmal gesetzt und den die Befeuerung zahlloser Kamine mit Kohle verursacht hat, war doch auch kein Phänomen, das die damaligen Naturwissenschaftler nicht enträtseln konnten.

Die Antwort: Die ungeheuerliche Staatsverschuldung der unmittelbaren Gegenwart hat ungeheuerliche Guthaben geschaffen, die wiederum hat jene **Klasse** hervorgebracht, die direkt oder indirekt am Tropf des Staates hängt. Auch mittlere Schichten können heute ohne Mühe arbeitslose Einkommen kassieren. **Die meisten Grünen sind im Staatsdienst oder leben als direkte oder indirekte Staatsrentner in den Tag hinein.** Das schmälert die Verdienste der Umweltschützer keineswegs, nur muß ihr Engagement unter dem Aspekt der wirt-

schaftshistorisch einmaligen Situation der staatsschuldenbedingten Guthabenmaximierung gesehen werden.

Anders gesagt: Müßten die Grünen jeden Tag in einem Bergwerk malochen, um ihre Urschuld zu bedienen, hätten sie weder Zeit noch Lust, sich über die Ergebnisse ihres Tuns Gedanken zu machen. **Nur wer arbeitslose Einkommen aus der Staatskasse bezieht, kann auf die Idee kommen, den industriellen Prozeß zu beenden.** Die fanatischsten Grünen kommen aus den Schichten, die keinerlei Existenzprobleme kennen, anders als Arbeiter und Unternehmer, die täglich gegen ihren Untergang ankämpfen.

Die Grünen sind ein Resultat der doppelten Buchführung. Sie sitzen auf der Aktivseite, die der Passivseite des Staates entspricht. Am liebsten wäre den Grünen, der industrielle Prozeß würde für immer beendet und die dann unausweichlichen wirtschaftlichen Folgen würden durch staatliche Mittel, also durch noch mehr Schulden, aus der Welt geschafft. Dann hätten sie die Wirtschaft minimiert und ihr Einkommen maximiert.

Nichts verblüfft einen Grünen mehr als folgender Dialog:
»Sie wollen also alle Kernkraftwerke stillegen, alle Autos auf drei Liter umrüsten, überall Tempo 30, auf den Autobahnen höchstens 100, Wiederaufforstung des Regenwaldes, Verbot von FCKW und Kohlenstoff, Abschaffung von Plastiktüten und Verpackungsmüll, Verbot von Zigaretten, Alkohol und anderen Genußdrogen?«
»Ja! Ja!«
»Okay, ich bin auch dafür. Dann laß uns gemeinsam daran arbeiten.«
»Prima!«
»Das kostet aber gewaltiges Geld. Viele Firmen, ganze Branchen verschwinden, Arbeitsplätze auch, riesige Investitionen müssen schlagartig auf Null abgeschrieben werden.«
»Das kommt davon.«
»Klar. Aber erst mal muß alles bezahlt werden.«
»Ja, von den Verursachern.«
»Sehr gut. Aber die haben jetzt selbst nichts mehr.«
»Kommt davon.«

»Dann muß es wohl der Staat bezahlen, also wir alle?«
»Ja, alle. Tolle Idee. Denn alle hatten ja auch was von dem Mist.«
»Sehr gut. Dann fangen wir gleich mal bei uns beiden an. Auf jeden von uns fallen, über den Daumen gepeilt, so 500 000 Mark. Zahlen wir das in Raten, oder nehmen wir eine Hypothek auf?«
»Öööh. Wie? Öööh.«

Leider kann der Ausstieg nicht gelingen

Die Grünen müssen erkennen, daß sie ein **Abfallprodukt der Staatsverschuldung** sind und nicht etwa eine grandiose Reformbewegung. Je mehr die Staatsverschuldung steigt, desto mehr wächst der Anteil jener Bürger, die sich aus dem Arbeitsprozeß verabschieden können. Weil sie ja sowieso Einkommen beziehen, arbeitslose eben. **Wie der Strom aus der Steckdose kommt der Grüne aus dem Bundesschatzbrief.** So ist es.

Es spielt keine Rolle, ob die Grünen »recht« haben oder nicht. Solche Diskussionen sind müßig. Jeder kann dafür sein oder dagegen. Aber sollten die Grünen ihre radikalen Forderungen durchsetzen, wird dies verheerende Folgen haben. Basta.

Dies hat nichts damit zu tun, daß Arbeitsplätze verlorengingen, von denen die Grünen behaupten, bei einem »sanften« Weg in ihre neue Zukunft ließe sich das vermeiden. Statt Atomkraftwerken und Braunkohlebergwerken bauen dann die Arbeiter eben Sonnenkollektoren oder Windrädchen. Und aus den Autofabriken werden Fahrradschmieden.

Das ist nicht das Thema. Bekanntlich ist es für den funktionierenden debitistischen Prozeß völlig Wurscht, was gebaut und hergestellt oder wofür gearbeitet wird. Hauptsache, die Verschuldungsketten werden fortgesetzt. Insofern ist ein **grüner Debitismus** theoretisch denkbar. Es gibt ihn bloß leider nicht.

Der »Ausstieg« aus der bisherigen un-grünen und der Übergang zur neuen, der grün-grünen Welt – darin liegt das unlösbare Problem.

Würde die neue Energiepolitik umgesetzt, die auch SPD und die CDU in schwammigen Sätzen fordern, dann geschähe das bekanntlich nicht über Marktkräfte, sondern es müßte **per Gesetz** verordnet werden. Der Markt will billige Energie, also Kernkraftwerke, die Verbraucher wollen bequeme, schwere Autos und nicht Drei-Liter-Gurken. Zur Befriedigung dieser Wünsche – ob sie nun vernünftig sind oder nicht – und zur Abwicklung der damit verbundenen Prozesse (Planung, Herstellung, Vertrieb, Marketing usw.) sind von den Produzenten, ihren Vorlieferanten usw. Hunderte von Milliarden ausgegeben worden. Das Geld dazu war **fremdfinanziert.** Wie alles Geld für alles fremdfinanziert ist.

Klartext: Die heutige Energiestruktur, von mir aus auch Energieverschwendungsstruktur, basiert auf **Schulden.** Wird die Struktur verändert, sind diese Schulden nicht mehr zu bedienen. Die Kette reißt, ein Katarakt von Bankrotten wäre die Folge. Wir fahren zwar alle Fahrrad und putzen jede Woche unsere Sonnenkollektoren. Aber wir sind **alle arbeitslos,** weil die Firmen, die ihr Geschäft nach den alten Strukturen eingerichtet hatten, nicht mehr existieren. Ihre Aktiva sind mit einem Schlag entwertet worden. Und wenn die Aktivseite nicht mehr existiert, weil sie auf Null abgeschrieben werden mußte, lassen sich auch keine Schulden mehr darauf machen. Die schwere Krise ist da.

Die **SPD** hat den Braten gerochen und will zum Beispiel den Ausstieg aus der Kernenergie, für den die Grünen zehn Jahre veranschlagten, in 30 Jahren bewerkstelligen. Das mag zwar ausreichen, um alles abzuschreiben. Aber ob eine Generation ausreicht, alle damit zusammenhängenden Umstellprozesse zu bewältigen (Ingenieursausbildung und -laufbahnen), ist fraglich. Und vor allem: Neue Wachstumsbranchen (= Nettoneuverschuldungsvorgänge) lassen sich nicht aus dem Boden stampfen. Der Weltmarkt wird uns mit billiger Energie überraschen und unsere Exportchancen mindern, **was Arbeitsplätze querbeet gefährdet.** Außerdem verhindert jedes Verbot von marktwirtschaftlichen (also freiwillig gewollten) Segmenten, daß dort zusätzliche Nachfrage entsteht, ohne die es aber niemals funktioniert.

Schulden und Deflation

Die nächste fatale Situation für unsere Wirtschaft tritt ein, **sobald beleihbare Aktiva fehlen.** Wenn nichts mehr da ist, was bei Krediten als **Sicherheit** gegeben werden könnte, fällt alles in sich zusammen.

Wie das wirkt, wenn auf einmal kein Privateigentum als Sicherheit mehr vorhanden ist, läßt sich am Beispiel sozialistischer Revolutionen studieren. Sozialismus heißt Abschaffung des Privateigentums. Ob nur an Produktionsmitteln oder überhaupt, macht keinen Unterschied. Im Kern bleibt es bei der berühmten Aussage Fidel Castros: »Ein verstaatlichtes Coca-Cola ist besser als ein vercocacolaisierter Staat.«

Das Beispiel des heruntergewirtschafteten Kubas zeigt, daß es doch wohl besser gewesen wäre, Coca-Cola nicht zu verstaatlichen. Wobei es keine Rolle spielt, ob Coca-Cola schamlose Profite macht oder nicht. Profite können immer nur entstehen, wenn am Markt neue Schuldner gefunden werden, die das Zeugs kaufen.

Ohne Eigentum lassen sich keine Schulden in die Welt zaubern. Der berühmte »reale Sozialismus« des Ostblocks ist nicht gescheitert, weil die Planwirtschaft nicht funktioniert hat, was uns von Politikern und Marktwirtschaftlern immer wieder als Ursache für den Zusammenbruch des Sozialismus aufgetischt wird. Die Planer der Planwirtschaften waren so schlecht nun auch wieder nicht. Erich Honecker fragte auf einer Sitzung des Politbüros ratlos in die Runde: »Warum haben die Unterhosen für unsere Jungs keinen Schlitz?« Okay, das ist ein lustiges Detail, aber nicht der Kern der Sache.

Der Sozialismus ist zusammengebrochen, weil es kein Eigentum gegeben hat, das beliehen werden konnte – und ohne Kredite, alias Schulden, stand keiner unter Druck!

So hat jeder im wohligen Mief staatlich-allumfassender Fürsorge vor sich hin gemacht, bis alles auf Null gewirtschaftet war, konkret: Bis der vorhandene Kapitalstock (Fabriken, Häuser, Infrastruktur) so verkommen war, daß die Bevölkerung anfing aufzumucken. Sozialismus oder Kommunismus,

definiert als Wirtschaft ohne (oder nur mit sehr geringem privatem) Eigentum, kann **nie** funktionieren.

Beide Revolutionen, die gegen den **Kapitalismus** und die gegen den **Sozialismus,** haben die gleiche Ursache: Es wird zuwenig gewirtschaft, das heißt, es werden zuwenig **private** Schulden gemacht, die allein eine Wirtschaft vorwärtsbringen.

- Im **Kapitalismus** werden zuwenig Schulden gemacht, weil die Eigentümer ihr Eigentum nicht verschulden **müssen,** nachdem sie aus Staatsschulden resultierende arbeitslose Einkommen beziehen. Siehe das kapitalistische Frankreich vor der Revolution, als die alles beherrschende Schicht die »Rentiers« waren, die von Staatspapieren lebten und nicht im Traum daran dachten, ihr Eigentum unternehmerisch einzusetzen.
- Im **Sozialismus** werden zuwenig Schulden gemacht, weil es keine Eigentümer gibt, die ihr Eigentum verschulden **könnten.** Im Sozialismus fehlt es von vorneherein an beleihungsfähigem Eigentum. Der Urkommunismus ist ein Widerspruch in sich. Er wurde von den marxistischen Historikern zwar intensiv gesucht, aber nie gefunden. Immer landeten sie bei irgendeiner Stammesgesellschaft, die aber leider kein privates Eigentum kennt.

Deshalb gibt es Tausende von Büchern, in denen beschrieben wird, wie die Menschheit vom **Kapitalismus zum Sozialismus** übergehen könnte (indem der Staat alles enteignet und an sich zieht). Als aber der real existierende Sozialismus zusammenbrach, gab es kein einziges Buch, das den Übergang vom **Sozialismus zum Kapitalismus** gelehrt hätte (weil kein Mensch verstanden hat, was **Eigentum** bedeutet; dies enträtselt zu haben ist das säkulare Verdienst von Gunnar Heinsohn und Otto Steiger).

Mit dem Sozialismus war es vorbei, nachdem das Staatseigentum abgewirtschaftet hatte. Und da sich der Kapitalismus mit seiner Staatsverschuldung jetzt in die allgemeine Überschuldung manövriert hat und ebenfalls abwirtschaftet, darf an das Wort des Bankiers Felix Somary erinnert werden, das er 1954 seinem Sohn zuraunte: »Du wirst noch den Zusammenbruch des Kommunismus erleben und wenig später den des Kapitalismus.«

Asset Deflation – das Beispiel Japan

Sehr fein läßt sich der Niedergang einer Volkswirtschaft auch beobachten, wenn der Wert **bereits beliehener** Aktiva fällt. Eine solche **Asset Deflation,** also Wertminderung von Eigentum, ist äußerst unangenehm. Schauen Sie bitte nach Japan, das vor unseren Augen niedergeht. Zuerst brachen die Aktienkurse ein. Das war 1990. Dann folgte eine schwere Krise auf dem Immobilienmarkt.

Da Aktienpakete und Immobilien hoch beliehen waren (Aktien und Immobilien sind immer und in jedem Land der Welt beliehen!), mußten die Eigentümer sie verkaufen, als die Banken ihr Geld wiedersehen wollten. Doch durch den Verkauf sanken die Kurse der Aktien und die Preise von Immobilien **erst recht.** Wertpapierhäuser und Banken kamen in Schwierigkeiten, viele gingen bankrott. Das erhöhte den Druck, weitere Aktiva (Eigentum) zu verkaufen. **Die Preise fielen noch mehr.**

Inzwischen hat die **Deflationsspirale,** wie das Monster heißt, die Märkte für **Konsumgüter** erfaßt, die bei Deflationen immer als letzte in den Strudel gerissen werden. Wie das abgeht, beschreibt die »Financial Times«: »Eine Deflation ist besonders alarmierend, weil die Konsumenten sich dafür entscheiden können, ihre **Käufe zu vertagen** in der Hoffnung, daß die Preise noch weiter fallen werden. Im April (1998) fielen die Einzelhandelspreise um 0,5 Prozent gegenüber dem Vorjahr. Dies schadet den Unternehmen sehr, denn sie hocken auf großen Beständen, **deren Werte rasch schwinden.** Sie sind gezwungen, ihre Produktion zu kürzen, was wiederum die Beschäftigung und die private Nachfrage weiter schwächt.« Tja, so ist das eben. Man beachte, daß das neuerliche Wachstum der deutschen Wirtschaft, das sich seit Ende 1997 abzeichnet, vor allem durch Aufstocken der Lagerbestände der Unternehmen verursacht wurde. Schlimmes steht zu befürchten: Sollten sich diese Bestände durch Deflation entwerten, ist die Krise da.

Japan hat alles versucht, um aus der tödlichen Spirale rauszukommen. Hohe Beamte des Finanzministeriums und der

Notenbank (der »Währungshüterin«) wurden bestochen, damit die bankrotten Banken nicht offiziell in Konkurs gehen mußten. Minister traten en suite zurück. Ein Mega-Konjunkturprogramm nach dem anderen wurde aufgelegt, mit der Folge allerdings, **daß die Arbeitslosigkeit nur noch schneller anstieg.** Die Zinsen sind so tief wie noch nie in der 200jährigen Geschichte moderner Industrienationen. Der Diskontsatz der Bank von Japan liegt bei 0,5 Prozent, Staatsanleihen rentieren sich mit wenig mehr als einem Prozent.

Doch diese Minizinsen machen alles **nur noch schlimmer** statt besser. Wer in Japan noch kreditfähig ist – die einheimische Wirtschaft ist es längst nicht mehr –, leiht sich Geld, um es in Ländern mit höheren Zinsen anzulegen oder um damit an nichtasiatischen **Aktienmärkten** zu spekulieren, woraufhin dort die Kurse erst recht in die Höhe rasen.

Durch die landesweite Kapitalflucht ging der Yen, angeblich eine harte Währung, in freien Fall über. Das Mißtrauen der Anleger wurde immer größer. Eine sinkende Landeswährung kurbelt normalerweise die Exporte an und sorgt für mehr Beschäftigung. Doch Japan war schon längst über den **Point of no Return,** den Punkt ohne Wiederkehr, hinaus. **Dann kann der Staat machen, was er will: Alles wird nur noch schlimmer.**

Durch den fallenden Yen stiegen die Rohstoffpreise (Japan hat keine Bodenschätze), was die Kosten der Exportunternehmen in die Höhe und die Firmen nur noch schneller in den Ruin trieb. Einige Unternehmen versuchten sich zu retten, indem sie **den Yen nicht mehr als Zahlungsmittel akzeptierten** und ihrerseits nur noch in US-Dollar fakturierten. Die Landeswährung verschwand mehr und mehr aus dem Umlauf, obwohl sie – formal gesehen – stabil war, ja im Inland sogar ständig wertvoller wurde, weil die Preise fielen.

Versicherungen können ihre Zusagen nicht mehr einhalten, da sie mit höheren Renditen auf ihre Bestände gerechnet haben; zuerst lösen sie ihre stillen Reserven auf, dann zahlen sie weniger aus, was die verfügbare Kaufkraft der Japaner, einer traditionell überalterten Volkswirtschaft, **nur noch weiter schmälert.** Das »Angstsparen« grassiert. Der Staat beginnt so-

gar, **Immobilien aufzukaufen,** um deren Preisverfall aufzuhalten. Mit noch mehr Schulden. Und so weiter.

Japan begann schließlich, seine riesigen Devisenreserven (200 Milliarden US-Dollar) anzugreifen, die es als Resultat jahrzehntelangen Fleißes mit entsprechenden Exportüberschüssen aufgehäuft hatte. Der Verkauf dieser Reserven (vor allem US-Staatsanleihen), stabilisierte zusammen mit Interventionen der US-Notenbank den Kurs des Yen vorübergehend und drehte gelegentlich den Freifall-Trend um. Das aber brachte die Exportwirtschaft nunmehr von der Erlösseite in die Klemme.

Außerdem zwingt jeder Verkauf von US-Bonds deren Kurse in New York in die Tiefe, was spiegelbildlich die Zinsen für die Wall Street in die Höhe treibt. Steigende Zinsen sind Gift für die Börse. Dieser Trend wird durch die Flucht in die Sicherheit, den Kauf von US-Bonds durch Ausländer, konterkariert, was dann wieder den Dollar in die Höhe treibt und die Exportaussichten in rosigerem Licht erscheinen läßt. Ein hoher Dollar schmälert aber die Gewinne der US-Unternehmen. Deren Tochterfirmen im Ausland (Ford, Opel) liefern weniger ab, und die Exportabteilungen stöhnen (Intel, Boeing).

Das Karussell dreht sich schneller, wir tanzen ein tödliches Rondo. Jeder Versuch, irgendwo ein Loch zu stopfen, reißt woanders noch größere Löcher. Der immer weiter wuchernde Krebs der Staatsverschuldung wird nirgendwo herausoperiert.

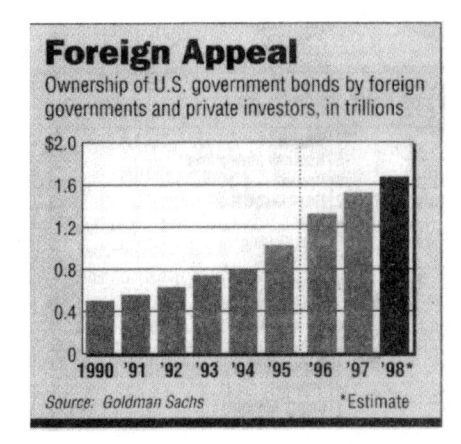

Abb. 16 *Das Ausland hält über 1,6 Billionen Dollar (drei Billionen Mark!) amerikanische Staatsanleihen (Bonds); die Zahl hat sich seit 1990 fast vervierfacht! (Grafik aus dem »Wall Street Journal«, 6. Juli 1998).*

Greift die Welt zum letzten Mittel und wirft US-Staatspapiere, die berühmten »Währungsreserven«, auf den Markt, um liquide zu bleiben (Reserven sind ja dazu da, um in der Not zu helfen), dürfte dies die Jahrtausend-Hausse an der Wall Street und im Rest der Welt beenden. Es gibt allein mehr als 1,6 Billionen US-Bonds in ausländischen Händen, die Amerika dann aufnehmen müßte, dazu noch jede Menge kurzfristiger Papiere (Bills usw.). **Dann gute Nacht!**

In mehr und mehr Ländern spielt die deflationäre Depression zum Schlußtanz auf – wie schon so oft in der Geschichte, das letztemal in den Jahren 1929 bis 1939.

Fallen alle Aktien um 90 (!) Prozent?

Die debitistische Kette bricht auch bei **prohibitiven Zinsen,** das heißt bei Zinssätzen, die so hoch geschraubt werden, daß sich zusätzliches Schuldenmachen nicht mehr lohnt. Ein klassisches Beispiel dafür war die Politik der amerikanischen Notenbank Ende der 20er Jahre. Damals hob die »Fed« ihren Zinssatz immer weiter an, bis er im Sommer 1929 schließlich sechs Prozent erreicht hatte. **Die Wirtschaft war aber nicht überhitzt und von einer Inflation weit und breit nichts zu sehen.**

Als in der zweiten Juniwoche 1998 die New Yorker Börse auf Talfahrt ging, war auch von einer Inflation weit und breit nichts zu sehen. Der renommierte Aktienexperte und Fondsverwalter Heiko Thieme kommentierte am 15. Juni in der »FAZ«, in der er eine vielbeachtete Börsenkolumne veröffentlicht, den Anstieg der US-Produzentenpreise um 0,2 Prozent: »Dies bedeutet jedoch keinesfalls, daß Inflationsgefahr droht. Der gesamte Anstieg im Mai beruht nämlich auf der Preiserhöhung für eine spezielle Medikamentengruppe. Allerdings handelt es sich hierbei nicht um die Sexpille Viagra, sondern schlicht um Beruhigungsmittel, die eine Nachfragesteigerung von fast 600 Prozent aufwiesen ... Die Erzeugerpreise liegen immer noch fast ein Prozent unter dem Vorjahresniveau.«

Witzig: Weil die Börsenzocker um ihre maßlosen Profite bangen, schlucken sie so viele Beruhigungspillen, daß deren Preisanstieg die **gesamte** Inflationsrate in die Höhe treibt, was Zinsängste und Börsenbefürchtungen weckt, die zu noch mehr Tablettenkonsum führen – und der vielleicht zu noch mehr Inflation. Bis es scheppert.

Zurück zu 1929. Damals hob die »Fed« den Zins, so belegen es die Protokolle der Notenbanksitzungen, ebenfalls aus einem sehr skurrilen Grund an: **Sie wollte die gewaltige Hausse an der Wall Street brechen.** Valium, Prozac usw. gab es damals leider noch nicht. Als einer der Notenbankbosse in die Runde sagte, eine solche Zinspolitik würde über kurz oder lang aber den Aktienmarkt zum Einsturz bringen, sagte ein anderer: »I would be glad of it!« (Mich würd's grad' freuen!)

Die Freude kam dann im legendären Oktober-Crash. In drei schweren Wellen ging die New Yorker Börse in die Tiefe, am Ende stand das »Millionärsschlachtfest«, als auch noch jene Existenzen vernichtet wurden, die traditionell auf große Aktienpakete als Geldanlage und Existenzsicherung gesetzt hatten. **Die Aktienkurse fielen schließlich um (nicht auf) 90 Prozent.**

Auch heute gibt es Börsenexperten, wie den Amerikaner Robert Prechter, die mit einem ähnlichen Desaster rechnen. Das hieße, der Dow-Jones-Index, die Herzstromkurve des Weltkapitalismus, würde bis auf weit unter 1000 Punkte nach unten ausschlagen. Das »Kursziel« des Dow Jones von Prechter und anderen Analysten, die an diese »großen Wellen« glauben, liegt bei 400 (Sie haben richtig gelesen!).

Daß dies in Form einer riesigen **Massenpanik** ablaufen würde, versteht sich von selbst. Mehr als eine Milliarde Menschen, die nicht nur ihr Vermögen, sondern auch ihre Altersversorgung direkt oder indirekt (über Fonds, Fondspolicen, normale Lebensversicherungen usw.) der Börse anvertraut haben, **stünden vor dem Nichts.**

Der Verband deutscher **Rentenversicherungsträger** warnte am 6. Juli 1998 davor, das Rentensystem umzustellen. Denn Aktien, die als Basis eines kapitalgedeckten Rentensystems

dienen müßten, seien zu riskant: »Dies zeigt besonders eindrucksvoll die Asienkrise, bei der **bis zu 90 Prozent** der Vermögenswerte verlorengegangen sind.«

Immer wieder ist zu hören, die Aktienmärkte seien nicht überhitzt. Es würde – im Gegensatz zu 1929 – kaum mit Krediten gearbeitet, so daß der Japan-Effekt – überschuldete Schuldner mußten verkaufen, um nicht unterzugehen – ausbleiben werde. Wer so argumentiert, hat leider nichts verstanden. Ob die Aktien in einer Manie stecken und irgendwann mal eine Blase platzt – spielt keine Rolle.

Entscheidend für die Frage, ob die Börse steigt oder fällt, ist der **Zins** auf dem Kapitalmarkt. **Solange der Zins sinkt, geht die Börse rauf.** Dies gilt allerdings nur **vor** oder **in** einer Aufwärtsbewegung. Das Beispiel Japans zeigt, daß ein noch so niedriger Zins die Börse nicht mehr ankurbeln kann, wenn sich der deflationäre Mahlstrom einmal dreht. **Nach dem Crash von 1929 war es ganz genauso.** In den 30er Jahren setzte die US-Notenbank den Diskontsatz, den sie (siehe oben) zum Brechen der Hausse gerade heraufgesetzt hatte, ruckzuck wieder runter. Auch damals konnte jeder Geld für 0,5 Prozent bei der Notenbank abholen – wie heute in Japan. Aber die Kurse stürzten immer weiter. Ein Rätsel?

Nein! Es gab damals in den USA (wie heute in Japan) zwar jede Menge Verschuldungs**möglichkeiten,** aber es fand sich keiner, der sich noch verschulden **wollte** oder **konnte.** Wer noch unbeliehene Aktiva besaß, hatte Angst, sich zu verschulden. Da die Preise **sanken,** wäre es auch Wahnsinn gewesen, sich zu verschulden, was ein einfaches Beispiel belegt: Angenommen, jemand leiht sich für 0,5 Prozent Minizinsen eine Million und investiert das Geld in eine Fabrik. Nach einem Jahr muß er 1.050.000 zurückzahlen, also kein Thema – oder?

Nehmen wir jetzt an, er habe mit der Million Waren produziert, die er nach einem Jahr für 1,05 Millionen verkaufen will, um damit seinen Kredit plus Zins zu tilgen. Weil Deflation herrscht, also alle Preise fallen, kann er die Waren nach einem Jahr nicht für den Preis verkaufen, den er sich vorgestellt hat. Er kann nur 950 000 erlösen. Und dann? Dann sitzt er auf

100 000 Schulden, **von denen er nicht weiß, wie er sie jemals zurückzahlen soll.**
In der Deflation kann die Notenbank Zinsen zu null Prozent ausleihen, und dennoch geht die Wirtschaft immer weiter runter. Will heißen: In einer Deflation findet die systemnotwendige Nettoneuverschuldung schlicht nicht mehr statt. Jeder reißt jeden mit in die Tiefe.

Klugmann Krugman

Paul Krugman ist ein junger rauschebärtiger Wirtschaftsprofessor mit lebhaften Augen und schnellem Verstand. Er lehrt am hochgelobten Massachusetts Institute of Technology MIT im Bostoner Vorort Cambridge, wo auch die legendäre Harvard-Universität ihren Sitz hat. Krugman hat im Mai 1998 einen revolutionären Beitrag ins Internet gestellt, der sich mit dem Phänomen einer deflationären Volkswirtschaft im allgemeinen und mit Japan im besonderen beschäftigt. Der Aufsatz trägt den Titel »Japan's Trap« – die Japan-Falle.

Krugman beginnt mit altbekannten Sachen: Japans Bevölkerung sei überaltert, die Banken seien pleite, die Firmen überschuldet, die Wirtschaft stecke in einem Korsett aus unsinnigen und hemmenden Vorschriften. Aber dies alles, was auch in anderen Ländern (Deutschland mit seinem »Reformstau«!) zu beobachten ist, reiche nicht aus, die schwere Krise zu begreifen. Sie ist laut Krugman eine Folge der Tatsache, daß Japan in einer »Liquiditätsfalle« steckt. Obwohl Geld praktisch **zum Nulltarif** angeboten wird, halten Unternehmer, die noch investieren **könnten,** ihre Investitionen und Verbraucher, die noch jede Menge Geld auf der Bank **haben,** ihre Konsumausgaben zurück.

Dies habe mit den insgesamt flauen Wachstumsaussichten zu tun, aber vor allem mit der Tatsache, daß die Japaner glauben, durch das Warten etwas zu gewinnen, vor allem niedrigere Preise. Der kluge Professor schließt: »**Das Land braucht daher eine Inflation.**«

Das hört sich fast schon kriminell an: Ein renommierter

Hochschullehrer, der sogar für den Nobelpreis nominiert ist, fordert das Schlimmste, was es gibt: die **Geldwertvernichtung.** Warum wird der Mann nicht verhaftet?

Aber das ist noch lange nicht der Kern des Problems. Denn zuerst muß die Frage beantwortet werden: Wie schaffe ich überhaupt Inflation?

Jedwede Ausweitung des Geld**angebots,** wie groß es auch sein mag, nennt Krugman »ineffektiv«. Bei der Notenbank kann sich bekanntlich jeder soviel Geld abholen, wie er will. Doch wozu soll er es sich abholen – außer zur Börsenzockerei in Europa und Amerika? Holt er sich Geld, um zu investieren, hat er Schulden, und wie will er die zurückzahlen, wenn die Preise weiter fallen?

Oder gibt es jemanden, der sich Geld abholt, nicht um es auszugeben (mit dem Risiko, es nicht zurückverdienen zu können), sondern um es zu Hause in Ruhe zu betrachten? Oder um es seinen Freunden zu zeigen? Haben sich alle am Geld endlich satt gesehen, geht es zur Notenbank zurück. Lächerlich!

Nein, das ist es nicht, und das Problem ist nicht zu lösen. Der Nominalzins kann nicht weiter gesenkt werden, denn er ist ja schon so niedrig, wie er nur sein kann. Also, sagt der Professor, **müsse der Realzins negativ werden.** Klartext: Die Preissteigerungsrate müsse höher sein als der Nominalzins, so daß der Schuldner einen mühelosen Schnitt macht wie in jeder Inflation: Man zahlt mit entwertetem Geld zurück.

Dann endlich würden sich alle Japaner wieder Geld leihen oder endlich ihre fetten Konten plündern. In jeder Krise steigen die Schulden – und die Guthaben! – bekanntlich rasant an. Die Japaner könnten heute etwas kaufen, das morgen teurer wäre – und so ein Schnäppchen machen. Und das Geld könnten sie mit einem Lächeln zurückzahlen. Ein Mechanismus, den jeder von uns bestens kennt und den ein Hersteller von Flugzeugen einmal in die einprägsame Formel gebracht hat: »Warum wollen Sie warten, bis Ihr herrlicher neuer Jet doppelt so teuer ist?«

Was der kluge Professor Krugman schließlich als einzigen Weg aus der Falle empfiehlt, ist eine Geldpolitik, die »glaub-

haft verspricht, unverantwortlich zu handeln, und die Menschen **überzeugt,** daß sie Inflation erlauben wird, damit der Realzins so negativ wird, wie es die Wirtschaft braucht«. Ein tolles Stück! Der Topökonom der Welt sieht in einer künstlich herbeigeführten Inflation das einzige Mittel, um eine Krise zu besiegen. Man stelle sich vor, Professor Otmar Issing, auch ein Topökonom und der Chefvolkswirt der Europäischen Zentralbank, die für den Euro verantwortlich ist, käme mit ähnlichen Sprüchen! Aber was mag er **sonst** als Heilmittel vorschlagen, wenn Europa in eine ähnliche Krise schlittert wie Japan? Wir sind sehr gespannt.

Und wir erinnern uns an dieser Stelle an den Vorschlag, in einem solchen Fall am besten gleich mit dem Gelddrucken zu beginnen, den Issings Professorenkollege Allan H. Meltzer gemacht hat. Siehe oben Seite 108.

Der negative Klingelbeutel

Die Professoren Krugman und Meltzer fordern zwar die Inflation, sie verraten uns nur leider nicht, wie sie fabriziert werden soll. Bekanntlich leiht sich keiner Geld in einer Deflation. Er leiht es sich erst, wenn wieder Inflation ist. Wie aber kann ich **ohne** Geld Inflation machen? Wie kommt es wohl in Umlauf?

Soll die Regierung Geld per Hubschrauber abwerfen? Das hat ein anderer Ökonom ernsthaft vorgeschlagen, der Nobelpreisträger Milton Friedman. Soll der Staat Geld vergraben und dann Schaufeln an die Arbeitslosen verteilen, damit sie in den Wald gehen und – such, such! – die Banknoten ausbuddeln? Damit käme nicht nur mehr Geld in Umlauf, die Arbeitslosen wären obendrein noch **voll beschäftigt.** Bravo! Dieser Vorschlag stammt vom berühmtesten Ökonomen des Jahrhunderts, John Maynard Keynes.

Den Geldabwurf per Hubschrauber und die Geldsuche im Wald hat am 9. Juli 1998 der angesehenste Wirtschaftsjournalist der Welt, der Engländer Samuel Brittan, in der »Financial Times« wieder herausgeholt, mit den Worten: »Diese beiden

Vorschläge zur Erhöhung des Geldbestandes sind es **wert** (worth), in die Erinnerung gerufen zu werden.«

Verehrte Leserinnen und Leser, wir sind hier nicht im Panoptikum, sondern das sind die besten Ökonomen überhaupt, die zu Ihnen sprechen. Diese absoluten Topexperten machen keine dummen Witze, die meinen das ernst! Ein anderes Mittel zur Bekämpfung einer Krise haben sie nicht, *wirklich nicht!*

Weil ich auch ein berühmter Ökonom werden will, schlage ich noch diese Mittel zur Krisenbekämpfung vor: Geld in den **Schulklassen** verteilen! In allen **Kirchen** einen **negativen Klingelbeutel** rumreichen, in den die Gläubigen mit Herzenslust greifen dürfen, während sie Gebete murmeln! Die Regierung soll endlich die **Statistiken fälschen** und behaupten, jetzt sei wieder Inflation, obwohl Deflation durchs Land hetzt!

Die deutsche Inflationsrate ist sowieso **gelogen.** Die Bundesbank hat ermittelt, daß sie in Wahrheit um 0,75 Prozentpunkte niedriger liegt. Aber auch dann stimmt sie nicht. Denn in der Preisstatistik fehlen alle Sonderangebote, obwohl es heute kaum noch ein Geschäft gibt, das nicht mit Preisnachlässen lockt. Tengelmann, der größte deutsche Händler, hat im Sommer 1998 die Preise **fast aller** Artikel mit einem Schlag **um 20 bis 30 Prozent gesenkt!** Was davon erscheint in der deutschen Preisstatistik? Nichts. Die Beamten im Statistischen Bundesamt, die die Lebenshaltungskosten berechnen, halten solche Aktionen für »irrelevant« (so die telefonische Auskunft).

Falls **Sie** Vorschläge haben, den weltweiten Preisverfall zu stoppen, schicken Sie diese bitte direkt an Sam Brittan; seine Internet-Adresse ist *samuel.brittan@ft.com.* Die »Financial Times«, die angesehenste Wirtschaftszeitung der Welt, würde sich freuen, Ihren Beitrag zu veröffentlichen.

Übrigens: Der Bruder von Sam heißt Leon Brittan. Der ist Kommissar der EU in Brüssel. Samuel wird Leon anrufen und ihm sagen: »Da habe ich supertolle Vorschläge aus Deutschland per e-mail gekriegt. Du wirst sie bestimmt ganz schnell umsetzen!«

Wir sehen also: Nichts kann mehr passieren. Das einzige, was noch fehlt, ist Bargeld aus dem Internet abholen.

Das gelogene US-Defizit

Wie schnell eine Börse in die Knie gehen kann, mag ein einfaches Beispiel verdeutlichen. Ein Unternehmen, von dem alle eine hohe Meinung haben, ist Microsoft. Bewertet nach der Formel Zahl der ausstehenden Aktien mal Aktienkurs ist Microsoft im Sommer 1998 über 200 Milliarden Dollar wert – mehr als die deutsche Großindustrie zusammengenommen. Dieser Wert steht nur auf dem Papier. Wenn alle Microsoft-Aktionäre morgen beschlössen, um jeden Preis Kasse zu machen, würden sie mit Sicherheit nicht 200 Milliarden erlösen, sondern vielleicht 100, vielleicht 50 oder 20 oder nur zwei. Wer weiß?

Microsoft macht wenigstens noch Gewinne. Nehmen wir eine Firma, die auf Jahre hinaus keinen Dollar Gewinn abwerfen wird, den Börsen-Darling amazon.com, eine Internet-Buchhandlung. Die Firma wird mit über fünf Milliarden Dollar bewertet, dem 30fachen Jahresumsatz! Bei einem Börsen-Crash verdampfen diese fünf Milliarden in Minuten. Und Leute, die amazon.com auf Kredit gekauft haben, springen aus dem Fenster.

Um den Kurs einer Aktie in die Tiefe zu ziehen und gewaltige Vermögen zu vernichten, muß man sich nicht einen Totalausverkauf vorstellen. Es reicht vielleicht der Verkauf von nur 100000 Aktien, um den Kurs um 20 Prozent plumpsen zu lassen. Im Extremfall reicht eine einzige Aktie, die zu einem um die Hälfte niedrigeren Kurs umgesetzt wird, um den Kurs **aller anderen** Aktien (die gar nicht gehandelt wurden) schlagartig auf halben Wert zu setzen. **Kleinste Umsätze reichen aus, um größte Vermögen zu vernichten.**

Jede Vermögensvernichtung bedeutet Aktivavernichtung, bedeutet Eigentumsvernichtung. Entsprechend geringer wird die Möglichkeit (und natürlich auch der Wunsch), diese Aktiva zu beleihen. Die Kette reißt, der kapitalistische Prozeß stoppt. Das Elend startet.

Es besteht durchaus die Chance, daß der Trend zu niedrigeren Zinsen, der weltweit herrscht, noch anhält. Und daß die Börsen (außerhalb Asiens) noch viel, viel höher klettern. In den

USA galt in der Phase vor dem Beginn der gigantischen Staatsverschuldung ein Zinsniveau von **drei bis vier Prozent.** Auch in Deutschland durften sich die Menschen vor dem Ersten Weltkrieg über ein Zinsniveau von **drei Prozent** und darunter freuen. Warum sollten wir diese Zinsen nicht wiedersehen, zumal die Staaten mit rigorosen Sparprogrammen begonnen haben und die USA inzwischen sogar mit Budgetüberschüssen (plus 39 Milliarden Dollar!) aufhorchen lassen?

Die amerikanischen Budgetüberschüsse sind kompletter Betrug, wie Professor Fredmund Malik von der Hochschule St. Gallen, der besten wirtschaftlichen Kaderschmiede im deutschen Sprachraum, in der Ausgabe 6/98 seines vielgelesenen Info-Dienstes »Malik on Management« nachgewiesen hat. Daraus Auszüge:

»In ihren regelmässigen Berichten über den ›Flow of Funds‹ weist die US-Bundesbank im Kapital ›Credit Market Borrowing‹ unter der Rubrik ›U.S. Government Securities‹ für das Jahr 1997 die Zahl 236,5 aus. Das ist die Wirklichkeit und die Wahrheit über den Zustand der amerikanischen Bundesfinanzen. Der Haushalt für 1997 schliesst nicht mit einem Überschuss von 39 Mrd. Dollar, sondern mit einem **Defizit** von 236,5 Mrd. Dollar ... Wesentliche Beträge werden ›off budget‹ geführt, sie werden also einfach aus dem offiziellen Budget **ausgeklammert** ... Für die ersten drei Monate des laufenden Jahres ist bereits wieder ein Defizit von 43 Mrd. Dollar entstanden, obwohl ja die Wirtschaft nach wie vor hervorragend läuft. **Der angebliche Sieg von politischer Disziplin und Weisheit ist in Wahrheit ein Sieg der Kreativität der Buchhalter** ... Die amerikanische Regierung ist aber auch im Inland in guter Gesellschaft. Das gesamte Amerika ist **tiefer in Schulden als je zuvor** im 20. Jahrhundert. Die Gesamtverschuldung der USA beträgt rund 300 Prozent des Sozialprodukts. Der Schuldenstand ist etwa gleich gross wie das **gesamte Vermögen des Landes,** einschliesslich aller Immobilien und Aktien zu den aktuellen Kursen. Die Zahl der Privatbankrotte ist sechsmal so hoch wie im schlimmsten Jahr der Wirtschaftskrise in den 30er Jahren.«

Professor Malik weiter: »Die einzigen Werte der Japaner

sind ihre Forderungen gegen den grössten Schuldner der Geschichte. Aber ist es nicht wenigstens ein guter Schuldner? Mit den besten Bewertungen seitens der Agenturen? – So gute Bewertungen, wie sie ja auch die Japaner selbst und ihre umliegenden Tiger-Nachbarn bis vor einem Jahr erhielten – weil sie alle natürlich **genauso kreative Buchhalter** hatten wie die US-Regierung, die an denselben Top-Universitäten ausgebildet und mit denselben Theorien programmiert wurden.«

Aber egal. Sollten wir – bei ungebrochener Hausse – den Dreiprozenter am Kapitalmarkt sehen, könnten sich die Aktienkurse – bei guter Konjunktur – noch einmal verdoppeln, verdreifachen oder sogar verzehnfachen. Sobald aber der Zins nicht weiter sinkt, was dann? Ist die Zins-»Phantasie« verflogen oder keimen sogar Zins-»Ängste«, beginnt das große Kassemachen. Dann bleiben die Kurse nicht irgendwo im Himmel stehen, sondern sie krachen auf die Erde – wie ein Flugzeug, dem der Sprit ausgegangen ist.

Ist »Freigeld« das Zaubermittel?

Der Zinssatz ist in einer auf **Kettenschulden** aufgebauten Wirtschaft der zentrale Punkt. Solange er sinkt oder so niedrig bleibt, daß Anlagen, inklusive Spekulationen, und Investitionen oder Konsumschulden lohnend erscheinen, ist alles im Lot. Auch wenn er steigt und Stockung und Krise auslöst, ist noch nichts verloren. Denn nichts ist leichter, als den Zins wieder zu senken. Dann kehrt allmählich das Blut in den schlaffen Körper zurück, dann starten die ersten Mutigen wieder, sich Geld zu leihen, alte Schulden werden notfalls gestrichen, was reinigend wirkt, und die Veranstaltung kann fortgesetzt werden.

Was aber soll geschehen, wenn wir eine Krise haben, der Zinssatz immer weiter gesenkt wird und dennoch nichts geschieht?

Kann dann noch mit dem Zinssatz gearbeitet werden? Wer Geld hat, verleiht es weder, weil es ihm zu riskant erscheint, noch gibt er es aus. Und wer kein Geld hat, kriegt auch keins,

weil er nicht mehr kreditwürdig ist. Potentielle Gläubiger und potentielle Schuldner, auf die es in der kapitalistischen, immer neue Schuldverhältnisse fordernden Wirtschaft ankommt, stehen sich stur und bewegungslos gegenüber – wie zwei Heere vor der Schlacht, die aber nicht anfängt. Was tun?

In der großen Wirtschaftskrise der 30er Jahre gab es einen äußerst interessanten Versuch, dieses schreckliche Patt zu beenden. Er wurde in verschiedenen größeren und kleineren Gemeinwesen gestartet, etwa im österreichischen Wörgl bei Innsbruck, im thüringischen Erfurt, sogar in der kanadischen Provinz Alberta. Der Versuch basiert auf Ideen eines Mannes namens Silvio Gesell (1862–1930), der zu Beginn des Jahrhunderts mit der Idee aufhorchen ließ, es müßten »Freiland« und »Freigeld« eingeführt werden.

Wiewohl Gesells Theorien von der etablierten Wissenschaft als »abstrus« abgetan werden, wird er doch im besten internationalen Ökonomielexikon, dem »Palgrave«, so gewürdigt: »Seine Analyse hat die von Keynes in wesentlichen Teilen vorweggenommen.« Keynes selbst hat in der Bibel der modernen Nationalökonomie, seiner 1936 vorgelegten Beschäftigungstheorie, Gesell in höchsten Tönen gelobt.

Der sogenannte »Keynesianismus«, die Ankurbelung darniederliegender Volkswirtschaften durch staatliche »Beschäftigungsprogramme«, ist bis heute die Richtschnur politischen Handelns, in Deutschland per Gesetz sogar offiziell vorgeschrieben.

Freiland hieß im Klartext: Abschaffung von Grundrenten, Pachten und Mieten. **Freigeld** hieß: Banknoten in Umlauf zu setzen, die zinslos auf die Welt gekommen sind. Während die Freilandidee rasch versandete, wurde die Freigeldidee in der großen Krise in erweiterter Form wieder aufgewärmt. Weil in der Krise, in der bekanntlich nicht nur die Schulden, sondern auch die gleich hohen Guthaben ihr Maximum erreichen, selbst ein Nullzins keinen Geldbesitzer zum Geldausgeben veranlassen kann, wurde von Gesells Anhängern Geld ausgegeben, das einen **negativen** Zins hatte!

Es kursierten Geldscheine, die im Zeitablauf zwangsentwertet wurden. Also ein Schein, der im Januar noch 100 wert

war, fiel Monat um Monat um eine bestimmte Werteinheit. Eine sogenannte Wära, die 1931 in Thüringen ausgegeben wurde, entwertete sich jeden Monat automatisch um ein Prozent, »falls der Verlust nicht durch Aufkleben entsprechender Centmarken auf die betreffenden Felder ausgeglichen wird« – so der Text auf dem Geldschein. Die Centmarken hätte man sich kaufen müssen.

Am Jahresende war die Wära nur noch 88 Cents wert, immerhin ein negativer Zinssatz von zwölf Prozent. Das Wära-System von 1931 ist im Grunde nichts anderes als jenes System, das der MIT-Professor Paul Krugman 1998 erneut als ultimatives Krisenbewältigungsmittel vorgeschlagen hat: »Der benötigte reale Zinssatz (muß) negativ sein.«

Wer im deflationären Japan mit Inflation rechnen muß, wird sich genauso verhalten wie ein Deutscher in der Weltwirtschaftskrise, der einen solchen Schein in Händen hatte, der sich selbst entwertete. Beide versuchen, ihr Geld möglichst schnell wieder loszuwerden, um den Verlust zu vermeiden. Das »Schwundgeld«, wie es dann hieß, regte in den Gegenden, wo es umlief, tatsächlich Geldumlauf und Wirtschaft an. Denn jedermann war erpicht darauf, sein Geld möglichst schnell auszugeben, weil ja alles optisch teurer wurde.

Aber einige Scheine, wie der abgebildete, sind doch mit Wertmarken beklebt. Das beweist, daß die Menschen trotz des Opfers, das sie bringen mußten, um ihr Geld wertstabil zu halten, ihren Schein nicht auszugeben wagten. Warum? Weil die Preise der Waren noch schneller fielen, als der Wert des Schwundgeldes. Zwischen 1929 und 1933 sanken in Deutschland die Verbraucherpreise um fast ein Drittel.

Das Schwundgeldsystem hätte also nur funktioniert, wenn das Geld noch schneller zwangsentwertet worden wäre, also in den Jahren 1929 bis 1933 nicht um ca. 33, sondern um 40 oder 50 Prozent.

Das Schwundgeldsystem wurde vom Staat verboten, der sich sein Banknotenmonopol nicht nehmen lassen wollte. Wir werden bei der Diskussion von Lösungsmöglichkeiten für die heutige Krise in anderer Form darauf zurückkommen: Um die Arbeitslosen zu beschäftigen, müssen die Guthaben der

Abb. 17 *Eine »Wära« aus dem Krisenjahr 1931 (Vorder- und Rückseite). Dieses Geld trug einen negativen Zins, der durch das Aufkleben von Wertmarken (1 Cent) ausgeglichen werden mußte, wenn der Inhaber des Geldscheins nicht einen Verlust durch eine künstlich inszenierte Inflation erleiden wollte.*

Staatsgläubiger in einer ähnlichen Form zwangsvermindert werden. Dies soll aber nicht dazu beitragen, die alte Wirtschaft noch eine Weile mit Tricks am Leben zu erhalten, **sondern die Reichen dazu zu zwingen, ihr Vermögen (durch zusätzliche Beleihung!) investiv, das heißt zur Schaffung von Arbeitsplätzen einzusetzen.**

Nochmals: Warum wird nicht Geld gedruckt?

Seit der letzten großen Wirtschaftskrise wurde immer wieder die Frage gestellt, warum der Staat denn nicht einfach Geld »gedruckt« hat, um es unter die Leute und damit die Wirtschaft wieder in Schwung zu bringen. Eigentlich wäre es doch ganz leicht gewesen, die Weimarer Republik zu retten und Hitler zu verhindern. Ein paar gezielte Druckaufträge – und der Welt wären die Schrecken von Nazidiktatur, Weltkrieg und Holocaust erspart geblieben. Oder?

Der Münchner Wirtschaftshistoriker Professor Knut Borchardt ist in intensiven Quellenforschungen, die er in zahlreichen Aufsätzen veröffentlicht hat, der Sache auf den Grund gegangen. Das überraschende Resultat: Es wäre nicht gegangen! Den politisch Verantwortlichen – voran dem glücklosen Reichskanzler Brüning, der heute wegen seiner »Deflationspolitik« verrufen ist, die angeblich die Republik ruiniert und Hitler die Macht in den Schoß geworfen hat – war die Möglichkeit, Geld zu drucken, um damit die Arbeitslosen von der Straße zu holen, bestens bekannt!

Sie konnten sie aber nicht nutzen, weil die Bevölkerung sofort alles Geld abgehoben hätte, sobald die Regierung der Notenbank befohlen hätte: Druckt jetzt!

Kein Mensch läßt nämlich Geld auf der Bank, und die Deutschen nur wenige Jahre nach der berüchtigten Hyperinflation von 1920 bis 1922 schon gar nicht, wenn die Notenpressen laufen. Jedem ist dann klar, daß sein Geld in Windeseile wertlos wird.

Borchardts Schlußfolgerung: Es gab weit und breit **keine Alternative** zu der Politik, die schließlich im Nationalsozialis-

mus endete. Die Inflationsfurcht war viel zu groß, als daß die Regierung mit irgendwelchen Tricks hätte »Kaufkraft aus dem Nichts« schöpfen können.

Das Geldabheben hätte am gleichen Tag begonnen, an dem ein »Ankurbelungsprogramm« beschlossen worden wäre. Das hätte die Banken zum Einsturz gebracht und die gesamte Wirtschaft zum Erliegen. Statt sechs wären 20 Millionen oder noch mehr arbeitslos gewesen. **Hitler oder eine rote Diktatur wären nur noch schneller gekommen.**

Das gleiche würde heute wieder passieren, wenn die Vorschläge der Herren Keynes, Friedman, Meltzer und Krugman sowie der »Financial Times« realisiert werden würden. Sobald der erste Hubschrauber zum Geldabwurf in den Himmel steigt, hebt unten jeder alles ab.

Kommt endlich die Zehn-Stunden-Woche?

Es liest sich wie ein Witz, daß die Experten in der Krise der 30er Jahre die Arbeitslosigkeit mit den **gleichen** Mitteln bekämpfen wollten, wie sie heute wieder diskutiert werden: **Schwundgeld** (Gesell, MIT-Professor Krugman, »Financial Times«); **mehr öffentliche Investitionen** mit noch mehr Schulden (alle Staaten); **Senkung der Sätze der Arbeitslosenunterstützung und der Sozialhilfe** (heute heißt es: wer nicht arbeitet, den Park fegt oder bei der Spargelernte hilft, soll weniger kriegen); **gleichmäßigere Verteilung der vorhandenen Arbeit** (eine Hauptforderung des DGB, der auch nichts aus der Geschichte gelernt hat).

Um bei der »gleichmäßigeren Verteilung der vorhandenen Arbeit« voranzukommen, schlägt DGB-Chef Schulte heute vor, zur **25-Stunden-Woche** (!) überzugehen. Die Verkürzung der Arbeitszeit war auch am Ende der Weimarer Republik **das** Thema.

Da die Massenarbeitslosigkeit mit dem Anschwellen der Staatsverschuldung automatisch weiter in die Höhe gehen wird, dürfte der DGB eines nahen Tages die 20-Stunden-Woche fordern, dann die Zehn-Stunden-Woche usw. Die Men-

schen, denen damit das Recht auf jene Arbeit genommen wird, die sie freiwillig leisten wollen, müssen freilich über die Runden gebracht werden, Klartext: mit noch mehr kreditfinanzierten Subventionen, einer Variante zum staatlich finanzierten Vorruhestand. **Am Ende stehen Heere von nur noch stundenweise beschäftigten Tagelöhnern, die vom Staat durchgefüttert werden.** Und wenn wir dann bei der Zehn-Stunden-Woche bei vollem Lohnausgleich angekommen sind, reichen die Steuern und Sozialabgaben, die den Tagelöhnern abgeknöpft werden, nicht aus, um die nichtarbeitende Bevölkerung durchzufüttern. **Der Staat muß noch mehr Schulden machen.** Am Ende landen wir bei Zuständen wie im alten Rom, wo überhaupt keiner mehr arbeitete und alle vom Staat durch öffentliche Spenden ernährt und mit blutigen Spielen in der Arena unterhalten wurden.

Der Beginn christlicher Sozialpolitik

Die römischen Cäsaren verschenkten erst Getreide, dann Bargeld an die Bürger. Die Brotspende hieß Annona, der Bargeldregen Liberalitas. Zum Schluß des Imperiums waren die Herrscher vom Zwang zum Geldverteilen derart angewidert, daß die mit ihrem Pferdegespann durch die Stadt hetzten und das Geld in die Menge warfen – wie die Jecken beim Rosenmontagszug die Kamellen. Diese Abläufe sind auf unzähligen Münzen dokumentiert, die ich Ihnen nicht vorenthalten möchte:

Abb. 18 bis 20

Die erste Münze (Sesterz, Kupfer), auf der die Getreidespende (Annona) an die römische Bevölkerung verewigt wurde. Geprägt von Kaiser Nero (54–68). Diese Annona war der Beginn des römischen Sozialstaats.

Römische Goldmünze (Aureus), auf der die Verteilung von Geld durch den Kaiser verewigt wurde. Antoninus Pius (138–161) sitzt auf einer Balustrade, der Bürger hält sein Gewand auf wie das Sterntaler-Mädchen, um die Münzen einzusammeln. Es war die zweite Geldverteilung (Liberalitas Aug II) des Kaisers.

Geldverteilung durch Kaiser Elagabal (218–222). Es ist seine zweite Liberalitas (Lib Aug II). Die Szene ist jetzt gestraffter dargestellt. Die Symbolfigur der kostenlosen Geldverteilung hält das Füllhorn (= Geld) in der Linken, in der Rechten trägt sie einen Abakus, den antiken Rechenschieber, der als Rechenhilfe bis heute in vielen Ländern üblich ist. Mit dem Abakus wird der Anteil des Bürgers ausgerechnet. Der Begünstigte selbst ist kaum zu sehen. Wie ein Wurm kriecht er die Treppen herauf: Oben sitzt die Macht des Staates, der Bürger ist ein Nichts.

Abb. 21 *Geldverteilung durch Kaiser Constanz II. (317–361). Der Imperator jagt auf seiner prächtigen Quadriga durch die Straßen und wirft die Münzen achtlos um sich – wie die Jecken heute beim Karneval die Kamellen. Daß es sich um einen »guten Zweck« handelt, soll das aufgeprägte Kreuzsymbol anzeigen. Diese Münze ist die erste Darstellung »christlicher Sozialpolitik«. Die Menschen, um die es geht, sind nicht mehr sichtbar.*

Und die Doppelverdiener?

In der überschuldungsbedingten Weltwirtschaftskrise der 30er Jahre haben die Experten – genau wie heute – lang und breit diskutiert, ob man denn **die Doppelverdiener nicht abschaffen könnte**. In der Weimarer Republik scheiterte dieser Vorschlag in der zuständigen Kommission allerdings daran, daß man sich nicht darüber einigen konnte, wie das zwangsläufige Ausscheiden verheirateter Beamtinnen aus dem unkündbaren Staatsdienst bewerkstelligt werden sollte.

Der zweite Teil des damals angefertigten Gutachtens der »Brauns-Kommission« trägt den vielversprechenden Titel »Bekämpfung der Arbeitslosigkeit durch Arbeitsbeschaffung«. Na toll! Solche Sätze hören wir heute in jeder Rede ei-

nes Spitzenpolitikers, und sie stehen in allen Parteiprogrammen, 70 Jahre später. **Ob Weimar oder Bonn/Berlin: immer die gleichen dämlichen Sprüche.**

Und die Geschichte lehrt: Zur Beseitigung von sozialer Not sehen wir immer die gleiche primitive Nummer. Die Römer haben Münzen unters Volk geworfen, wenn's kritisch wurde. Als der Staat auch dafür kein Geld mehr hatte, griffen die Herrscher zu dem Trick, die Münzen zu **verschlechtern.** Die Hauptumlaufmünze aus Silber wurde immer stärker mit Kupfer versetzt. Schließlich kam jemand auf die Idee, überhaupt nur noch wertlose Kupfermünzen zu fabrizieren, die kurz in Silbersud getaucht wurden, damit sie wie »echtes« Geld aussahen.

Wer das wertlose Geld nicht annehmen wollte, wurde hingerichtet. Er hatte die Majestät des Kaisers beleidigt, dessen Kopf auf der Münze zu sehen war.

Die Politiker der Weimarer Republik hatten keine Gold- und Silbermünzen mehr, die sie mit minderwertigem Metall versetzen konnten. Und sie hatten nicht den Mut, einfach Geld zu drucken, sie fürchteten sich vor der Inflation. Das Gelddrucken hat dann Adolf Hitler besorgt, der die Menschen mit frisch fabriziertem Baren wieder in Stimmung brachte und dafür in den ersten Jahren seiner Diktatur frenetisch bejubelt wurde.

Die Geschichte von Hitlers Geldfabrikation endete mit einem Schreiben, das das Reichsbankdirektorium am 7. Januar 1939 dem Diktator zugehen ließ, der daraufhin die Herren feuerte.

Darin heißt es: »Das <u>unbegrenzte Anschwellen der Staatsausgaben</u> (Unterstreichung im Original) sprengt jeden Versuch eines geordneten Etats, bringt trotz ungeheurer Anspannung der Steuerschraube die Staatsfinanzen an den Rand des Zusammenbruchs und zerrüttet von hier aus die Notenbank und die Währung ... <u>Keine Notenbank ist imstande, die Währung aufrechtzuerhalten gegen eine inflationistische Ausgabenpolitik des Staates</u> (Unterstreichung im Original) ... Eine Vermehrung der Gütererzeugung ist nicht durch eine Vermehrung von Geldzetteln möglich.«

Wiederholt sich Geschichte? Was meinen Sie?

Jesus war Kapitalist
Was Moses, Mohammed und Matthäus lehren.
Japan, das Gangstersyndikat.
Warum Unternehmer lieber unterlassen

>»Es ist deshalb kein Zufall,
>daß etwa in Griechenland
>und Rom bei Tempeln auch
>die Banken ansässig waren.«
>
>Gunnar Heinsohn
>und Otto Steiger in:
>Eigentum, Zins und Geld (1996)
>
>»Ich bin vorsichtig geworden:
>Wir haben viel Cash in der Bank,
>aber wir wollen es da
>noch eine Weile lassen.«
>
>Rupert Murdoch, international
>operierender Medien-Tycoon
>(News Corp.) in einem
>»Spiegel«-Gespräch (25/1998)

Wann wird's kritisch?

Zu bedenken ist nun, wie es mit der Wirtschaft in jener kritischen Zone weitergeht, die nach dem Erreichen von Verschuldungsgrenzen beginnt. Wir kommen also zur berüchtigten »Überschuldung«.

Jedem, der das Buch bis hierhin gelesen hat, ist klar, daß al-

les Wirtschaften stoppt, wenn keiner mehr zusätzliche Schulden machen kann oder darf.

Daß es diesen Zustand gibt, wie er wirkt und wie man sich ihm nähert, hat Diplomingenieur Walter Lüftl, ein Gerichtssachverständiger, mit unbestechlicher Präzision ermittelt. Ein Hinweis auf die von mir mit ihm gemeinsam in den 80er Jahren edierten Schriften darf genügen (»Formeln für den Staatsbankrott«, »Die Pleite«, »Der Kapitalismus« usw.). Wir müssen uns nicht ständig wiederholen.

Im Zentrum der Überlegungen steht das bekannte **Lüftlsche Theorem:** »Steigen Schulden schneller als das, woraus sie bedient werden können, kommt es in berechenbar endlicher Zeit zum Bankrott.« Im speziellen Fall des Staates: »Steigen seine Schulden schneller als das Sozialprodukt, geht der Staat in berechenbar endlicher Zeit unter.«

Weil zusätzliche Staatsschulden in die Berechnung des Sozialprodukts (modern: Bruttoinlandsprodukt BIP) eingehen, könnte der Staat theoretisch immer weiter Schulden machen, damit das BIP schön weiter steige. Das ist die Grundlage des Modells des amerikanischen Ökonomieprofessors Evsey Domar, der mathematisch nachzuweisen versuchte, daß es niemals Staatsbankrott geben könne, solange die Staatsverschuldung weiter steige. Das Ganze hat Walter Lüftl als Märchen enttarnt, man lese dazu seinen Aufsatz »Der Domar-Schwindel«.

Gemeinsam mit Walter Lüftl habe ich mir erlaubt, nachzuweisen, daß das Wachstum der Wirtschaft mit zunehmender Staatsverschuldung immer schwächer wird. Das ist das **Martin-Theorem.**

Da dies alles unwiderlegbar gilt, kann gegen die Interpretation, daß Überschuldung beginnt, sobald die Schulden schneller steigen als das, woraus sie bedient werden, nichts eingewendet werden. Im Fall des Staates heißt dies: Steigen seine Zinsausgaben schneller als die Steuereinnahmen, kommt es in berechenbar endlicher Zeit zum **Staatsbankrott.** Und: Steigen die Zinseinkünfte der Bürger aus den Staatstiteln schneller als das BIP, kommt es in berechenbar endlicher Zeit zur kompletten Wirtschaftskrise.

Zum Schluß besteht das ganze BIP nur noch aus Zinsein-

künften aus der Staatsschuld. Das Wort »Produkt« ist in diesem Zusammenhang natürlich lächerlich. Denn es wird **nichts mehr produziert.** Mit welchem Tempo wir in diese letzte Runde gehen, zeigen uns Banken und Versicherungen. Auch sie nennen ihre neuen und sehr phantasievollen Angebote inzwischen nicht mehr Lebensversicherung, Fonds, Sparplan usw. – sondern sie nennen sie »Produkte«. Damit wird nur verdeckt, daß die Finanzwirtschaft nichts anderes tut, als **Schulden** zu verkaufen. Und das möglichst so, daß der Käufer dieser Schulden sich seinerseits verschuldet. Bis auch er überschuldet ist.

Überschuldung liegt vor, sobald die überhaupt noch zusätzlich erzielbaren Einzahlungen nicht mehr ausreichen, die durch den Schuldendienst verursachten zusätzlichen Auszahlungen zu leisten. Ich sage ausdrücklich »erzielbar«, weil ich den Staat im Auge habe, der bekanntlich immer vorgibt, Schulden zu machen, damit es der Wirtschaft bessergeht und sie rascher wächst. Und er mehr Einzahlungen erzielt, die alles wieder heilen.

Liegen die Auszahlungen für Zinsen auf die Staatsschuld **endgültig** höher als die Steuereinzahlungen der Bürger, ist die große Pleite da. Noch sind nicht alle Staaten überschuldet, aber sie sind mit Volldampf auf dem Weg dahin. Wer die Zinszahlungen hochrechnet und die damit auf die Bürger zukommenden Belastungen (die sie sich selbst schuldig sind), kann unschwer ausrechnen, daß die Steuern (die den gleichen Bürgern abgefordert werden) massiv erhöht werden müßten, um die Katastrophe zu verhindern. Daß dies leider **nicht mehr** möglich ist, haben wir bereits gesehen.

Die Steuerzahlungen gehen nicht mal annähernd in die gleiche Höhe wie die Staatsschulden und die aus ihnen resultierenden Zinszahlungen. Im Gegenteil: Sie **sinken** vielmehr, sobald die Steuersätze jenes kritische Maß überschreiten, an dem Leistungsverweigerung, Abtauchen in die Schattenwirtschaft, Steuerhinterziehung, Schwarzarbeit usw. beginnen. Diesen Effekt hat Professor Arthur Laffer in einer berühmten Kurve dargestellt. Erst **steigen** die Steuereinnahmen mit den Steuersätzen, ab einem bestimmten Punkt aber **fallen** die Steuereinnahmen, obwohl die Steuersätze weiter erhöht werden.

Zahlreiche Untersuchungen haben die Richtigkeit der **Laffer-Kurve** bewiesen: Bei einem Steuersatz von null Prozent kommen keine Steuern rein. Bis zu einem Steuersatz von etwa 30 Prozent steigen die Steuer**einnahmen** mit den Steuer**sätzen**. Ab 30 Prozent wachsen die Steuereinnahmen geringer als die Steuersätze, also: Bei einem um zehn Prozent erhöhten Steuersatz kommen nur fünf Prozent mehr Steuern rein. Ab 50 Prozent werden die Steuereinnahmen auch absolut immer weniger, selbst wenn die Steuersätze noch weiter hinaufgesetzt werden. Wird der Steuersatz um zehn Prozent erhöht, gehen die Steuereinnahmen um fünf Prozent **zurück!** Ab einem Steuersatz von 70 Prozent fallen die Steuereinnahmen dann dramatisch. Bei einem Steuersatz von 100 liegen die Steuereinnahmen wieder dort, wo sie hergekommen sind: bei null.

Besuch im Finanzamt und Schröders flacher Gag

In Deutschland zahlen die Menschen mit den höchsten Einkommen, die mit ca. 57 Prozent besteuert werden (inklusive Solidaritätszuschlag), bekanntlich kaum Steuern. In Nienstetten, dem wohlhabendsten Stadtteil von Hamburg, der reichsten Stadt Europas, nistet nicht gerade das Elend. Wieviel Steuern zahlen dort die Einkommensmillionäre? »Keine«, klagt der Chef des zuständigen Finanzamts. Die Millionäre sind nämlich zugleich »Abschreibungskünstler«, die unter Ausnutzung legaler Steuergestaltung ihre Einkommen und damit auch ihre Steuern nach unten drücken.

Nach deutschem Einkommensteuerrecht darf jeder Steuerzahler das Plus in einer der sieben Einkunftsarten (Gewerbe, Zinsen, Gehalt, Mieten usw.) mit dem Minus in einer anderen Einkunftsart verrechnen. Also: Eine Million Einkommen aus mühelosen Profiten, etwa dem Kassieren von Zinsen aus der Staatsschuld, dazu eine Million Verlust aus dem Bau von Immobilien. Macht wieviel? Macht null Steuern.

Auch das ist eine Folge des Schuldenstaates: Je höher die Schulden, desto höher die Zinsen. Je höher die gezahlten Zinsen, desto höher die gesetzlichen Steuersätze. Je höher

die kassierten Zinsen, desto niedriger die gezahlten Steuern. **Kurzum: Je höher die Staatsverschuldung, desto niedriger die Steuereinnahmen.**

Würde der Staat beschließen, mit einem Schlag alle Schulden zurückzuzahlen, müßte er eine **Tilgungssteuer** einführen. Die Einnahmen aus dieser Steuer wären wie hoch? Na raten Sie mal!

Dem Staat fehlt sowieso schon Geld an allen Ecken und Enden, für die Bildung, für Straßen, für die Bekämpfung der Kriminalität. Falls Sie mit dem Zustand unseres Landes immer unzufriedener werden (und das mit Recht!), hier ist die Ursache aller Mißstände: die aufgelaufene Staatsverschuldung.

Gerhard Schröder wollte im Bundestagswahlkampf 1998 einen schnellen Gag landen, indem er eine Mindeststeuer von 20 Prozent für alle verlangte. Er hatte wohl speziell die Reichen in Hamburg-Nienstetten im Visier, doch schauen wir uns den Schröder-Vorschlag mal genauer an.

Da die Überschüsse der Einnahmen über die Ausgaben in einer Einkunftsart (Lohn, Gewinn, Mieten, Zinsen usw.) nicht dem steuerlich relevanten Gesamteinkommen entsprechen, ist der Schröder-Vorschlag – eine neue Umsatzsteuer! Löhne, Gewinne, Mieten, Zinsen usw. – alles muß mit 20 Prozent versteuert werden, jedes für sich.

Diese neue Steuer wird folgendes bewirken: Ein »Reicher« hatte bisher eine Million im Jahr Einkünfte aus Zinsen. Um davon nicht mehr als 50 Prozent Steuern zahlen zu müssen, investiert er in Immobilien, und zwar so, daß aus der Investition im gleichen Jahr eine Million Mark Verlust entsteht. Nehmen wir an, er hat die Immobilie ganz normal gebaut, ohne Ausnutzung von Sonderabschreibungen (wie sie für den **Aufbau Ost** gewährt wurden), sie ist in einem Jahr gebaut und bezugsfertig und darf ab dem zweiten Jahr, nachdem also Mieter eingezogen sind, abgeschrieben werden.

Dann ergibt sich für den Investor folgende (stark vereinfachte) Rechnung: Zinseinkünfte eine Million, Ausgaben für Bau der Immobilie: eine Million. Der Reiche zahlt im ersten Jahr keine Steuern, weil er kein Einkommen hat. Ab dem zweiten Jahr sieht es schon anders aus: Zinseinkünfte wieder eine

Million, Mieteinkünfte 50 000, davon ab: Abschreibung für die Immobilie 20 000. Der Mann müßte im zweiten Jahr 1,03 Millionen versteuern. Das will er nicht, also baut er die nächste Immobilie usw. 20 Jahre lang.

Abschreibungskünstler sparen zwar Steuern, aber immer nur für ein Jahr. Durch die Investitionen, die sie in diesem Jahr vornehmen, um steuerfrei zu werden, schaffen sie sich zusätzliche Einkünfte, so daß sie immer mehr Steuern zahlen müßten. Die sich durch die permanenten Investitionen und die daraus fließenden Erträge immer höher schraubenden Steuerpflichten zwingen den Investor, immer mehr zu investieren. Er schiebt die Besteuerung also vor sich her.

Bricht er diesen Prozeß ab, passiert zweierlei: Erstens muß er eines Tages ein **Vielfaches** der Steuern zahlen, die er gezahlt hätte, wenn er jedes Jahr nur die 57 Prozent aus der ursprünglich kassierten Million an den Staat abgeführt hätte. Die Steuern wurden nämlich nicht erlassen, sondern durch dieses investive Roll-over immer nur vor dem Anleger hergeschoben. Dabei türmten sie sich immer höher auf. Klar, denn ein Mann mit einer Million Zinseinkünften pro Jahr **und** 20 Häusern, in denen er Miete kassiert, zahlt mehr Steuern als ein Mann, der immer nur eine Million Zinseinnahmen versteuert.

Die zweite Folge: Weitere Häuser werden nicht gebaut. Die Bauarbeiter, die bisher für den Mann mit Steuersorgen tätig waren, **sind arbeitslos.**

So wird der Schröder-Vorschlag zum flachen Gag: Der Steuerzahler kann nicht mehr eine Million in neue Wohnungen investieren, sondern nur noch 800 000 Mark. Er baut im gleichen Zeitraum nicht 20 Häuser zu je einer Million, sondern nur noch 20 Häuser zu je 800 000 Mark. Er investiert nicht 20 Millionen, sondern nur noch 16 Millionen. Klartext: 20 Prozent der Bauarbeiter werden arbeitslos.

Die Gewerkschaft der Bauarbeiter ist zu blöd, das zu durchschauen und dem **Kollegen Schröder** aufs Maul zu hauen. Die Zahl der Arbeitslosen steigt, statt zu fallen. Der **Genosse Schröder** hat weder von Wirtschaft noch vom Steuerrecht eine Ahnung. Dabei hat er doch Rechtsanwalt gelernt.

Was haben Politiker denn noch so zu bieten?

Das Erscheinungsbild des Bankrotts ist von der Betriebswirtschaftslehre bestens untersucht. In den Kommentaren zu den Insolvenztatbestands-Regelungen im GmbHG und im AktG wird definiert:»Überschuldung liegt vor, wenn das Vermögen des Schuldners die bestehenden Verbindlichkeiten nicht mehr deckt.« Der deutsche Staat ist überschuldet, da er kein Vermögen hat, das die 2500 Milliarden Mark Staatsschulden abdecken könnte. Wenn wir alles zusammenrechnen, was der Staat an Vermögen noch hat (einschließlich Truppenübungsplätzen und T-Aktien), kommt man beim besten Willen nicht über 500 Milliarden Mark hinaus. Der Bund allein gibt per Ultimo 1996 gerade mal 214 Milliarden Mark Bundesvermögen an. Die Konkursquote des deutschen Staates liegt demnach bei 20 Prozent. Der Rest der Forderungen, die die Bürger an den Staat haben, muß in den Schornstein geschrieben werden.

Der Bundesgerichtshof hat Überschuldung etwas dynamischer als »zukünftige Zahlungsunfähigkeit« definiert. Auch nach dieser Interpretation ist der deutsche Staat überschuldet, weil seine zukünftige Zahlungsfähigkeit, die auf zukünftigen Steuereinnahmen basiert, nicht gegeben ist.

Denn schon heute übersteigt der Zuwachs der Staatschulden den Zuwachs des Sozialprodukts weit. Wer sich in die Materie vertiefen will, liest den Aufsatz »Überschuldung: Zur Konstruktion eines Insolvenztatbestandes im Spannungsfeld von Kapitalerhaltungsrecht und Kreditmarkt« des Regensburger BWL-Professors Jochen Drukarczyk in der Festschrift für den deutschen BWL-Papst Professor Adolf Moxter (erschienen 1994).

»The more you pay the more you owe«

Im Juli 1932 vollendet im Städtchen New Haven im US-Staat Connecticut der damals berühmteste Ökonom der Welt, Professor Irving Fisher, sein Buch »Booms and Depressions«, dem er den Untertitel »Some First Principles« gab. Der Untertitel

erklärt sich aus der Tatsache, daß Fisher, wie seine Fachkollegen, von der bis dahin schwersten Wirtschaftskrise der Neuzeit kalt erwischt worden war. Noch 1929 hatte der gleiche Fisher angesichts der Hausse am New Yorker Aktienmarkt erklärt, jetzt beginne ein neues Zeitalter der Prosperität, und die Kurse würden für immer »auf hohem Niveau« verbleiben. Tatsächlich waren die Kurse kurz darauf auf einen Bruchteil ihrer früheren Höhen gekracht. Fisher machte sich Gedanken über das Geschehene und versuchte, Ursachenforschung zu betreiben und das hinter allem möglicherweise lauernde Prinzip, quasi die Urgründe (»first principles«), des Desasters zu erkunden.

Für Fisher hatte sich die große Krise zunächst aus einem normalen Abschwung heraus ergeben, dann aber eine rätselhafte Eigendynamik entwickelt. Die Depression nennt er ausdrücklich ein **Geheimnis** (»mystery«) und schreibt: »Eine Depression scheint tatsächlich wie aus heiterem Himmel (!) über die Menschheit zu kommen.«

Aha. Wie 1997 die **Asienkrise** aus heiterem Himmel kam – oder hat sie jeder kommen sehen?

Fisher sucht dann die Ursache der Krise in einem »Verteilungsmechanismus, dessen Name Geld ist«. Dieser Mechanismus funktioniere irgendwie nicht mehr, denn mit der realen Wirtschaft (Fabriken, Bergwerke, Infrastruktur) sei doch alles in Ordnung (wie heute auch). Nirgends sei eine Funktionsstörung oder Katastrophe beobachtet worden. Dann versammelt Fisher seine Gedanken um das Phänomen der fallenden Preise und ruft entsetzt: »Deflation, die Wurzel allen Übels!«

Woher kam dann die Deflation, Herr Professor?

Fisher läßt alle Krisentheorien Revue passieren, von regelmäßig sich wiederholenden Konjunkturzyklen, mit denen man leben müsse, bis zu Über- und Unter-Theorien: Überinvestitionstheorie, Überspartheorie, Überkapazitätentheorie, Untervertrauens- und Unterkonsumtheorie.

Alles verwirft er.

Dann kommt der Professor zum Kern, wobei er immer wieder um das Problem der Schulden kreist, die er in produktive

und unproduktive einteilt und von denen er insgesamt meint: Seien sie zu hoch, komme es zu Deflation und Krise. Sein Schluß lautet schließlich: »Die Überschuldung hat zur weltweiten Depression geführt.« **Es war das erste Mal, daß sich ein so gelehrter Mann der Erscheinung einer großen Krise unter dem Aspekt der Schulden gewidmet hat.**

Fisher war nicht ganz allein. Es gab noch einen zweiten Ökonomen, den die schwere Krise umtrieb. Es war der schwedische Professor Gustav Cassel. Der hielt am 11. Mai 1932 einen Vortrag vor dem konservativen Finanzkomitee im Londoner Unterhaus. Der Vortrag wurde anschließend in wenigen Exemplaren gedruckt. Titel: »Die Zerstörung des Weltgeldsystems«.

Cassel begann mit den Worten: »Die Krise, in der wir jetzt stecken, ist viel ernster, als die Leute glauben. Man nimmt zwar an, diese Krise würde vorübergehen wie alle früheren Krisen und daß wir uns nur hinsetzen müßten, um auf die Wende im sogenannten Wirtschaftszyklus zu warten, die notwendigerweise kommen muß.« Diese Sicht der Dinge herrsche vor allem in den Ländern vor, in denen die Gläubiger säßen, die nicht wahrhaben wollten, daß die Kapazität zu zahlen (»capacity to pay«) sich in den Schuldnerländern deren schwacher Wirtschaftslage anpassen müßte. Die Gläubiger meinten, wenn alles wieder besser würde, stiege die Kapazität zu zahlen wieder an. »Die Gläubiger bestehen auf ihren Rechten und **sehen nicht ein, wie sehr sie dadurch die Wirtschaftskrise verlängern und verschärfen.**«

Das war ein Wort, Professor! Auch wenn der gute Mann nicht kapiert hat, daß die **Guthaben** die Krise **verursacht** hatten, so sah er doch klar, daß es an den Gläubigern lag, daß die Welt nicht mehr aus der Krise fand. Gustav Cassel hatte das gleiche entdeckt, was wir oben bei Jan Toporowski finden durften.

Der Kollege Fisher kam seinem Mysterium nicht auf die Spur, aber er veröffentlichte wenigstens ausführliche Statistiken aller **Schulden,** die seiner Meinung nach zur Depression von 1929 bis 1932 geführt hatten.

Dabei machte er eine wichtige Entdeckung.

Die Summe aller Schulden (öffentlich und privat) lag in den USA 1929 bei 234 Milliarden Dollar, 1932 waren sie auf 197 gesunken. Nanu? Gesunkene Schulden können doch nicht Ursache für die Verschärfung der Krise sein! Leider doch, meint Fisher! Denn **in Preisen von 1929** waren die Schulden, wie er errechnete, 1932 auf 302 Milliarden Dollar **gestiegen.** Das heißt: Um die auf 197 Milliarden Dollar (also um fast 16 Prozent!) gesunkenen Schulden zu bezahlen, mußten die Schuldner Güter bieten, die in Preisen von 1929 (also zum Zeitpunkt des Ausbruchs der Schuldenkrise gerechnet) 302 Milliarden Dollar entsprochen hätten. Klartext: **Die Preise waren schneller gefallen, als die Schulden zurückgezahlt werden konnten.**

Aus Fishers Betrachtungen folgt zweierlei: 1. In der Krise wird weniger ausgeliehen oder gehen Schulden unter, weil sie nicht mehr als existent verbucht werden können. 2. Obwohl die Schulden rechnerisch tiefer liegen, sind sie in alten Preisen (also zu den Kursen und Preisen, zu denen sie aufgenommen wurden und zurückgezahlt werden müssen) **gestiegen.**

Die Lage des Schuldners wird also immer auswegloser, statt sich zu verbessern, was bei Rückzahlung eigentlich zu erwarten gewesen wäre.

Damit sind wir zu einem ganz wesentlichen Punkt der Erklärung der deflationären Depression vorgestoßen, den Irving Fisher schließlich in diesen wundervollen Satz gekleidet hat: »The more you pay the more you owe« (Je mehr du zahlst, desto mehr schuldest du).

Wie ein Hausbesitzer Pleite macht

Und so sieht's aus: Jemand hat ein Haus mit zehn Wohnungen, Wert: zwei Millionen. Darauf hat er Schulden in Höhe von 1,4 Millionen. Kein üppiger, aber immerhin ein akzeptabler Zustand. Aus irgendeinem Grund fordert die Bank den Schuldner auf, den Kredit abzulösen. Der Eigentümer verkauft eine Wohnung, die bringt aber nicht die 200 000 Mark,

die er sich erhofft hat, sondern nur 170 000. Damit sind auch alle anderen Wohnungen nur noch 170 000 Mark wert.

Die Rechnung nach dem ersten Verkauf: Wert des Hauses (neun Wohnungen à 170 000): noch 1,53 Millionen. Höhe der Restschuld: 1,23 Millionen (1,4 Millionen minus 170 000). Die nervöse Bank verlangt weitere Tilgung. Der Mann verkauft noch zwei Wohnungen. Da Wohnungen wegen der Krise nur schwer zu verkaufen sind, bringen sie nur noch je 130 000 Mark.

Die Rechnung nach dem zweiten Verkauf: Wert des Hauses mit noch sieben Wohnungen (à 130 000) noch 910 000 Mark. Schulden: 970 000 Mark.

Bank-Alarm! Der Mann ist ja überschuldet! Alles sofort verkaufen! Der Mann preßt seine sieben Wohnungen in den Markt. **Notverkauf!** Er kann sie nur noch zu je 100 000 Mark losschlagen. Er zahlt 700 000 Mark an die Bank zurück.

Rechnung nach dem dritten Verkauf: Der Mann, der einst 600 000 Mark Nettovermögen besaß (Hauswert minus Hypotheken), hat jetzt kein Haus mehr, aber Nettoschulden in Höhe von 270 000 Mark. Der Mann hängt sich auf.

Das ist Deflation.

Pauline aus Australien

Zum Kern ist Meister Fisher nicht vorgestoßen, weil er nicht erklärt, warum denn eine so schwere und dauerhafte Krise wie die der 30er Jahre überhaupt **entstanden** war. Er sagt zwar (siehe oben), die Überschuldung hätte zur Depression geführt. Aber keine Krise startet doch gleich mit einer Depression!

Wir müssen den Prozeß als einen schleichenden begreifen. Die Staatsverschuldung unterhöhlt die Wirtschaft zunächst ganz sanft; keiner merkt etwas. Schon gar nicht jene illustren Trottel, die in der Staatsverschuldung etwas Gutes sehen, weil sie ja Arbeitsplätze schafft und die Wirtschaft »ankurbelt«.

Langsam, aber steigt die Verschuldung an, und ihre Effekte (Verrentung, Lähmung, Arbeitslosigkeit) sind deutlicher zu

sehen. Auch jetzt will diese noch keiner mit der Staatsverschuldung in Verbindung setzen. Da heißt es höchstens, jetzt müsse reformiert werden, man müsse alte Strukturen aufbrechen, sich dem globalen Wettbewerb stellen, zukunftsorientiert denken und handeln. Alles Larifari! Die Staatsverschuldung steigt weiter, die Arbeitslosigkeit erst recht. Keinem fällt auf, daß selbst größte Defizite und Mega-Ankurbelungsprogramme wirkungslos verpuffen, daß also schon vom Ansatz her etwas nicht stimmen kann mit der Staatsverschuldung. Der Ruf nach Reformen und nach Beseitigung des Reformstaus wird immer lauter. **Aber was soll noch groß reformiert werden?** Die Staatsbetriebe sind privatisiert, die Märkte offen und frei, die Gewerkschaften mucken kaum noch mit Lohnforderungen auf, sondern werfen ihr ganzes Gewicht in die Forderung nach gerechterer Verteilung der immer mehr schwindenden Arbeit.

Dann schlägt die Stimmung um. Die Bürger können das dauernde Reformgerede nicht mehr hören, niemand hat ein Rezept gegen die »strukturelle« Krise. Die Bürger wählen zur Abwechslung extremistische Parteien. Dazu muß man nicht nur an Deutschland denken. Im australischen Queensland, einem Staat ohne jegliche extremistische Geschichte, hat im Juni 1998 die Partei »One Nation« von Pauline Hanson 23 Prozent der Stimmen abgegriffen. Paulines Partei steht – verglichen mit deutschen Verhältnissen – weit rechts von DVU und Republikanern. Pauline haßt Ausländer, obwohl es in Queensland kaum Ausländer gibt. Sie ist für die Freigabe von Waffen, will Sozialhilfe für die Ureinwohner streichen und hält die UNO für eine riesige Verschwörung internationaler Finanziers, die die Weltherrschaft an sich reißen wollen. Ein wahlloser Mix aus hirnlosem Gequake.

Doch die Staatsverschuldung steigt weiter. Nicht nur in Queensland, sondern weltweit. Alsbald verdüstert sich das Gesamtbild wie eine Landschaft unter einem heraufziehenden Hurrikan. Die Krise startet, gerät alsbald außer Kontrolle, kann mit nichts mehr bekämpft werden und mündet schließlich in die Depression, aus der es keinen Ausweg gibt. Professor Paul Krugman vom MIT, den wir schon kennenlernen

durften, hat als mögliche Dauer der japanischen Krise »drei, vielleicht auch 20 Jahre« angegeben. In 20 Jahren liegt das japanische BIP dann bei einem Zehntel des heutigen.

Und dann heißt es auf einmal: Die Überschuldung ist schuld. Wie falsch! Es muß vielmehr heißen: Jede Staatsverschuldung führt über kurz oder lang zur Überschuldung (des Staates sowieso und dann der gesamten Wirtschaft). Doch dies wird erst bemerkt, wenn es zu spät ist.

Und on top die Guthaben

Irving Fishers Krisentheorie ist intelligent, weil sie zum erstenmal das Phänomen der Verschuldung, den Violinschlüssel der debitistischen Melodei, berücksichtigt. Doch zur Gegenbuchung der Verschuldung, den **Guthaben,** und der aus ihrer Existenz folgenden Katastrophe ist er nicht vorgestoßen.

Im dritten Anhang zu seinem Buch geißelt Fisher ausführlich die öffentliche Verschuldung. Die Staatsschulden der USA (Zentralstaat, Einzelstaaten und Kommunen) seien »enorm« gestiegen. Im Ersten Weltkrieg, den die USA nur kurz als Kombattant miterleben mußten, hatten sich die Staatsschulden **ver21facht,** die Staats- und Kommunenschulden stiegen zwischen 1922 und 1928 um **12,6 Prozent pro Jahr,** die Schulden der 146 größten Städte schossen von 1903 bis 1929 von 2,3 auf 7,1 Milliarden Dollar hoch. Die Banken weigerten sich, den überschuldeten Städten Chicago, Philadelphia, New York und anderen überhaupt noch was zu leihen. Insgesamt hob sich die gesamte öffentliche Schuld der USA von 1917 bis 1930 von 22,4 auf 91,7 Milliarden Dollar. In Großbritannien stieg die gesamte öffentliche Verschuldung zwischen 1914 und 1929 von 1,3 auf 8,8 Milliarden Pfund.

Aber Fisher stellt doch nur die öffentlichen Schulden an den Pranger, nirgends die gleich hohen Guthaben und den mit ihnen automatisch verbundenen Verrentungs- und Wirtschaftsvernichtungseffekt. Die **Vervierfachung** der Guthaben in den USA, die sich gegenüber einem nicht leistenden, also arbeitslose Einkommen schaffenden Schuldner Staat ergibt, beinahe

eine **Versiebenfachung** dieser Guthaben in Großbritannien – das war das Problem!

Der Letztschuldner aus diesen staatlichen Kreditvorgängen war übrigens Deutschland, denn es mußte alles in Form von **Reparationen** begleichen (Dawes-Plan, Young-Plan). Die amerikanischen, die britischen und die französischen Gläubiger genossen ungeheure Guthaben und waren hoch empört, als Deutschland Pleite machte. Kurz danach stellten alle Staaten die Zahlungen ein.

Die wahren **Kriegsgewinnler** waren die Staatsrentner in den Siegerstaaten – wenn auch nur vorübergehend. Sie bezogen arbeitslose Einkommen, die in dieser Höhe noch nie in der Weltgeschichte beobachtet worden waren, weder absolut noch relativ, bezogen aufs (deutsche) Sozialprodukt, aus dem sie hätten bedient werden sollen.

Diese arbeitslosen Einkommen, die immer schneller wuchsen, weil sich Deutschland zur Bezahlung der Reparationen immer tiefer verschulden mußte, waren der einzige Grund für die größte Wirtschaftskrise aller Zeiten.

Heute hat sich dies alles wiederholt. Zwar wurde der nach dem Ersten Weltkrieg begangene Fehler vermieden, indem Deutschland fast schuldenfrei aus dem Zweiten Weltkrieg entlassen wurde (was zu dem schnellen »Wirtschaftswunder« der 50er Jahre führen konnte). Dennoch wurde die Ursache aller großen Krisen nicht erkannt: die Staatsverschuldung als solche – egal ob sie im Krieg oder im Frieden entstanden ist.

So sind wir dazu verdammt, ein **Dakapo** zu erleben. Die Geißel der Massenarbeitslosigkeit ist die Vorhut der Apokalyptischen Reiter, die noch kommen werden. Wir erleben die Massenarbeitslosigkeit jeden Tag, sind aber nicht bereit, ihre wirkliche Ursache zu erkennen, und verschließen uns der Einsicht, daß es immer nur der Staat mit seiner Schuldenmacherei ist, der ins Verderben führt.

Was ist mit einem Verbot von Schulden?

Nun muß die Verschuldungsgrenze nicht irgendwo weit hinterm Horizont liegen. Sie kann sich schon zeigen, wenn von vorneherein untersagt wird – durch Tradition oder Gesetz –, überhaupt Schulden zu machen. Private Schulden notabene. Nichts ruiniert eine Wirtschaft gründlicher als ein allgemeines Verschuldungsverbot. Das gleiche gilt für das berühmte »Zinsverbot«, das in der Geschichte der Menschheit immer wieder diskutiert und erlassen wurde. Wo Zinsen verboten sind, werden keine Kredite vergeben, können keine Schulden gemacht werden.

Aber hat es **Zinsverbote** wirklich gegeben?

Schon das **Alte Testament** macht sich über die Schulden Gedanken. Im 3. Buch Mose lesen wir: »Wenn dein Bruder neben dir verarmt und nicht mehr bestehen kann, so sollst du dich seiner annehmen wie eines Fremdlings oder Beisassen, daß er neben dir leben könne; und du sollst **nicht Zinsen von ihm nehmen** noch Aufschlag, sondern sollst dich vor deinem Gott fürchten, daß dein Bruder neben dir leben könne. Denn du sollst ihm dein Geld **nicht auf Zinsen leihen** noch Speise geben gegen Aufschlag.«

Das Mosaische Zinsverbot richtet sich nicht gegen jedermann, sondern nur gegen die Stammesangehörigen (»Bruder«), was nichts Besonderes ist, wie auch heute noch eine Nachbarin, die einem mal ein Pfund Kaffee geliehen hat, dafür nicht nächste Woche 510 Gramm zurückhaben will.

Der 15. Psalm lehrt: »Wer sein Geld nicht auf Zinsen gibt und nimmt nicht Geschenke wider den Unschuldigen, wer das tut, wird nimmermehr wanken.« Auch das ist kein Zinsverbot, sondern ein Lob für einen Verzicht auf Zinsnahme, wenn es sich bei dem Schuldner um einen »Unschuldigen« handelt. Wir würden heute sagen: um jemanden, der »unverschuldet« in Not geraten ist. Bis heute gibt es Geldleihe gegen Rückforderung ohne Zins, um einem anderen »aus der Patsche« zu helfen.

Im **Neuen Testament** wird der Zins eindeutig bejaht – sogar der Wucher! Matthäus berichtet in Kapitel 24 und 25 von der

großen Rede Jesu auf dem Ölberg, in der er seine Lehre in Gleichnissen vorträgt, darunter ist auch das vom guten Verwalter: Ein Mann geht außer Landes und vertraut seinen Knechten sein Vermögen an. Der erste und der zweite Knecht **verdoppeln** das Geld auf zehn beziehungsweise vier Zentner Silber, der dritte aber legt das ihm anvertraute Geld nicht an, sondern vergräbt es in der Erde. Als der Herr zurückkommt, werden die beiden Verdoppler gelobt, mit dem dritten Knecht aber gibt es Ärger:

»Da trat auch herzu, der einen Zentner empfangen hatte, und sprach: Herr, ich wußte, daß du ein harter Mann bist: du erntest, wo du nicht gesät hast, und sammelst ein, wo du nicht ausgestreut hast.« (Klartext: Der Herr ist ein harter Hund, der es schätzt, wenn sich sein Geld rasant und beeindruckend vermehrt. Geld, das zu sechs Prozent Zins und Zinseszins angelegt wird, verdoppelt sich bekanntlich alle zwölf Jahre; vielleicht war der biblische Kapitalist so lange verreist? War er nur sechs Jahre weg, hätte der Zins bei zwölf Prozent liegen müssen, bei einem Fernbleiben von nur drei Jahren sogar bei 24 Prozent usw.).

Weiter schreibt Matthäus: »Sein Herr aber antwortete und sprach zu ihm: Du böser und fauler Knecht! Wußtest du, daß ich ernte, wo ich nicht gesät habe, und einsammle, wo ich nicht ausgestreut habe? Dann hättest du mein Geld zu den Wechslern bringen sollen, und wenn ich gekommen wäre, hätte ich das Meine wiederbekommen **mit Zinsen**. Darum nehmt ihm den Zentner ab und gebt ihn dem, der zehn Zentner hat.«

Dann der viele Christen bis heute empörende Schluß: »Denn wer da hat, dem wird gegeben werden, und er wird die Fülle haben; wer aber nicht hat, dem wird auch, was er hat, genommen werden. Und den unnützen Knecht werft in die Finsternis hinaus; da wird sein Heulen und Zähneklappern.«

Jesus befürwortet damit zweifelsfrei den klassischen kapitalistischen beziehungsweise debitistischen Prozeß unter Aufschuldungsbedingungen. Der Gläubiger wird immer **reicher,** der Schuldner immer **ärmer.** Und wer in diesem Prozeß versagt, geht ab in die Finsternis (= Bankrott).

Nach diesen klaren Worten Jesu ist unerfindlich, wieso das

Christentum ein Zinsverbot eingeführt haben soll. Schauen wir es uns an.

Das christliche Zinsverbot steht im »kanonischen Gesetz« (Corpus Juris Canonici), das Mitte des 12. Jahrhunderts der Mönch Gratian aus Bologna zusammengetragen haben soll. Das Wort »kanonisch« leitet sich ab vom griechischen Wort für »Regel« (kanon). Die Regeln, die für die Christen gelten (im Gegensatz zu den weltlichen Gesetzen), sind angeblich im 3. Jahrhundert festgehalten worden. Konkret faßbare Primärquellen dafür gibt es allerdings nicht.

Angeblich wurde auf dem Konzil von Nicäa im Jahre 325 den Geistlichen das Zinsnehmen verboten, ein Jahrhundert später allen Christen. Gratian schreibt, über 700 (!) Jahre später: »Auch für Laien ist das Wuchern verdammenswert« (Etiam laicis usura damnabilis). Dabei geht es nicht um Wucher im heutigen Sinne, also um »überhöhte« Zinsen, die auch das heutige moderne deutsche Strafgesetzbuch verbietet. Nein, es geht um jeglichen Zins, um jegliches Mehr: »Wer mehr annimmt, als er gegeben hat, verübt Wucher« (Qui plus quam dederit accipit, usuram expetit), egal ob es Geld ist, Weizen oder Wein. Die Ausdrücke in der grundlegenden Ausgabe des kanonischen Rechts (Leipzig 1839, Seite 147 und 630 ff.) sind sehr hart: »Schändliches Gewinnstreben begeht, wer für weniger einkauft, um für mehr zu verkaufen« (Turpe lucrum sequitur qui minus emit ut plus vendat). Oder: »Raub begeht, wer Wucher annimmt« (Rapinam facit qui usuram accipit).

Die Folgen dieser frühen christlichen Beschlüsse sind beachtlich, wenn sie auch erst nach der Erstveröffentlichung durch Gratian zutage treten. Papst Clemens V. erkärt das Zinsverbot auf dem Konzil von Vienne 1311 für absolut und allgemein gültig. Und der große italienische Dichter Dante (1265–1321) setzt den Wucherer in die unterste Abteilung des siebten Kreises der **Hölle,** als jemand, der Gott und der Natur Gewalt antut (Inferno XI, 46 und 95 ff.). Komisch, wo doch nach den Worten Jesu in der **Finsternis** verschwindet, der nicht wuchert!

Da wir vom Kirchenrecht **vor** der Niederschrift durch Gratian nur Bruchstücke kennen, die zudem, wie die vom Vatikan

verbreitete »Katholische Enzyklopädie« berichtet, zum größten Teil nicht ediert, also nicht nachprüfbar sind, muß die Frage gestellt werden, ob es so etwas wie ein Zinsverbot vor dem 12. Jahrhundert wirklich gegeben hat.

Was unter dem Namen Gratian kursiert, ist zunächst eine Zusammenstellung und Glattschreibung einander widersprechender früherer Texte oder Überlieferungen. Darauf läßt schon der ursprüngliche Titel der Sammlung schließen, der im Original »Concordantia discordantium canonum« lautete (Vereinheitlichung von einander widersprechenden Regeln).

Es ist nicht auszuschließen, daß Gratian eine Neuschöpfung ex nihilo fabrizierte, worauf der später lautende Titel seiner Sammlung schließen läßt, die schlicht »Decretum« hieß, also Beschluß, der (von oben) gesetzt wurde, wie der russische Präsident auch heute aus eigener Machtvollkommenheit »Dekrete« erläßt, die unmittelbar Gültigkeit haben.

Für die These einer willkürlichen Neuschöpfung spricht auch der zeitliche Zusammenhang von Zinsverbot, Wucher und Verdammnis, den der führende Mittelalterforscher Professor Jacques LeGoff entdeckt hat. Sein Buch »L'economie et la bourse« (Die Wirtschaft und die Börse) ist höchst lesenswert.

Interessanterweise wird zu derselben Zeit, da die Kirche zum erstenmal explizit behauptet, der Wucherer würde sich nach seinem Tod in Höllenqualen winden, auch das Fegefeuer entdeckt und – der Ablaß (vgl. ausführlich Nikolaus Paulus, Geschichte des Ablasses im Mittelalter vom Ursprunge bis zur Mitte des 14. Jahrhunderts, Paderborn 1922, und Jacques LeGoff, Die Geburt des Fegefeuers, Stuttgart 1984).

Jetzt wird ein Schuh daraus! Die Kirche hat zwei Nöte. Zum einen muß sie erklären, warum der verheißene Erlöser auch nach 1000 Jahren noch nicht erschienen ist. Zum anderen braucht sie Geld. So kommt ein kluger Kopf auf die Idee mit dem Fegefeuer, von dem in der Bibel kein Wort steht. Das Fegefeuer ist der Ort, an dem sich die Menschen zwischen Tod und Jüngstem Gericht aufhalten müssen, falls sie nicht als Märtyrer direkt ins Paradies gelangen. Um die Qualen des Feuers abzukürzen, kann der Christ sich freikaufen. Er erwirbt

den Ablaß (= Sündenerlaß). Und welche Sünde führt ins Feuer, zumindest ins vorübergehende? **Verkauf und Wucher!** Und wer hat das meiste Geld, sich vom Feuer freizukaufen? **Der Reiche!** Woher hat er seinen Reichtum? Vom ungerechten Preis und vom überhöhten Zins.

Übrigens: In der 1998 erstmals herausgegebenen Chronik des byzantinischen Historikers Theophanes wird das Konzil von Nicäa zwar erwähnt, das aber nur beiläufig in einer einzigen Zeile. Und von einem Zinsverbot, das damals angeblich ausgesprochen wurde und das die gesamte antike Weltwirtschaft revolutioniert hätte, ist nirgendwo die Rede.

Das kirchliche Zinsverbot ist ein Konstrukt.

Und was sagt Mohammed?

Auch im Koran lesen wir an einer Stelle etwas zum Thema Zins-, also Kreditverbot, und zwar in der 30. Sure der kongenialen Übersetzung von Friedrich Rückert (ediert von Hartmut Bobzin 1995). Die Sure trägt den rätselhaften Titel »Rom« und beginnt mit einem: »Besiegt ist Rom im nächsten Lande. Denn nach ihrer Besiegung werden sie siegen in etlichen Jahren ...«

Mitten in dieser Sure erscheinen ohne nachvollziehbaren Zusammenhang mit dem vorangegangenen und dem nachfolgenden Text die entscheidenden Verse (38/39):

> »Und was ihr bringt zu Wucher, daß
> Es wuchere am Gut der Menschen,
> Das wuchert nicht bei Gott;
> Doch was ihr bringet zu Almosen,
> Womit ihr suchet Gottes Antlitz:
> Die das thun, das sind die **Verdoppler**.«

In der ins Internet gestellten Homepage des Verbandes muslimischer StudentInnen der Oregon State University, wird die 30. Sure mit »Die Römer« (Ar-Rüm) überschrieben. Die 39. Sure steht dort in deutscher Sprache so: »Was immer ihr auf Zinsen verleiht, damit es sich vermehre mit dem Gut der Men-

schen, es vermehrt sich nicht vor Allah; doch was ihr an Zakat (Almosen) gebt, indem ihr nach Allahs Antlitz verlangt – sie sind es, die vielfache Mehrung empfangen.«

Aus beiden Übersetzungen ist kein Zinsverbot ersichtlich. Es ist nur die Rede davon, daß Zinsnehmen in der Form von Wucher (das arabische Wort ist »riba«) nicht gottgefällig sei.

In Paragraph 291 StGB der Bundesrepublik Deutschland steht: »Wer die **Zwangslage,** die Unerfahrenheit, den Mangel an Urteilsvermögen oder die erhebliche Willensschwäche eines anderen dadurch ausbeutet, daß er sich oder einem Dritten ... für die Gewährung eines Kredits ... Vermögensvorteile versprechen oder gewähren läßt, die in einem auffälligen **Mißverhältnis** zu der Leistung oder deren Vermittlung stehen, wird mit Freiheitsstrafe bis zu drei Jahren oder mit Geldstrafe bestraft.« In besonders schweren Fällen drohen sogar bis zu zehn Jahre Haft.

Insofern bietet der Koran eine völlig normale, undramatische Rechtslage.

In anderen Übersetzungen des Korans liest sich die Stelle noch etwas anders.

Reclam-Ausgabe: »Oh, die ihr glaubt, fresset nicht den Wucher in **doppelter Verdoppelung,** sondern fürchtet Allah.«

Pracht-Ausgabe: »Oh, die ihr glaubt, verzehret keinen Wucher, **verdoppelte Verdoppelung.**«

Goldmann-Ausgabe: »O ihr Gläubigen, greift nicht so gierig nach dem Wucher mit allen seinen **Verdoppelungen.**«

Was ist diese rätselhafte »Verdoppelung«? Ist das die gleiche Verdoppelung, die Jesus so gelobt hat?

Mohammed war Kaufmann. Daher war ihm das Phänomen des Zinses nicht fremd. Patricia Crome hat in ihrem Buch »Meccan Trade and the Rise of Islam« 1987 beschrieben, wie der Handel von Mekka aus nach Damaskus, nach Äthiopien und in den Jemen abgewickelt wurde. Die Karawanen waren lange Wochen unterwegs, und die Finanzierung der Warenströme wurde mit Hilfe von Schuldtiteln abgewickelt, die ihrerseits auf Termin gehandelt wurden, also Akkreditive, Handelswechsel o. ä.

Dabei, so Frau Crome, liege es in der Natur der Araber, sich über entsetzlich weite Distanzen zu bewegen, ohne viel davon

zu haben. Denn die wenigen Güter, die transportiert wurden (Kamele, Rinder, Sklaven, Schwerter, Duftstoffe, Edelmetalle), waren sowohl am Ausgangs- wie auch am Endpunkt der Karawanen ausreichend vorhanden. Entsprechend den kleinen Margen waren vermutlich die Zinssätze sehr gering.

Was mag Mohammed an den Minizinsen gestört haben? Als Kaufmann vermutlich gar nichts – es sei denn, er war mit seinen Geschäften pleite gegangen und suchte im Zins den Schuldigen? Was mag der rätselhafte Wucherzins »riba« gewesen sein? Die »Enzyklopädie des Islams« gibt 1936 unter dem Stichwort »riba« Auskunft: »... einem Schuldner, der das Kapital (Geld oder Waren) mit den dazugeschlagenen Zinsen zum Fälligkeitstermin nicht bezahlen konnte, (wurde) zwar Aufschub gewährt, zugleich aber die Schuldsumme **verdoppelt;** das ... entspricht einer noch heute üblichen Praxis.«

Damit ist das Phänomen der »Verdoppler«, von dem der Koran spricht, enträtselt: Mohammed hat nicht den Zins als solchen verboten, sondern die Bestrafung der säumigen Schuldner mit einer **Verdoppelung** der Schuld.

Das islamische Zinsverbot ist ein Konstrukt.

Warum ist der Zins bloß böse?

In jedem funktionierenden debitistischen Prozeß gibt es Zinsen und deshalb arbeitslose Einkommen. Sie müssen allerdings von jemandem ermöglicht werden, der seinerseits arbeiten muß, da er als Schuldner gezwungen ist, etwas am Markt anzubieten.

Je höher die arbeitslosen Einkommen steigen, desto mehr oder intensiver/produktiver **müßten** die anderen arbeiten, die diese Einkommen als Verpflichtung aus Kontrakten schuldig sind. Im debitistischen Prozeß muß der Schuldner nach Aufnahme seiner Schulden seinerseits sein Verhalten verändern (»sich anstrengen«), um die vorhandene Schuld und obendrein noch den Zins abzutragen.

Arbeiten bereitet »Arbeitsleid«, wie dies der liberale Ökonom Ludwig von Mises einmal genannt hat. Und da Arbeiten

immer aus einer Schuld resultiert, wird vermutlich der mysteriöse Zins verflucht. Schließlich kann der Mensch schlecht die Schulden verfluchen, denn er trägt doch den berühmten Doppelpack, die **Urschuld** und die **Kontraktschuld.**

Ein **Unternehmer,** der sich verschuldet, um zu investieren, muß dafür sorgen, daß er die investiven Schulden mit Hilfe der Produktion aus der Investition auf dem Markt abträgt (gesamtwirtschaftlich für alle Unternehmer: dort Nachschuldner findet, die sich ihrerseits netto neu verschulden, wie gehabt). **Das tut weh.** Der Unternehmer wird in durchwachten Nächten den Tag verfluchen, da er zum erstenmal zur Bank gegangen ist und sich verschuldet hat.

Der **Verbraucher,** der sich für Haus-, Einrichtungs- und Autokauf verschuldet, muß mit höherem Einkommen dafür sorgen, daß er seine Schulden bedienen und abtragen kann (damit er aber ein höheres Einkommen erzielt, muß sich sein Arbeitgeber seinerseits wieder verschulden usw. usf.). **Das tut weh.** Auch der Verbraucher wird den Tag verfluchen, da er den Ratenkredit unterschrieben hat. Und der Unternehmer wird nochmals fluchen, weil er den Arbeitnehmer überhaupt eingestellt hat (noch dazu, wenn der dauernd krankfeiert oder in Mutterschaftsurlaub geht, woran aber weder der Kranke noch die Schwangere »schuld« ist).

So oder so: Wenn Schulden in der Welt sind, muß gearbeitet werden, um sie abzutragen. Je höher die Schulden sind, desto mehr muß gearbeitet werden.

Mit Staatsschulden, für die leider niemand arbeitet, wird der ganze Vorgang vollends unerträglich. Wer sich nicht mit arbeitslosen Einkommen zur Ruhe setzen kann, muß immer härter klotzen. Das hat zwei simple Gründe: Zum einen nimmt mit der Summe der Staatsschulden, die sich aufgetürmt haben, die Zahl derer ab, die überhaupt noch arbeiten müssen. Zum zweiten müssen diejenigen, die sich verschulden müssen, um am Markt mithalten zu können, einen viel zu hohen Zins bezahlen. Der Zins wiederum ist zu hoch, weil der Staat als Schuldner in Konkurrenz zu privaten Schuldnern getreten ist.

So wird der Zins verflucht. Er ist böse.

Warum tun die Unternehmer nix?

Was haben wir gelernt?

Das haben wir gelernt: Sobald ein Schuldner erscheint, der zwar Schulden machen kann und darf, danach aber keine Anstalten trifft, durch zusätzliche Anstrengungen (bei sich oder bei anderen, die er zu solchen zusätzlichen Anstrengungen zwingen könnte) Zins und Tilgung zu erwirtschaften, erhält der Gläubiger dieses nichtleistenden Schuldners ein arbeitsloses Einkommen, für das nicht nur er nicht, sondern auch kein anderer arbeitet.

Das Problem ist überdeutlich: Ein Arbeitsloser bietet seine Arbeitskraft ja nur an, weil er seine **Urschuld** bedienen muß und **kein** arbeitsloses Einkommen bezieht. Hat sein potentielles Gegenüber am Arbeitsmarkt aber kein Interesse daran, Arbeitsplätze anzubieten, findet der Arbeitslose keine Arbeit.

Dieses Phänomen haben wir als **Siemens-Syndrom** schon kennengelernt. Wie bei Siemens ist es bei vielen anderen Konzernen auch. Die Deutsche Bundesbank hat im März 1998 eine große Studie abgeschlossen, in der die Bilanzen von mehr als 22 000 deutschen Unternehmen analysiert werden (»Verhältniszahlen aus den Jahresabschlüssen westdeutscher Kapitalgesellschaften von 1987 bis 1996«).

Die Bilanzen deutscher Unternehmen haben auf der Aktivseite, auf der ihr »Vermögen« aufgelistet ist, **Anlagevermögen** und **Umlaufvermögen**. Zum **Anlagevermögen** zählen die Grundstücke, ohne die es keine Fabriken geben kann, die technischen Anlagen und Maschinen, ohne die keine Produkte hergestellt und keine Arbeitnehmer beschäftigt werden können. Zum **Umlaufvermögen** zählen die Vorräte der Unternehmen, dann die Forderungen, die in Geld ausgedrückt werden, weil entsprechende Beträge auf den Rechnungen stehen, die hinausgegangen sind. Danach kommt die Position Wertpapiere. Das sind verbriefte Guthaben, die den Unternehmen Zinsen bringen.

Zum Schluß kommt noch die Cash-Position, in der die Liquidität der Unternehmen aufgelistet ist: Guthaben bei Kreditinstituten, Schecks und Kassenbestand. Fertig.

Ein Produktionsunternehmen ist nun keine Bank und auch

keine Vermögensverwaltung. Ein Unternehmen ist dazu da, etwas zu **unternehmen,** und das heißt, mit Hilfe des Einsatzes von Fabriken und Maschinen alte Arbeitsplätze zu bewahren und neue zu schaffen. Natürlich schaffen auch Banken und Vermögensverwaltungen Arbeitsplätze, aber die lassen wir mal weg. Ohne Arbeitsplätze in **Unternehmen** gäbe es nämlich keine Arbeitsplätze in irgendeiner Bank.

Auch Banken, die nur **Konsumentenkredite** vergeben haben, sind schnell am Ende, wenn die Konsumenten ihrerseits nicht arbeiten, weil sie keinen Arbeitsplatz haben. Dann könnten die Konsumenten die Schulden, die sie gegenüber der Bank haben, weder verzinsen noch tilgen. Eine Bank, deren Forderungen nicht durch **Arbeit** und entsprechende Arbeitseinkommen gedeckt sind, geht unter.

Jede Bank ist also nur ein **Derivat,** ein von der wirklichen, der realen Wirtschaft abgeleitetes Ding.

Das hochgebuchte Nichts

Wie ist das nun mit den Wertpapierbeständen und den Finanzanlagen der Unternehmen? Sind die Unternehmen wirklich sicher, daß hinter den Wertpapieren Menschen aus Fleisch und Blut stehen, die tatsächlich arbeiten, oder vermuten sie es nur?

Sind diese Wertpapiere **Nonvaleurs,** wertloses Papier, weil niemand da ist, der dafür arbeitet? Obwohl für diese Wertpapiere sogar Zinsen gezahlt werden, die möglicherweise aber immer nur durch Verkauf neuer Wertpapiere »erwirtschaftet« werden? Sind die Wertpapiere in Tat und Wahrheit ein hochgebuchtes, ein hochverzinsliches Nichts?

Wertpapiere haben in der Bilanz eines Produktionsbetriebes nichts zu suchen. Siemens, zweifellos ein Industriekonzern, beschäftigt rund 400 000 Menschen weltweit. Würde das Unternehmen die 20 Milliarden Mark Wertpapiere, die es hält, in Fabriken investieren und dabei für einen Arbeitsplatz 50 000 Mark ansetzen, könnte Siemens mit einem Schlag 400 000 Menschen zusätzlich in Lohn und Brot bringen, also die Belegschaft fast verdoppeln.

»Warum macht Siemens das nicht?« habe ich Siemens-Chef Heinrich von Pierer gefragt. Er antwortete: »Weil es sich nicht lohnt. Die neuen Fabriken würden sich schlechter rentieren als die Wertpapiere.«

Denken wir dieses Argument zu Ende, müßten auf Dauer alle Unternehmen ihre Aktivseiten in Wertpapiere umwandeln. Sie würden die Fabriken allmählich abschreiben, auslaufen lassen, schließen. Sie würden die Arbeiter entlassen, weil das, was man mit Arbeitern verdient, niedriger ist als das, was man als Unternehmer auf dem Kapitalmarkt gewinnt, indem man nichts »unternimmt«.

So werden Unternehmer Unterlasser

Nach der Bundesbankstatistik schwanken über einen Zeitraum von fast zehn Jahren die Prozentsätze, mit denen »Wertpapiere« in der Bilanz erscheinen, zwischen 2,89 und 4,55 Prozent. Multipliziert man die Prozentsätze mit den jeweiligen Gesamtbilanzsummen der betreffenden Jahre, erhält man diese Kurve:

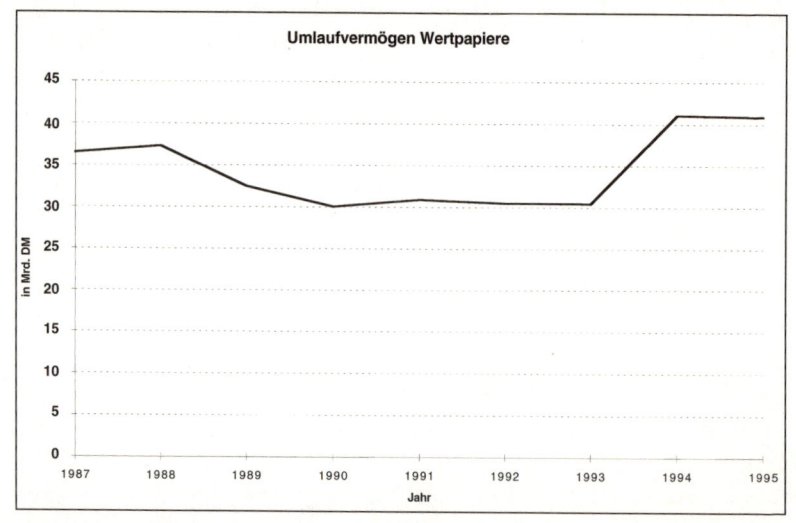

Abb. 22 a *Entwicklung des Bestandes an Wertpapieren in den von der Bundesbank untersuchten deutschen Unternehmen (jeweils mehr als 22 000 Betriebe des verarbeitenden Gewerbes, von Bau und Handel).*

In absoluten Zahlen ist die Summe der Wertpapiere, die übrigens wie alles in deutschen Bilanzen nach dem gesetzlich vorgeschriebenen Niederstwertprinzip verbucht werden müssen – also zum Anschaffungskurs oder zum Kurs am Bilanzstichtag, je nachdem welcher Kurs der niedrigere ist – offenbar nur mäßig angestiegen.

Bei allen Unternehmen stiegen die Wertpapierbestände zwischen 1987 und 1994 von 36,5 auf 40,1 Milliarden Mark. Bei den Großunternehmen mit mehr als 79 Millionen Mark Jahresumsatz stiegen die Wertpapierbestände zwischen 1987 und 1995 von 35,9 Milliarden auf 40,3 Milliarden Mark. Insgesamt ist das eine Steigerung um knapp zehn, bei Großunternehmen um mehr als zwölf Prozent.

Aber nicht nur dieser Anstieg ist interessant, sondern auch die Entwicklung der Kurve über die Zeit. Im Bilanzjahr 1989/90 lag der Wertpapierbestand am tiefsten, nämlich bei allen Unternehmen bei genau 30 Milliarden. Ein Jahr später, 1991, hatte die Arbeitslosenquote in den alten Ländern mit 5,7 Prozent ihren tiefsten Stand seit Beginn der 80er Jahre erreicht. Das darf nun keinen mehr wundern. Denn die Wertpapiere wurden – bildlich gesprochen – in Arbeitsplätze verwandelt.

In den 90er Jahren stieg die Arbeitslosigkeit immer weiter an, in den westlichen Bundesländern von 5,7 auf 9,8 Prozent 1997. Das ist ein Plus von 72 Prozent. Logischerweise stieg auch der Wertpapierbestand immer mehr an – und zwar um fast 34 Prozent. Aus Arbeitsplätzen wurden wieder verzinsliche Papiere.

Umkehrschluß: Statt Arbeitsplätze zu halten oder in neue zu investieren, haben die Unternehmer ihre Firmen **verrentet**. Statt neuer Maschinen und Fabriken wurden Wertpapiere angeschafft und Arbeitnehmer in Massen vor die Tür gesetzt. Geld war genug vorhanden, es floß eben nur in sichere Kanäle statt in unternehmerisches Wagnis. Die deutsche Wirtschaft hat versagt, weil es so einfach war, zu versagen. Statt neue Marktchancen zu suchen, hat man sich auf molligen Polstern ausgeruht.

Diese Kurve läßt sich sehr schön mit der Entwicklung der Arbeitslosigkeit vergleichen (alte Bundesländer):

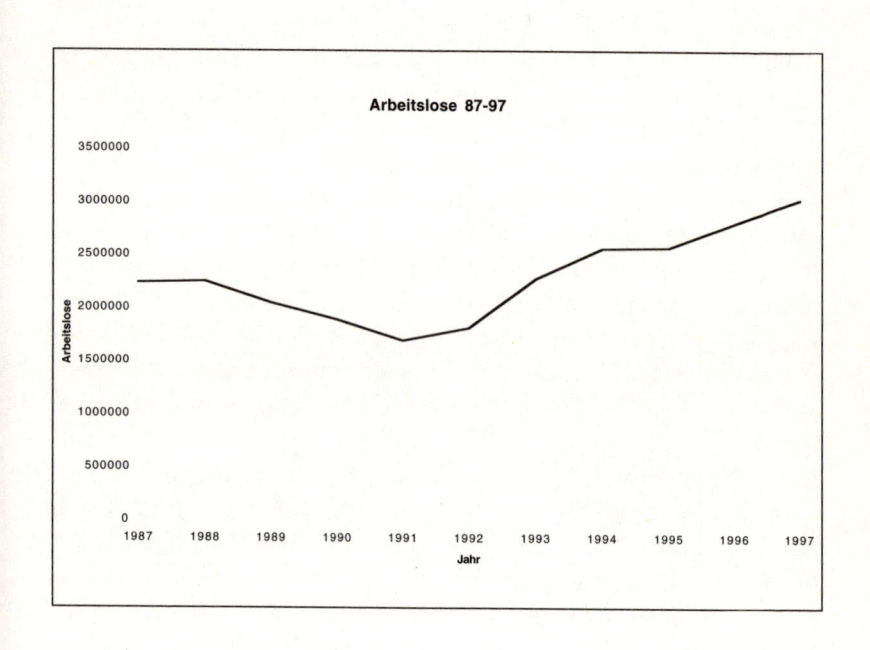

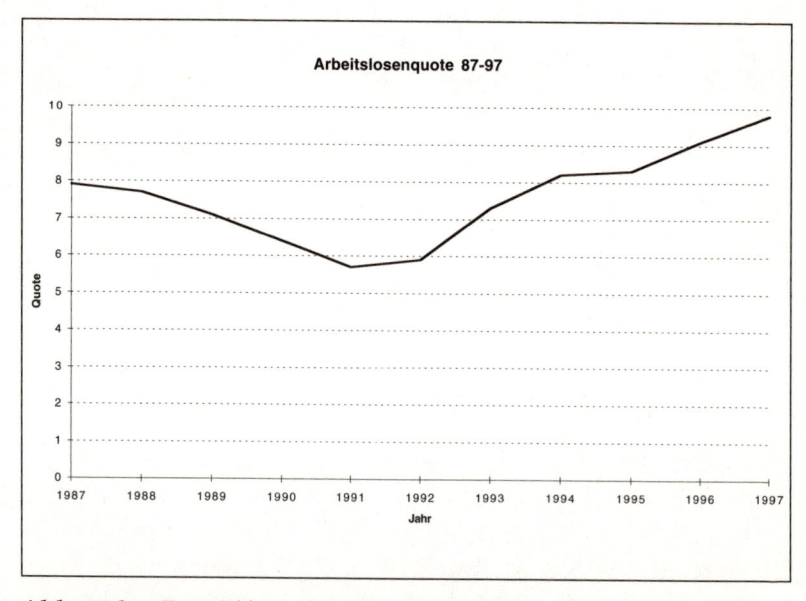

Abb. 22 b *Entwicklung der Arbeitslosen und der Arbeitslosenquote in den alten Bundesländern. Die Kurven sind mit der anderen fast identisch: Fall bis 1990/91, Wiederanstieg ab 1992/93.*

Die Schlußfolgerung ist ziemlich klar: Beide Kurven verlaufen parallel. Vor allem: Je stärker der Bestand an Wertpapieren steigt, desto stärker steigt die **Arbeitslosigkeit**. Doch das ist noch nicht alles. Die Wertpapiere werden – wie erwähnt – nach dem Niederstwertprinzip in die Bilanz genommen und mit den entsprechenden Zahlen von der Bundesbank ausgewertet. Von 1990 bis 1997 ist die Umlaufrendite der börsennotierten Bundeswertpapiere (der Wertpapiere schlechthin) von 8,85 auf rund fünf Prozent gefallen. Spiegelbildlich stieg der aktuelle (nicht in der Bilanz erscheinende!) Wert aller festverzinslichen Wertpapiere um 16,5 Prozent. Das machte es für die Firmen, vor allem die Großunternehmen, noch attraktiver, Wertpapiere zu halten, als Arbeitsplätze zu schaffen. Wer verzichtet schon gern auf sichere Kursgewinne und macht sich bei der Planung und Realisierung von zusätzlichen Arbeitsplätzen die Finger schmutzig?

Bei der Cash-Position der Firmen (Guthaben bei Kreditinstituten, Schecks und Kassenbestand) ergibt sich ein ähnliches Bild. An jederzeit verfügbarer Liquidität hatten 1987 alle Unternehmen (über 22 000) 54,3 Milliarden Mark. Der Betrag fiel 1990 auf 50,3 Milliarden und stieg bis 1995 wieder auf 53,4 Milliarden.

Schließlich zu den Finanzerträgen, die im besagten Zeitraum von 1,79 auf 2,23 Prozent der Nettoumsätze stiegen; und zum Personalaufwand, der von 21,65 auf 19,43 Prozent der Umsätze gesunken ist.

Der Weg zur Vollbeschäftigung? Ganz einfach: Umkehr!

Das Ost-Desaster

Die Arbeitslosigkeit in den neuen Bundesländern ist besorgniserregend hoch. Als die »Bild«-Zeitung große deutsche Konzerne gefragt hat, warum sie denn nicht in den neuen Ländern investieren würden, kam als Antwort: Wir haben doch investiert, da und dort. Jedes Unternehmen konnte ein Ostinvestment als Feigenblatt vorzeigen. Mehr nicht. Und vielleicht ist es auch zuviel verlangt, daß alle Unternehmen den Gegenwert

ihrer Wertpapiere in Ostinvestments verwandeln, schließlich gibt es auf der weiten Welt andere und bessere Investitionsmöglichkeiten, zum Beispiel in den USA, wo die deutschen Unternehmen gewaltig investiert haben – bis hin zu kompletten Autofabriken (BMW, Daimler-Benz).

Doch selbst wenn man die ganze Welt einbezieht, bleibt doch die Frage: Warum halten sich die Unternehmen bei Investitionen zurück und entledigen sich nicht ihrer Wertpapiere, indem sie in reale Dinge investieren und Arbeitsplätze schaffen – und sei es in Bangladesch?

Weltweit gibt es 800 Millionen Arbeitslose, und wenn man die Gesamtsumme aller Wertpapiere in allen Bilanzen von Produktionsunternehmen mit zusammen vier bis fünf Billionen Mark (hochgerechnet) annimmt und die Kosten für einen Arbeitsplatz weltweit im Durchschnitt mit 50 000 Mark, könnten die Firmen schlagartig 80 Millionen neue Arbeitsplätze schaffen.

Und da ein privat (nicht vom Staat) geschaffener Arbeitsplatz automatisch andere Dauerarbeitsplätze nachzieht, zum einen auf der Lieferantenschiene (Bauarbeiter, Maschinenbauer, Beschäftigte bei Zulieferern) und zum anderen auf der Konsumschiene (Lebensmittelfabriken, Fahrradbauer, Haushaltsgerätehersteller), würden aus den 80 Millionen Ersteinstellungen sehr schnell weitere 80 Millionen und weitere ...

Die Welt käme endlich aus dem unhaltbaren Zustand heraus: immer mehr Wertpapiere, immer weniger Arbeitsplätze.

Wertpapiere = Staatspapiere

Nach den Statistiken des Internationalen Währungsfonds beträgt der Anteil der verbrieften Staatspapiere an allen Wertpapieren (ohne Aktien) 68 Prozent. Da es in Deutschland so gut wie keine Industrieobligationen gibt (nur ca. 4,5 Milliarden), können wir uns für den Vergleich auf Bankschuldverschreibungen und Anleihen der öffentlichen Hand beschränken, die einen machen ca. 2000 Milliarden aus, die anderen knapp 1400 Milliarden. Also 70 Prozent der ersteren.

Auch dieses Verhältnis hat sich komplett umgestülpt. 1981 kursierten 484 Milliarden Bankschuldverschreibungen und 127 Milliarden Anleihen der öffentlichen Hand. Die Staatspapiere machten damals also gerade 26 Prozent der Bankpapiere aus. 26 und 70 Prozent – **das ist der Unterschied zwischen der damaligen guten Beschäftigungslage und der heute grassierenden Massenarbeitslosigkeit.**
Zuletzt noch ein Blick auf die Kredite, die die Banken dem Staat direkt gegeben haben. Die sind in den 90er Jahren von etwas mehr als 500 auf inzwischen fast 900 Milliarden Mark hochgegangen, ein Anstieg um ca. 80 Prozent. Schön für die Banken, daß sie einen so sicheren Schuldner gefunden haben wie den Staat!

Nur leider schlecht für die Arbeitslosen, daß dieses Geld nicht an mutige Unternehmer geflossen ist, die damit Arbeitsplätze hätten schaffen können. Der Staat hat die zusätzlichen 400 Milliarden bekanntlich verplempert. Wenn private Unternehmer das Geld angefaßt hätten, wäre jener Drive in die Wirtschaft gekommen, der uns aus der heutigen Paralyse erlösen würde.

Mit 400 Milliarden Mark hätte man mindestens zwei Millionen Arbeitsplätze schaffen können, bei einfacher Ausstattung sogar acht Millionen!

Was wäre, wenn ...?

Das zwingt zu folgenden Überlegungen:
1. Was wäre, wenn es diese Staatspapiere oder Staatskredite nicht gäbe, wenn der Staat also niemals Schulden gemacht hätte? Zweifellos wäre der Zinssatz niemals auf jene astronomischen Höhen geklettert, wie wir sie seit den 70er Jahren beobachtet haben, als die Staatsschuldenmanie die Welt heimzusuchen begann. Es gibt keine Phase der Weltgeschichte, in der es über einen so langen Zeitraum so hohe Zinssätze gegeben hat, wie bei Sidney Homer in seinem Buch »History of Interest Rates« (Geschichte der Zinssätze) nachzulesen ist.
2. Das Weltkreditsystem wäre niemals so aufgepumpt wor-

den, wenn sich nicht der Staat als Schuldner eingemischt hätte, dem bekanntlich jedermann vertraut und der von den internationalen Kreditbewertungsagenturen (credit ranking agencies) wie Moody's und Standard & Poors allerbeste Benotungen erhalten hat – zumeist das begehrte Triple-A (AAA), das außer dem Staat nur eine Handvoll internationaler Spitzenunternehmen und Banken erringen konnte wie Siemens, Daimler-Benz oder Deutsche Bank.

3. Ohne den AAA-Schuldner Staat hätte es nie die Möglichkeit gegeben, jene Milliardenausgaben zu starten, die der Staat mit Hilfe seiner Schulden finanziert hat. Die Weltwirtschaft wäre nicht so künstlich aufgebläht worden, es hätte keine unsinnigen Subventionen gegeben, die Strukturen erhalten, die der Markt längst beseitigt und durch bessere, weil von den Menschen wirklich gewollte ersetzt hätte.

Wie schnell sich übrigens die AAA-Titulatur bestbeleumundeter Staaten verflüchtigt, zeigt das Beispiel Japan. Dieses Land galt neben den USA, Deutschland und der Schweiz als feinster Schuldner weltweit; seit Japan im Würgegriff der deflationären Depression ächzt, die ihrerseits eine Folge der hohen Staatsverschuldung ist – Überschuldung des Staates, Verrentung der die Titel haltenden, immer ängstlicher werdenden Bevölkerung –, leiht kein Mensch mehr freiwillig Geld nach Japan. Japan ist sowieso ein hoffnungsloser Fall. Schon die offen ausgewiesenen Staatsschulden liegen bei mehr als 150 Prozent des BIP. Japan dürfte also nie und nimmer den Euro statt des Yen einführen, selbst wenn es wollte. Denn in Euroland sind 60 Prozent vorgeschrieben. Dazu kommen noch unfundierte Rentenschulden in mehrfacher Höhe des BIP. **Der Gesamtbankrott Japans kommt so sicher, wie die Sonne untergeht.**

4. Vor allem wäre vom Staat nicht das Nichtarbeiten subventioniert worden, worauf die Politiker mit ihren Sozialprogrammen hinarbeiten, um die Wähler für sich zu gewinnen. »Politik«, sagte mir einmal ein mittelständischer Unternehmer, »ist, den Wähler mit seinem eigenen Geld zu bestechen.« Ein kluger Satz, denn das Geld für die unerhörten Segnungen, die der Politiker über dem Wähler ausgießt, muß immer »zu-

sätzliches« Geld sein. Wenn der Bürger merken würde, daß er nur deshalb Steuern zahlt, um das Geld anschließend, abzüglich der Kosten für den Staatsapparat, Politikerdiäten und Beamtenpensionen, zurückzukriegen, hätte er die Veranstaltung längst beendet. Das »zusätzliche« Geld muß sein, damit der Politiker so tun kann, als gäbe er mehr aus, als ihm anvertraut wurde. Das zusätzliche Geld sind die mit **Schulden** finanzierten Programme.

5. Diese Staatsschulden dürfen aber keinem weh tun. Würden die Politiker sagen: Ihr müßt uns 1000 Mark leihen, damit wir jetzt was Schönes tun können, aber in zehn Jahren müßt ihr dann 2000 Mark mehr Steuern zahlen – kein Mensch, der bei Verstand ist, würde so ein Spielchen mitmachen!

Also müssen die Politiker sagen: In zehn Jahren wären eigentlich 2000 Mark Steuern fällig. Aber keine Angst, keiner muß sie bezahlen, wir leihen uns auch dieses Geld, wie gehabt. Und in weiteren zehn Jahren, wenn 4000 Mark Steuern fällig wären, um die Schuld endlich aus der Welt zu schaffen, sagen die Politiker: Bleibt ganz entspannt, liebe Bürger, auch diese 4000 Mark muß keiner bezahlen. Denn wir leihen sie uns – wie immer.

Wenn jemand sich immer wieder neues Geld leihen darf, egal ob für Zinsen oder gegen Rückzahlung, muß er natürlich niemals dafür arbeiten. Und wer die Zinsen kassiert, muß auch nicht arbeiten. Denn es ist angenehmer, von seinen Zinsen zu leben als von seiner Hände Arbeit.

Der Staat kann sich verschulden, ohne anschließend dafür arbeiten zu müssen. Und der Staat zwingt auch keinen, zu arbeiten, damit die Steuern fließen, mit deren Hilfe die Staatsschuld endlich getilgt wird.

Natürlich zahlt ein Unternehmen wie Siemens Steuern, 1997 genau 927 Millionen Mark. Das ist die **Strafe** dafür, daß Siemens arbeitet. Siemens hat in seiner Bilanz auch Zinseinkünfte, und zwar 824 Millionen Mark. Das ist die **Belohnung** dafür, daß Siemens nicht arbeitet. Die höchste Belohnung kommt vom Staat.

Die asiatischen Gangstersyndikate

Ein nichtleistender Schuldner kann gelegentlich auch jemand sein, der sich einen Kredit beschafft und diesen – statt ihn zu investieren – für sich verwendet: der Fall Schneider/Deutsche Bank. Der Baulöwe Jürgen Schneider lieh sich Geld und verwendete es für sich oder transferierte es auf Geheimkonten ins Ausland, statt es für die angesagten Bauinvestitionen auszugeben.

Da es in der freien Wirtschaft, so sie funktioniert, strenge Kreditverwendungskontrollen gibt und Vollstreckungsdrohungen, sind private nichtleistende Schuldner in einem funktionierenden Rechtssystem die Ausnahme. Pleiten gibt es immer wieder – auch solche mit kriminellem Hintergrund.

Die **Asienkrise,** die Mitte 1997 ausbrach, hat enthüllt, daß im Fernen Osten seit Jahrzehnten **Hochleistungskriminelle** zugange waren. Die westlichen Banken, die Hunderte von Milliarden nach Asien verliehen hatten, mußten zu ihrer Überraschung feststellen, daß sie belogen und betrogen worden waren. Es gibt in Asien noch nicht einmal ein funktionierendes **Konkursrecht.** Wer sein Geld wiedersehen möchte, kann in nichts vollstrecken, er greift ins Leere.

Als ich im Frühjahr 1998 Südkorea bereiste, wurde mir gesagt, daß es in Seoul nur vier Konkursrichter gebe, die bereits mehr als 26 000 Fälle bearbeiten würden, also bis ins übernächste Jahrhundert voll ausgelastet seien. Zahlungsunfähige Firmen dürfen einfach weiterwursteln. Sie kriegen zwar keine Bankkredite mehr, können aber immer noch produzieren. Keiner darf die auf Pump gekauften Maschinen wieder abholen, noch werden unrentable Anlagen stillgelegt und dann von neuen Eigentümern mit neuem Kapital weiterbetrieben. Die Arbeiter werden mit dem bezahlt, was hereinkommt. Wenn sie entlassen werden sollen, streiken sie den Betrieb vollends zugrunde.

In Indonesien und Thailand sind Firmenkonkurse überhaupt nicht geregelt. So konnten immer neue Kredite auf alte getürmt werden, die unsinnigsten Projekte bis hin zu Flugzeugfabriken liefen weiter, obwohl sie keinerlei Chancen hat-

ten, jemals marktfähige Produkte kalkulieren zu können, rechnet man die über Kredit finanzierten Anlaufverluste ein. Malaysia leistete sich den höchsten Wolkenkratzer der Welt, Mieter sind kaum in Sicht. Die Kredite, die den Größenwahn finanziert haben – adieu!

Am schlimmsten trieben es die Japaner. Fast jede Bank ist pleite, denn die Immobilien, die sie beliehen haben, sind nur noch einen Bruchteil von früher wert, und die gewaltigen Aktienpakete, die sie halten, dürfen zu Kursen in der Bilanz gehalten werden, die längst nicht mehr der Wirklichkeit entsprechen. Japan ist bei Licht besehen ein **Gangstersyndikat,** und gegen das, was dort abgeht, sind die Machenschaften des Jürgen Schneider ein mattes Säuseln.

Und was tut Japan? Die internationale Staatengemeinschaft hat die Regierung aufgefordert, die Steuern dauerhaft zu senken (die Ausgaben müßten natürlich noch viel stärker gesenkt werden). Das hat der einst amtierende Ministerpräsident Hashimoto **bejaht** und zwei Tage darauf **verneint,** wie die beiden führenden Wirtschaftszeitungen der Welt meldeten:

Hashimoto Urges Permanent Tax Cuts

Hashimoto denies plans for permanent tax cuts

Abb. 23 *Schlagzeile des »Wall Street Journal« vom Montag, 6. Juli 1998: »Hashimoto drängt auf dauerhafte Steuerkürzungen«. Darunter Schlagzeile der »Financial Times« ebenfalls vom 6. Juli 1998: »Hashimoto lehnt Pläne zur permanenten Steuerkürzung ab.«*

So etwas muß sich die zivilisierte Welt bieten lassen! Wo sind wir denn?

Ginge es mit rechten Dingen zu, müßte Japan sofort **sämtliche Banken schließen** und den Sparern mitteilen: Ihr habt

jetzt sehr viel Geld verloren. Im Klartext (und von der Regierung offiziell zugegeben): 1,2 Billionen Mark verlorene Kredite. Aber da Sparer Wähler sind, werden ihre Guthaben vom Staat garantiert und als zusätzliche Staatsschuld ausgewiesen. Das soll mit Hilfe einer **Überbrückungsbank** geschehen, was nur ein weiteres Tarnwort für Gangstersyndikat ist.

Aber selbst kriminelle Methoden lösen nicht etwa das Problem, sondern verschärfen es nur. Sparer, die überhaupt nicht merken, was da abgeht, werden noch ängstlicher auf ihrem Geld rumglucken, statt es auszugeben; Staatsschulden und Arbeitslosigkeit werden sich noch schneller in die Höhe schrauben. Am Ende steht der Gesamtbankrott von Staat und Gesellschaft.

Die Amigos und der Währungsfonds

Es ist auch die Schuld der internationalen Gemeinschaft und vor allem ihres Finanzschilds, des sogenannten **Internationalen Währungsfonds (IWF)**, daß Gangstermethoden um sich greifen konnten und sich die Dinge weltweit immer rascher zum Schlechteren wenden.

Der **IWF**, an dem auch die Bundesrepublik beteiligt ist, eilt immer dann zur Stelle, wenn sogenannte Finanzkrisen eintreten. Eine Finanzkrise ist eine schnell um sich greifende Zahlungsunfähigkeit, die schließlich nationale Dimensionen annimmt.

Dann greift der **IWF** ein, Klartext: Er ersetzt die verlorenen Gelder, die verloren sind, weil die Schuldner nicht mehr zahlen können oder wollen, indem er sie in **seine** Bücher nimmt und so dem betroffenen Land hintenrum Milliarden gibt, die fehlen. Da sich der IWF das Geld nicht schnitzen kann, muß er es sich selbst irgendwo abholen. Das geschieht durch »Kapitalerhöhungen«, Klartext: Die Mitgliedstaaten müssen – entsprechend einer Quote – ihrerseits für die Kredite geradestehen. Langer Rede kurzer Sinn: Den letzten beißen die Hunde, und das ist der **deutsche Steuerzahler** (der von dem Ganzen erst recht keine Ahnung hat).

Nachdem der IWF immer schon mal ein bißchen Feuerwehr gespielt hat, ging er bei der **Mexikokrise** 1995 in die vollen. Das Land bekam 50 Milliarden Dollar, um eine landesweite Pleite zu verhindern. Dies geschah auf besonderen Wunsch des US-Finanzministeriums, das eine Finanzkrise vor seiner Haustür nicht gebrauchen konnte. Das hätte den schönen US-Aufschwung gefährdet und vor allem die steile Aufwärtsbewegung an der Wall Street. **Ein Mexiko-Crash hätte Minuten später einen Aktien-Crash ausgelöst.**

1997 vergab der IWF mehr als 100 Milliarden an Thailand, Indonesien und Südkorea. Mitte 1998 wurde ein Elf-Milliarden-Dollar-Paket für das in einer »Finanzkrise« steckende Rußland geschnürt.

Das meiste Geld, das der IWF austeilt, ging, so die »Financial Times« in einer ausführlichen Analyse am 4. Juni 1998, an private Investoren. Damit sind wir schon mitten im Problem: Sobald private Investoren merken, daß ihnen am Ende doch »nichts passieren« kann, weil der IWF mit seinen dicken Schecks winkt, werden sie leichtsinnig. Zum Schluß nutzen sie das System regelrecht aus. Professor Charles Calomiris von der New Yorker Columbia Business School erkannte: »Ich befürchte, daß die Banken gemerkt haben, daß sie jede Menge Kredite vergeben können, ohne daß sie pleite gehen, weil der IWF und das US-Finanzministerium sie schützen.«

Olé, muchachos, laßt auch ihr alle Skrupel fahren!

Nachdem der Amigo Mexiko gerettet war, schossen die Bankkredite in Südkorea, Indonesien, Malaysia, Thailand und den Philippinen senkrecht in die Höhe: Das Institut für Internationale Finanzen in Washington hat aufgelistet: Anstieg der neuen Bankkredite zwischen 1994 und 1996 von 23,4 auf 55,7 Milliarden Dollar, Vergabe langfristiger verbriefter Kredite (Bonds) von 2,4 auf 22,7 Milliarden, die Ausleihungen für Direktinvestitionen stiegen um 50 Prozent auf 18 Milliarden Dollar. Alles selbstverständlich ohne Sicherheiten!

Nun ist das ganze schöne Geld weg, und die »Financial Times« schlußfolgert: »Die Besorgnis wächst, daß solches internationale Rauspauken das **unverantwortliche** Verhalten ausländischer Anleger und Banken erst ermutigt.«

Der uns schon bestens bekannte Professor Allan H. Meltzer von der Carnegie-Mellon-Universität im amerikanischen Pittsburgh, einer der klügsten Köpfe der monetaristischen Schule der modernen Nationalökonomie, ein Mann, der internationale Großanleger, auch deutsche, bei ihrer Anlagestrategie berät, erklärte auf dem Konstanzer Seminar zur Geldtheorie und Geldpolitik (zu dessen Gründungsvätern zu zählen ich die Ehre habe) unumwunden: »Die Banken konnten erwarten, daß der IWF, unterstützt auch vom amerikanischen Finanzministerium, zu Hilfe eilen werde, wenn etwas schiefgeht. Sie hatten überhaupt keinen Anreiz, sich darum zu kümmern, wie es um die Bonität ihrer Schuldner tatsächlich bestellt ist.«

Und natürlich ist mit dem IWF, dem vielgerühmten »lender of last resort« (also dem starken Mann im Hintergrund), das Schuldenproblem niemals zu lösen. Noch einmal Professor Meltzer (laut »FAZ« vom 12. Juni 1998): »Das Schlimme ist, daß man im IWF überzeugt ist, die Bewältigung der Mexiko-Krise sei ein großer Erfolg. Das Gegenteil ist der Fall: Mexiko hat seine Kredite zwar vorzeitig an den IWF zurückgezahlt, sich aber dafür zu schlechten Bedingungen am Kapitalmarkt verschuldet. Die Folge ist, daß der Realwert der mexikanischen Schulden heute **viermal höher** ist als vor der Krise.« So etwas hatte schon Professor Fisher in der Krise der 30er Jahre entdeckt – siehe oben.

Und was passierte prompt im Sommer 1998? Die nächste mexikanische Finanzkrise trat durch die Tür. Es hat also überhaupt keinen Sinn, an den Symptomen einer Überschuldung herumzudoktern und das Geld, das fehlt, einem anderen, vermeintlich stärkeren Schuldner in die Konten zu buchen. Die Wahrheit kommt doch ans Licht.

Die Schulden müssen nicht *um*gebucht, sondern *aus*gebucht werden. Und mit den Schulden die gleich hohen Guthaben.

Die Lösungen

Jetzt sind wir genug bedient vom Elend, das uns heimgesucht hat, heimsucht oder heimsuchen wird. Da es wenig Sinn macht, rumzuhocken und den Lauf der Welt zu bejammern, müssen wir Möglichkeiten suchen, die das Problem aus der Welt schaffen können. Möglichst ein für allemal.

Dabei geht es nur um diese Fragen: Warum macht der Staat überhaupt Schulden? Was für Schulden sind es? Wie wirken sie im Zeitablauf? Welche Lösungen sind denkbar?

Das erste Problem: der Staat selbst

Vielleicht Anarchie?

Ohne den Staat gäbe es keine Staatsschulden, und die Menschen müßten sich nicht mit den verheerenden Wirkungen der Staatsverschuldung rumschlagen. Also müssen wir den Staat in Frage stellen. Kann man das? Darf man es überhaupt? Wer den Staat in Frage stellt, rückt schnell in jene Ecke, in der die Anarchisten hausen.

Aufgrund der bekannten menschlichen Psyche würde Anarchie (vom griechischen an-archein = Nicht-Herrschen) rasch zum Kampf jeder gegen jeden ausarten, in dem sich am Ende nur jene behaupten, die gewaltbereit sind und sich mit Hilfe ihrer physischen, militärischen oder paramilitärischen Stärke durchsetzen. Also läuft die Forderung nach Anarchie auf die Forderung nach einer Gesellschaft hinaus, die im Schlachthaus endet.

Die Geschichte ist voller anarchischer Zeiten. Wir kennen die Bürgerkriege am Ende der römischen Republik, das Zeitalter der Raubritter nach dem Ende der Staufer, den Dreißigjährigen Krieg, die Französische Revolution, den russischen Krieg zwischen Anhängern des Zaren und den Bolschewiken, die chinesischen, die spanischen und auch die deutschen Zustände in den 30er Jahren, das Chaos in Liberia, Gambia, Somalia, Ruanda, die Lage auf dem Balkan.

Anarchie endet zudem in einer Herrschaft der harten Hand, in der Diktatur. Denn der, der sich am Ende durchgesetzt hat, sagt in absoluter Machtvollkommenheit, was geschehen soll. Die Geschichte der auf die erwähnten anarchischen Zustände folgenden Diktaturen ist lehrreich: Der Staat als eine das Gemeinwesen schützende Hand wird in Machtexzessen pervertiert. Da erscheinen die römischen Cäsaren, deren Herrschaft ohne jede Kontrolle ablief; sie waren Militärdiktatoren (Imperator = Oberbefehlshaber). Es kamen Leute wie Napoleon, der Millionen seiner Landsleute auf den Schlachtfeldern Europas verheizte, schließlich Franco, Hitler, Stalin und Mao Tse-tung.

Bertrand Russell, der große Philosoph, hat in seinem Buch »Power« (Macht) nach jener Figur der Weltgeschichte gesucht, die am unumschränktesten herrschte. Er fand sie in einem Mann namens Agathokles, der im 3. Jahrhundert vor Christus nach einer langen Phase der Anarchie König wurde über Syrakus.

Anarchie kommt daher auf keinen Fall in Frage. Nicht bloß, weil sie Anarchie ist, sondern weil sie unweigerlich zur Diktatur führt.

Den Staatszwang stoppen?

In unserem Buch »Die Pleite« haben Walter Lüftl und ich in den Anhängen 2 und 4 ausführlich nachgewiesen, »daß ein Staat nur finanzierbar ist, wenn er Zwangszahlungen empfängt«. Der Staat ist – wirtschaftlich gesehen – nur ein anderes Wort für Zwang. Wäre der Staat eine von allen Bürgern gewollte Einrichtung, würden die Steuern, also jene substantiel-

len Vorgänge, die den Bürger mit dem Staat verbinden, freiwillig geleistet. Ein Staat ohne Steuern ist nicht vorstellbar. Wie wirken Zwangszahlungen?

Wer Zahlungen erzwingt, erhält diese **später** als Zahlungen bei marktwirtschaftlichen Kontrakten. Da der Staat seine Auszahlungen (Beamte usw.) aber **früher** leisten muß, als er seine Einzahlungen empfängt (Steuern), ergibt sich ein Finanzierungsproblem, das sich laufend verschärft. Es kommt zu immer stärkerem Abgabendruck, zu höheren Steuersätzen und Sozialversicherungbeiträgen, weil die Vorfinanzierungskosten des Staates sonst in einer Zinseszinskurve enteilen und der Staat sich als Maschine zur Herstellung des Selbstbankrotts entpuppt. Stellen wir uns nur vor, die Mehrwertsteuer würde nicht laufend, sondern erst nach Jahresschluß fällig, bei der Einkommensteuer gäbe es keine Vorauszahlungen, die Firmen würden die Beiträge zur Rentenversicherung ihrer Mitarbeiter nicht monatlich, sondern nur alle Vierteljahre abführen – der Staat wäre schlagartig pleite.

Die automatisch steigenden, weil unweigerlich zu leistenden Abgaben (direkte, indirekte Steuern, Sozialabgaben usw.) führen in allen Staaten auch im tiefen Frieden zu einem immer höheren Staatsanteil. Der hat sich weltweit seit dem letzten Weltkrieg mehr als verdoppelt, seit Beginn des Jahrhunderts mehr als versechsfacht. Der Staat ist eine Veranstaltung, an deren Ende der Sozialismus steht, mit einem Staatsanteil von 100 Prozent. Dann fällt der Vorhang.

Die immer weiter steigende und immer lauter beklagte Abgabenlast führt im Gegenzug zu einem immer größeren Widerstand. Steuerhinterziehung wird zum Volkssport, der Staat kontert mit flächendeckenden Steuerfahndungen. Unaufhörlich wird über »Steuerreformen«, Klartext: Steuersenkungen, debattiert.

Das Verhältnis zwischen Bürger und öffentlicher Hand hat sich sehr verschlechtert. Der Staat greift härter durch, die Zeitungen, die die Interessen der Bürger vertreten, kontern mit Berichten über Verschwendung öffentlicher Gelder. Die Steuergesetze umfassen mehr als 30 000 Seiten. Kein Mensch kennt sich mehr aus. Man fühlt sich an die Steuerpolitik des römi-

schen Kaisers Caligula erinnert, der die Steuergesetze so hoch anschlagen ließ, daß kein Mensch sie lesen konnte.

In Deutschland ist heute die Finanzverwaltung die größte Wachstumsbranche, und die Produktivität eines Steuerfahnders (erzielte Erlöse geteilt durch aufgewendete Leistung) läßt die eines Industriearbeiters weit hinter sich. Doch selbst minimale Zahlungen an den Staat, mit denen der Bürger immer einverstanden ist (etwa für einen bescheidenen »Nachtwächterstaat« mit äußerer und innerer Sicherheit, Gewähr des Rechts und dessen Vollstreckung), kommen nicht als Vorschuß an den Staat herein, sondern müssen vorfinanziert werden. Also sind Staatsschulden in der Welt. Martin/Lüftl: »Werden die Finanzierungskosten nicht berücksichtigt, kommt es über kurz oder lang zu einem permanenten Staats-Defizit.«

Selbst kleine Schulden werden über den Zinseszins hochgebucht und höhlen den privaten debitistischen Prozeß allmählich aus, den zu sichern der Staat vorgibt. Die Rechtsordnung, die den Abschluß, die Erfüllung und die Vollstreckung von Kontraktschulden umfaßt, beginnt zu wanken.

Der Staat ist und bleibt ein Fremdkörper in der Wirtschaft, die er über den Aufschuldungs- und Verrentungsprozeß erst langsam, aber sicher, dann beschleunigend, schließlich unausweichlich in den Untergang treibt. »Damit«, so Martin/Lüftl weiter, »ergeben sich aus der Existenz des Staates jene Effekte, die in berechenbar endlicher Zeit zum Untergang des Staates selbst führen.«

Staatsabschaffung?

Am einfachsten wäre es, wenn das Phänomen Staat als Zwangsveranstaltung verschwände. Aber gibt es den freiwillig bejahten, den »lieben«, den allseits gewünschten Staat? Gibt es Zwang, dem ich mich freiwillig unterwerfe? Nein, denn dann wäre es kein Zwang.

Nun gibt es allerdings den Zwang, den uns die Urschuld auferlegt. Auch in diesem Punkt haben wir keine Wahl: Ent-

weder wir tragen die Urschuld immer wieder ab – oder wir müssen sterben. Man müßte also den Staat zur Urschuld schlagen. Dann käme zu den Kosten für Lebensunterhalt (Essen) und Lebensaufenthalt (Miete) noch ein Posten Lebenssicherheit (Staat) dazu. Der Bürger wäre dann dem Staat gegenüber verpflichtet, wie er es sich selbst und seiner Familie gegenüber ist. Der Staat hätte einen Anspruch auf Geld wie die ledige Mutter auf Unterhaltszahlungen des Vaters, wie Kinder auf ihr Taschengeld. Die rechtliche Grundlage wären nicht mehr Steuergesetze, sondern das Bürgerliche Gesetzbuch, das bekanntlich auch die Unterhaltszahlungen der Menschen untereinander regelt.

Darüber muß diskutiert werden. Es würde auf eine Pro-Kopf-Abgabe hinauslaufen, die jeder Bürger zu entrichten hätte, der einem Gemeinwesen (Staat) angehören will.

So etwas hat es in der Geschichte gegeben. So mußten Menschen, die früher irgendwo Bürger werden wollten, nicht nur den Bürgereid leisten, wie jetzt noch in den USA, sondern sich auch in ihren (neuen) Staat einkaufen. Das Aufenthaltsrecht in der Freien und Hansestadt Hamburg kostete laut dem Gesetz »wegen Annehmung der Fremden« von 1765 zwischen 40 und 50 Mark damaliger Währung, nach heutiger Kaufkraft immerhin 3000 Mark.

In einer Zeit, die von sozialen Utopien durchtränkt ist, dürfte eine Pro-Kopf-Steuer allerdings kaum durchzusetzen sein. Die englische Premierministerin Margret Thatcher ist über eine solche **Poll Tax** gestürzt worden.

Außerdem haben viele Staaten ein kostenloses Asylrecht eingeführt. In der Bundesrepublik Deutschland ist es in der Verfassung verankert. Der moderne Staat bietet sich den politisch Verfolgten, die zumeist mittellos angereist kommen, kostenlos an. Aber nicht nur das. Er nimmt einen Asylbewerber nicht nur auf, sondern er bindet den Betreffenden sogleich in sein engmaschiges soziales Netz ein.

Als der von Preußen politisch verfolgte Revolutionär Karl Marx seine Heimat verlassen mußte und endlich in England ankam, winkte keine staatliche Behörde mit einem Scheck. Wenn ein politisch verfolgter Revolutionär heute aus Nigeria,

Bosnien, dem Kosovo, dem Irak oder dem Iran etc. in Deutschland ankommt, hat er sofort Anspruch auf staatliche Zuwendungen in einer Höhe, die fast dem Lohn eines einfachen Arbeiters entspricht. Jedenfalls genug, um davon zu leben. Aus diesem System der Asylbewerber-Subvention auszusteigen wäre durch eine Grundgesetzänderung zwar technisch möglich, aber aufgrund der Gemütslage der immer noch relativ wohlhabenden Deutschen kaum durchzusetzen.

Eine Grundgesetzänderung in Sachen Asylrecht würde eine Zweidrittelmehrheit von Bundestag und Bundesrat benötigen – undenkbar. Außerdem ist Deutschland durch seine Vergangenheit für alle Zeiten gebrandmarkt und könnte es sich niemals leisten, Asylsuchende abzuweisen. Ein Aufschrei der Empörung würde ums Erdenrund gellen.

Der Gedanke, für den Eintritt in den deutschen Staat oder den Aufenthalt darin eine Gebühr, Steuer oder Abgabe zu verlangen, ist so weit außerhalb jeglicher vorstellbaren Realisierungschance, daß er sofort fallengelassen werden muß.

Wenn Milliarden Flüchtlinge kämen

Da kaum irgendwo sich etwas zum Besseren wendet, vom Weltfrieden keine Rede sein kann und in vielen Regionen neue soziale Konflikte heranreifen (man denke nur an die verheerenden Folgen der Asienkrise für die Südhalbkugel), müssen sich die Staaten, Deutschland voran, auf noch viel gewaltigere Flüchtlingsströme einstellen, als wir sie bisher erlebt haben.

Die Forderungen nach mehr Demokratie und Wahrung der Menschenrechte sind gar nicht so hehr und selbstlos, wie man immer meint, sondern liegen im ureigenen wirtschaftlichen Interesse der Industrienationen. Sie sichern und öffnen Absatzmärkte, denn nur in beruhigten Zonen lassen sich neue Käufer finden, die das unter Schuldendruck stehende kapitalistische System so dringend braucht. Sollte jemand behaupten, der Export von Demokratie sei nichts anderes als eine neue, subtile Form des **Imperialismus** – wie wollte man ihm widersprechen?

UNO und NATO greifen nicht nur ein, um Blutvergießen zu verhindern. Ein Milliardenheer von Bürgerkriegsflüchtlingen würde auch den stärksten Industriestaat ruinieren. Auf die Spitze getrieben, heißt die Alternative: mehr Geld für das Militär und damit für die Befriedung der Welt oder mehr Geld für die sonst über uns brandende Flut von Fliehenden. Der schlimmste Fall (worst case) wären flächendeckende Bürgerkriege in China und Indien: Die geschundenen Menschen brächen auf, um in Europa und Nordamerika Schutz zu suchen.

Oder doch das Militär abschaffen?

Man könnte daran denken, die Kosten des Phänomens Staat zu senken. Das Problem der äußeren Sicherheit und die damit verbundenen Ausgaben für die Armeen ließen sich auf Null stellen, wenn es nur noch einen Weltstaat gäbe. Wenn schon Staat, dann wenigstens nur einen einzigen auf Erden. Das würde aber uneingeschränkte Mobilität aller Menschen weltweit bedeuten, was zum Abbau des Lohngefälles zwischen Europa/Amerika und dem Rest der Welt führen würde. Auch das Problem der (doppelten) Staatsbürgerschaft, das bis hin zur Skurrilität diskutiert wird, entfiele.

Das spätantike Rom hat sich zu diesem Schritt entschlossen und das Bürgerrecht jedem Bewohner seines Reiches verliehen. Jeder konnte damals sagen:»Civis romanus sum« (Ich bin römischer Bürger). John F. Kennedy hat dies in seiner berühmten Berliner Rede zitiert und umgewandelt in das bekannte »Ich bin ein Berliner«. Für Kennedy war das ein Gag fürs Geschichtsbuch. Nimmt man seine Worte ernst, müßte in Zukunft der Berliner sagen:»Ich bin ein Brasilianer, ich bin ein Belizer, ein Bangladeschi, ein Beniner, ein Burundier.« Ein Belgier ist der Berliner schon, denn er lebt wie der Belgier in einem einheitlichen Wirtschaftsgebiet mit gleicher Währung.

Die Kosten für die dann weltweite innere Sicherheit müssen nicht beim Staat verbleiben. Das Römische Reich kannte keine

vom Staat eingesetzte Polizei. Die Kosten könnten auch heute gesenkt werden, entweder durch die Einsicht der Bürger, daß Kriminalität verwerflich ist, oder durch private Polizei, Bürgerwehren, Bodyguards etc. In den USA ist bereits die Hälfte aller Kräfte, die für die innere Sicherheit eingesetzt werden, auf privater Basis oder über private Finanzierung beschäftigt. Und bei privater Finanzierung entfällt das staatliche Schuldenmachen.

Auch die für jegliches Wirtschaften absolut notwendige Sicherung des debitistischen Ablaufs bis hin zum Gerichtsvollzieher ließe sich entstaatlichen. Die Abwicklung von Kontraktschulden könnten die Marktparteien untereinander regeln. An die Stelle der staatlichen Justiz träten bei Vertragsabschluß einvernehmlich bestellte Schiedsgerichte, die privat bezahlt werden müßten.

Was machen wir mit dem Menschen (Urschuldner), der nach unerfüllbaren Kontraktschulden in Überschuldung und Konkurs landet und dem heute der Staat hilft? Würden wir den Betreffenden einem marktwirtschaftlichen Ablauf überlassen, würden wir wieder bei Schuldknechtschaft und Sklaverei landen: Wenn sich der Gläubiger schon nicht mehr aus Sicherheiten bedienen kann, weil sie nicht zur Abdeckung der Schulden ausreichen, würde er in die Person des Schuldners vollstrecken.

Dies kann nicht ernsthaft diskutiert werden, weil es dem heute obwaltenden Bild vom Menschen widerspricht. Der bankrotte und damit aus dem debitistischen Prozeß ausscheidende Schuldner wird weder versklavt noch sich selbst oder der Gosse überlassen. Er landet im sozialen Netz.

Es gibt immer wieder Versuche, diese Landung zu variieren, und zwar so, daß mit der Landung nicht die Allgemeinheit belastet wird, sondern allein der Gläubiger. Der ist schließlich selbst schuld, wenn er Kredit vergeben hat. Die Lösung läge also in einer Art Verursacherprinzip wie beim modernen Umweltschutz. Jede Kreditvergabe geschieht zudem absolut freiwillig, wie denn schon der alte Schimmelpfeng, Gründer der gleichnamigen Observations- und Inkasso-Organisation, gelehrt hat: »Es gibt kein Recht auf Kredit.«

Schulden erlassen?

Moses führte Erlaßjahre ein, die sich alle sieben Jahre wiederholen und in denen alle Schulden automatisch gestrichen werden sollten (Deuteronomium, 15, 1,2). Julius Cäsar erlaubte mit seiner Lex Julia de Bonis Cedendis den verkrachten Schuldnern, die Sicherheiten, die sie für Kredite gegeben hatten und die stark im Wert gefallen waren (Deflation!), zu den Werten, die bei der Kreditvergabe gegolten hatten, zurückzugeben.

In vielen modernen Konkursrechten gilt ein Schutz gegen sofortige Vollstreckung in den Geschäftsbetrieb des Schuldners (zum Beispiel Chapter 11 in den USA). Als der Exgouverneur von Texas in Privatkonkurs ging, der Mann übrigens, der mit John F. Kennedy im Auto gesessen hatte, als der erschossen wurde, durfte er – entsprechend dem Konkursrecht von Texas – sein Haus und seinen persönlichen Besitz behalten.

In Deutschland werden bei privater Überschuldung die Pfandsiegel (Kuckuck) nicht auf täglich notwendige Gegenstände geklebt. Außerdem gilt ab 1999 ein neues deutsches Konkursrecht, das den gekrachten Schuldner nach sieben Jahren wieder schuldenfrei stellt – so wie es einst die Juden unter Moses gehalten haben, vor 3000 Jahren.

Das Problem des sich in Konkursgefahr begebenden Kontraktschuldners ließe sich auch radikal lösen, etwa durch eine Rückkehr zu Stammes- oder Einzelhofwirtschaften, die bekanntlich weder Schulden noch Zinsen kennen. Es müßte wieder ein Zustand unter den Menschen geschaffen werden, der dem »ursprünglichen« entspricht, als nur sehr wenige Menschen eine riesige Erde bevölkerten. Und einer den anderen höchstens alle zehn Jahre einmal traf.

Ich habe in meinem Buch »Sachwert schlägt Geldwert« die maßgebliche Passage aus dem vom genialen Sozialisten Karl Kautsky übersetzten Buch »Die Entstehung des Eigentums« von Jan St. Lewinski zitiert: »Die große bewegende Kraft, die alle Veränderungen in der Bildung des Grundeigentums hervorbrachte, war die Zunahme der Bevölkerung. Sie machte

dem ursprünglichen Überfluß an Land ein Ende, und indem sie das Areal verkleinerte, das jedem einzelnen zur Verfügung stand, zwang sie ihn, vom Nomadentum zum Ackerbau und zur Seßhaftigkeit überzugehen.«
Und jetzt kommt's:
»Das gab den Anlaß zur Bildung des **Privateigentums** am Boden.« Und dieses Eigentum, das haben wir gelernt, ist der Ursprung von Schulden, Zinsen, Geld und jener wirtschaftlichen Dynamik, die uns den Wohlstand beschert hat.

Der Umkehrschluß würde lauten: Wird die Weltbevölkerung so extrem minimiert, daß das Privateigentum an Boden keine Rolle mehr spielen würde, weil jeder irgendwo Feldbau oder Viehzucht betreiben könnte, ohne daß es einen anderen stören würde, dann ist das Schuldenproblem wieder aus der Welt.

Doch wie sollte man die Weltbevölkerung so drastisch reduzieren? Etwa alle Atomraketen aus ihren Löchern lassen? Einen Mega-Multi-Genozid veranstalten? So nach dem Motto: Eine zunehmende Weltbevölkerung hat uns das Eigentum beschert und damit dessen wirtschaftlich positive Auswirkungen, aber auch deren Voraussetzung, die alles sichernde Institution Staat. Der wiederum beschert uns die Staatsverschuldung, diese wiederum den wirtschaftlichen Niedergang, diese wiederum die Vernichtung der Weltbevölkerung, in deren Verlauf auch der Staat wieder verschwindet.

Kann es das wirklich sein?

Die Reagan-Revolution

Ronald Reagan, ein Jahrhundertmann, der Amerika den bislang größten Aufschwung, zugleich aber die größte Verschuldung beschert hat, ist eine Schlüsselfigur unserer Geschichte.

Die »New York Times« (»NYT«), die wohl beste Zeitung der Welt, die Reagan zutiefst verachtete, da er ihren hohen Intelligenzansprüchen in keiner Weise genügte, die aber durch den Erfolg der »Reaganomics« zutiefst verunsichert war, ist dem Phänomen auf den Grund gegangen. Die ausführliche Analyse erschien am 11. August 1996. Sie ist schlicht sensationell.

Die »NYT« beginnt ihre Analyse mit der Fragestellung, warum ein Mann wie Reagan, dem es als Gouverneur von Kalifornien gelungen war, das dortige Defizit binnen kurzem in einen Überschuß zu verwandeln, als Präsident der USA keinerlei Anstalten machte, etwas anderes zu fahren als maximale Defizite. Diese Defizite fuhr er auf beiden Seiten des Etats: Bei den Ausgaben ging er ohne Skrupel in die vollen und rüstete gnadenlos auf, bei den Einnahmen riß er durch seine revolutionären Steuersenkungen gigantische Löcher.

Reagan hatte einen fähigen Budgetdirektor, David Stockman. Der gab alsbald entnervt auf und schrieb ein anklägerisches Buch gegen seinen ehemaligen Chef, was den allerdings in keiner Weise beeindruckte. Also was trieb Reagan an? Die »NYT«: Reagan haßte den Staat zutiefst. Dazu muß man wissen, daß der Staat in den USA immer **Government** heißt (wörtlich: Regierung). Einen Staatsbegriff in unserem Sinne kennen die Amerikaner nicht. Das Wort **State** kommt nicht vor, sondern immer nur **United States.** Die Amerikaner lieben die Vereinigten Staaten als ihre Heimat, als starke Macht, als freie Wirtschaft, in der sich jeder selbst verwirklichen kann. **The U. S.** ist wie Flagge und Nationalhymne.

Reagan war der Staat, definiert als Regierung, so egal, daß er ihn nicht einmal mehr verachtete. Es wäre für ihn Zeitverschwendung gewesen: »Reagan hatte keinerlei Interesse daran, daß irgend jemand die Regierung respektierte. Laß sie doch unter ihm verrotten.« Die »NYT« stellte mit Entsetzen fest: »Die Regierung funktionierte nicht, und wir bezahlten exorbitante Summen, damit sie nicht funktionierte.« Doch genau das war Reagans Absicht.

Er trieb die Staatsschulden in märchenhafte Höhen (sie vervierfachten sich fast in seinen acht Amtsjahren!), »damit das Budgetdefizit, das er fuhr, es der Regierung buchstäblich unmöglich machte, noch irgendeinen sozialen Wandel zu finanzieren«. Reagan selbst sagte immer: »Wir sind auch ohne diesen Quatsch groß geworden.«

Reagan, der die Sowjetunion als **Evil Empire,** als böses Imperium, bezeichnete, wollte nicht nur die Sowjetunion killen, was Ende der 80er Jahre über Nacht gelang. Nein, Reagan

wollte auch die Institution der Regierung der USA beseitigen, für ihn das zweite böse Imperium. Die »NYT«: »One Evil Empire down, one to go.« Ein böses Imperium ist zerstört, ein zweites muß folgen.

Damit der Präsident der Vereinigten Staaten den Staat und die Regierung, die er haßte, ein für allemal vernichten konnte, indem er beide finanziell verkrüppelte und so handlungsunfähig machte, mußte er über die Talente verfügen, die er als Schauspieler im Übermaß besaß. Die »NYT«: »Selbstbewußtsein, ohne dogmatisch zu wirken, Demut, ohne unterwürfig zu wirken, Ehrgeiz, ohne rücksichtslos zu wirken, Anpassungsgabe, ohne verschwommen zu wirken. Wie hätte man diese Kombination schlagen können?«

So konnte Ronald Reagan zum größten **Staatsfeind** werden, den dieses Jahrhundert gesehen hat. Und keiner hat es bemerkt: »Reagan hatte einen getarnten Charme, dem sogar seine Kritiker erlagen.« Der letzte Satz der »New York Times« in ihrer Reagan-Analyse: »Er unterflog ganz einfach unser Radarsystem.«

Respekt! Selbst die superintelligenten Journalisten der großen »NYT« sind erst acht Jahre, nachdem Reagan aus dem Amt geschieden war, hinter seinen Trick gekommen. Da war alles längst passiert, der Staat in eine Maschinerie verwandelt, die nichts mehr tun kann, außer ihre gigantische Armee zu unterhalten.

Reagans Vermächtnis lautet: Der Staat muß so lange so viele Schulden machen, bis er in der Falle sitzt und sich selbst abbaut.

Der Ausgang des Experiments Amerika wird zeigen, ob wir damit weiterkommen.

Zweites Problem: Subventionen

Wie weitsichtig sind Politiker?

»Warum müssen alle Politiker jetzt Griechisch lernen? Weil sie mit ihrem Latein am Ende sind.« Darüber lachte Deutschland im Sommer 1998. Mit dem Latein sind die Herren am Ende, weil sie kein Geld mehr haben. Das kommt daher, weil sie zuviel Schulden gemacht haben – oder?

Die Politiker machen Schulden, indem sie Schulden der Marktteilnehmer übernehmen, die diese nicht mehr bewältigen können. Oder die sie gar nicht erst machen wollen. Das sind die sogenannten Subventionen.

Subventionen sind die größte Wachstumsbremse überhaupt: Je höher die Subventionen, desto höher auf Dauer die Arbeitslosigkeit.

Die Politiker unterscheiden gern zwei Arten von Subventionen, gute und schlechte. Bei den guten heißt es, der Staat müsse schließlich irgend etwas fördern oder initiieren, worauf die Menschen von sich aus gar nicht erst kämen: zum Beispiel Astronauten zum Mond zu schießen oder das Hubble-Teleskop in eine Erdumlaufbahn zu bringen. Dabei kommt auch etwas heraus, die Teflonpfanne beispielsweise oder schöne Bilder von weitentfernten Galaxien.

Im Klartext wird also behauptet, der Politiker und sein Beamtenapparat seien klüger und weitsichtiger als alle anderen Menschen.

Es gibt aber auf der ganzen Welt keinen Fraktionsvorsitzenden und keinen Ministerialrat, der sich am Markt, also dort, wo die Menschen ihre Entscheidungen treffen, besser auskennen würde als die dort täglich im Wettbewerb stehenden Unternehmer und Manager. Das Argument von der Weitsicht des Staatsapparates ist lächerlich.

Ich sage bei Diskussionen mit Beamten, wozu auch Hochschulprofessoren gehören, immer: »Ach, verehrter Herr, verehrte Dame, Sie haben so tolle Ideen, Sie wissen so viel von den Menschen, Sie verstehen so viel mehr von der Wirtschaft als wir alle. Warum machen Sie sich nicht selbständig?« Dann

kriegen die Beamten einen roten Kopf und wissen nicht weiter. Vollends pervertiert ist die Vorstellung, der Beamte könne alles besser als der normale Mensch, beim Phänomen der **staatlichen Notenbank.** Die Notenbankleute heißen sogar »Hüter unseres Geldes« oder »Hüter unserer Stabilität«. Damit wird der Bevölkerung suggeriert, sie selbst sei an solch schrecklichen Sachen wie der Inflation schuld, und die Notenbank müsse gegensteuern (möglichst behutsam natürlich), damit nicht alles aus dem Ruder läuft.

Umgekehrt aber wird ein Schuh draus. Die Notenbank allein ist schuld, wenn es zur Inflation kommt. Warum hat sie zuviel Geld ins Land gelassen? Erinnern wir uns bloß an die Inflation der 70er Jahre. Damals hat die Bundesbank mit gigantischen Beträgen den US-Dollar gestützt, an einigen Tagen wurden zweistellige Milliardensummen in den Markt gegeben, um der amerikanischen Valuta zu helfen. Diese Milliarden waren frisch geschaffenes Geld, und logischerweise mußte es zur Inflation kommen. In Deutschland hatten wir zeitweise sogar zweistellige Inflationsraten.

Die Matrosen der Valuta

Verstehen Staatenlenker, Politiker und Notenbankbeamte wirklich die freie Wirtschaft? Ich erzähle dazu immer die Geschichte von Kaiser Franz Josef von Österreich. Kurz nach Ausbruch des Ersten Weltkrieges kam ein Beamter aufgeregt in eine Audienz und flüsterte: »Majestät, die Valuta ist gesunken.« Der Kaiser daraufhin: »O Gott, die armen Matrosen.«

Wie steht es mit der Bundesrepublik Deutschland, einem Staat, der moderner ist als die k.u.k. Monarchie? Seit ihrer Einführung 1948 hat die D-Mark 75 Prozent ihres Wertes verloren. Und das, obwohl wir die ganze Zeit die Bundesbank beziehungsweise ihre Vorgängerin, die Bank Deutscher Länder, hatten, also die besten Hüterinnen, die man sich überhaupt nur denken kann. So stark ist die k.u.k. Valuta im Frieden nicht gesunken. Ein Unternehmen, das 75 Prozent seines Ver-

mögens verwirtschaftet, wäre längst vom Markt verschwunden, aber wir haben uns die D-Mark und ihre permanente Erosion gefallen lassen, weil uns das Gefühl vermittelt wurde, ohne Bundesbank wäre alles noch viel schlimmer gekommen.

Die Leute, die an verantwortlicher Stelle in der Notenbank arbeiten, sind Männer mit interessanter Vergangenheit. So wurde der Geheimrat Vocke zum ersten Präsidenten der Bank Deutscher Länder nach dem Zweiten Weltkrieg bestellt. Wenn Sie in einem Antik-Shop Banknoten der Reichsbank aus der Zeit der Hyperinflation der Jahre 1922/23 kaufen – was finden Sie als Unterschrift auf dem Geldschein (Milliarden, Billionen usw.)? Da steht Vocke. Und was machte der Herr Geheimrat Vocke nach dem Ende der kaiserlichen Reichsbank? Er wurde von den Demokraten der Weimarer Republik wieder ins Direktorium der Notenbank berufen. Die Weimarer Notenbank ging ebenfalls bankrott, das Deutsche Reich stellte seine Zahlungen ein. Dann kam Hitler, und was machte der Geheimrat Vocke? Er diente pflichtschuldigst dem Diktator. Die Nazi-Währung verschwand 1948, der nächste Notenbankkonkurs.

Obwohl Vocke also drei Notenbanken hintereinander auf Null gewirtschaftet hatte, wurde ihm noch eine Notenbank anvertraut. Diesmal die der Bundesrepublik. Können Sie sich vorstellen, daß ein Manager, der Konzern um Konzern in den Konkurs getrieben hat, wenig später den nächsten Konzern übernehmen darf? Das geht nur bei »Währungshütern«.

Vockes Nachfolger wurde Karl Blessing. Dieser Notenbanker hat bis kurz vor dem Zweiten Weltkrieg wo gearbeitet? In Hitlers Reichsbank, neben Geheimrat Vocke. In der Nazi-Reichsbank haben Blessing und Vocke dem Diktator die Mittel zur Verfügung gestellt, die er brauchte, um aufzurüsten. Ohne das Geld der Reichsbank hätte Hitler die Welt weder mit einem schrecklichen Krieg überziehen noch seinen Völkermord beginnen können.

Inzwischen soll alles viel besser geworden sein. Die Bundesbankpräsidenten Pöhl und Tietmeyer waren lange im Bundesfinanzministerium tätig. Sie wußten daher schon bei Amtsantritt, wie es um die Staatsfinanzen steht. Und Jürgen Stark, der eben erst in die Bundesbank berufen wurde, war als

Staatssekretär unter Theo Waigel tätig. Auch Stark kennt die finanzielle Lage der Republik bestens. Er wird alles tun, um sie zu verbessern. Bestimmt! Genau wie Wim Duisenberg, der erste Präsident der Europäischen Zentralbank EZB, die den Euro herausgibt. Duisenberg war Finanzminister in Holland.

Warum wird die Notenbank nicht privatisiert?

Alles wird heutzutage privatisiert: Bahn, Post, die Staatsbetriebe. Die »Frankfurter Allgemeine Zeitung« druckte auf ihrer Seite »Die Ordnung der Wirtschaft« am 30. Mai 1998 einen ganzseitigen Artikel unter der Überschrift »Der Staat auf dem Rückzug. Die hoheitliche Wirtschaftsaktivität erweist sich als ineffizient und wettbewerbsverzerrend – Die Zukunft ist nur mit ordnungspolitisch begründeter Privatisierung zu gewinnen«. Der Autor Wernhard Möschel ist Rechtswissenschaftler an der Uni Tübingen.

Warum ist noch keiner auf die Idee gekommen, die Notenbanken zu privatisieren? Warum sind in der Wirtschaft Monopole streng verboten? Und doch gibt es mittendrin das schärfste und stärkste Monopol, das Monopol der Notenbank, Geld auszugeben.

Warum darf die Deutsche Bank AG nicht auch Banknoten ausgeben? Wäre der Vorstand der Deutschen Bank nicht geeigneter, für die Stabilität seines Geldes zu sorgen, als dies die EZB mit ihrem Euro jemals sein kann? Der berühmte Ökonom, liberale Philosoph und Nobelpreisträger Friedrich A. von Hayek hat vor Jahren gefordert, die Notenbanken zu privatisieren und das Banknotenmonopol aufzuheben. Es würde sich dann jenes Geld durchsetzen, das am stabilsten ist.

Statt dessen kriegen wir mit dem Euro ein **staatsmonopolistisches** Geld – mit ungewissem Ausgang.

Vor Jahren bezeichneten wilde Marxisten unser System als »Stamokap«, als »staatsmonopolistischen Kapitalismus«: Die Betriebe schoben die Profite, der Staat die Verluste ein.

Der neue Euro ist **Stamocash**. Die Monopolprofite der EZB schiebt der Staat ein, die Verluste werden wir Bürger tragen.

Subventionen? Alle weg!

Aber zurück zu den **guten** Subventionen. Da werden Milliarden ausgeworfen, um neue Industrien anzusiedeln, um neue Techniken zu fördern (Stichwort: Innovation) usw. Wenn die Menschen dies alles wirklich wollten, würden sich sofort Unternehmer finden, die das bewerkstelligen. Das Schlimme ist auch nicht die Tatsache, daß Subventionen gezahlt werden und damit der freie, marktwirtschaftliche Prozeß verzerrt wird, sondern daß diese Subventionen entweder aus Steuern finanziert werden müssen oder mit Krediten.

Werden sie aus **Steuern** finanziert, wird der Steuerzahler gezwungen, sein Geld für etwas auszugeben, wofür er es gar nicht ausgeben will. Ihm wird Freiheit genommen. Jede Subvention ist ein Zwang, der den Bürger entmündigt, erniedrigt und so seiner Würde beraubt. Obendrein wird dem Bürger sein Geld mit erhobenem Zeigefinger genommen: »Du, Bürger, bist zu blöd, dein Geld richtig auszugeben. Wir, die Politiker, wissen besser, was gut für dich ist ...«

Werden Subventionen aus **Krediten** finanziert, tritt der uns schon bekannte Prozeß ein: Die Schulden werden in die Höhe gebucht, gleichzeitig fließen arbeitslose Einkommen. Auf Dauer mindern also Subventionen die wirtschaftliche Dynamik und vernichten über den Verrentungsprozeß Arbeitsplätze, statt welche zu schaffen.

Bei **schlechten** Subventionen, die der Konservierung bestehender Strukturen dienen, sind sich inzwischen fast alle einig, daß man sie höchstens mal eine Zeitlang bezahlen sollte. Schlechte Subventionen gelten ohnehin als mehr auf die Vergangenheit bezogen, und man will ja in die Zukunft schauen.

Erhaltungssubventionen werden heute fast immer nur noch vorübergehend beschlossen und bezahlt. Sie heißen zu Recht Sunset-Subventionen, die also auslaufen, wie die Sonne sinkt. Sie wirken dennoch genauso wie alle Staatsausgaben, die den marktwirtschaftlichen Prozeß beeinflussen: Sie hemmen das Wachstum, würgen die Wirtschaft ab, statt sie zu beflügeln, und vernichten Arbeitsplätze, statt sie zu erhalten.

Ein schönes Beispiel einer solchen Erhaltungsmaßnahme

hat mir der Chefredakteur des US-Magazins »Forbes« erzählt, als ich ihn nach seinem Hobby fragte. Er sagte: »Ich sammle amerikanische Taschenuhren.« – »Amerikanische Taschenuhren?« – »Ja, das war mal ein blühender Gewerbezweig, aber dann ist er untergegangen.« – »Wie das?« – »Die Regierung wollte die Uhrenindustrie stützen und hat Zölle eingeführt. Darauf hat sich die US-Uhrenindustrie ausgeruht, hat den Anschluß an den Weltmarkt verloren und ist verschwunden.« – »Und die Schweiz?« fragte ich. »Die haben ihre Uhrenindustrie immer dem freien Wettbewerb ausgesetzt und sind nach wie vor Weltspitze.« Die amerikanischen Zölle wurden auch Sunset-Subventionen, allerdings verschwanden sie nicht hinterm Horizont, weil das so gewollt war. Sondern weil es keine US-Taschenuhrenindustrie mehr gab.

Zölle sind Subventionen, die nicht direkt, sondern indirekt gezahlt werden. Der Zoll verteuert das ausländische Konkurrenzprodukt, was dieselbe Wirkung hat wie eine direkte Unterstützungszahlung an die heimische Industrie, die man schützen will.

Notopfer Dritte Welt?

Staatsschulden entstehen nicht nur bei Subventionen (guten und schlechten), sondern auch bei ähnlichen Programmen der Politiker: Schuldenerlaß für Entwicklungsländer, Bürgschaften, Hilfsprogramme usw.

Auch dort hilft der Staat vorübergehend den unter Schuldendruck leidenden Marktteilnehmern, was regelmäßig Freude aufkommen läßt. In der Zeitung kann man dann lesen: »Staat mußte eingreifen«, »Endlich eine unbürokratische Lösung« usw.

Bürgschaften sind Eventualverpflichtungen, die der Staat, der keine doppelte Buchführung kennt, sondern nur eine einfache Einzahlungs-Auszahlungs-Rechnung, nirgends in seine Passivseite einstellt. Das staatliche Rechnungswesen heißt »kameralistisch«, es stammt aus der Zeit des **Kameralismus,** also dem 17. Jahrhundert. Damals ging es darum, die fürstli-

che Schatzkammer (= camera) mit möglichst viel Gold und Silber zu füllen.

Werden Staatsbürgschaften fällig, wird das Geld nicht aus Steuern bezahlt, die entsprechend erhöht werden müßten, sondern aus neu aufgenommenen Krediten, was das bekannte Problem weiter verschärft, statt es zu lösen.

Ganz schlimm ist es mit Hilfsprogrammen im Rahmen der Entwicklungshilfe, wozu neuerdings auch der sogenannte **Schuldenerlaß** zählt. Dabei sollen den armen Ländern, die erkennbar keine Chance haben, zurückzuzahlen, was ihnen geliehen wurde, die Schulden erlassen werden.

Das hört sich sehr gut an und wäre auch vernünftig. Aber wie läuft ein Schuldenerlaß ab? Den armen Teufeln werden die Schulden zwar erlassen, aber damit sind sie **nicht verschwunden**. Denn die Schulden übernimmt anschließend jener Staat, der das Geld im Rahmen seiner Entwicklungshilfe verliehen hat. Die Schulden hat also nicht mehr der Staat Indonesien (um ein Beispiel zu nennen), sondern nach dem »Erlaß« die Bundesrepublik Deutschland. Entsprechend bleiben natürlich die gleich hohen Guthaben unangetastet.

Richtig wäre es zu sagen: Indonesien kann nicht mehr bezahlen. Wir erlassen Indonesien daher die Schulden. Gleichzeitig (!) teilen wir mit, daß allen Privatanlegern oder Vermögensverwaltungsgesellschaften, den Banken oder den Investmentfonds, die deutsche Staatstitel halten, ein gleich hoher Betrag gestrichen wird.

Werner Vontobel, einer der gescheitesten Wirtschaftsjournalisten im deutschen Sprachraum, forderte am 3. Juli 1998 in der vielgelesenen Schweizer Wirtschaftszeitung »Cash«: »Auch Staaten müssen in Konkurs gehen können, sonst kann aus jeder momentanen Illiquidität eine **dauerhafte Katastrophe** werden. Das ist eine der Erkenntnisse aus der südostasiatischen Schuldenkrise, die auch eine **globale** werden könnte.«
Lösung also: Alle Pleite-Staaten sich selbst überlassen. Keinen Finger rühren. Sonst gefährden wir uns selbst!

Alternativ wäre noch an die Erhebung einer Sondersteuer zu denken, die etwa »Notopfer Dritte Welt« heißen könnte. Mit den Erträgen aus dieser Steuer würden die Schulden der

Entwicklungsländer echt getilgt. Den Letztinhabern der Guthaben (Anleger, Banken usw.) würde das Geld zurückgezahlt. Sie müßten sich um neue Anlagemöglichkeiten kümmern, zum Beispiel um Investitionen in Fabriken und damit die Schaffung von neuen Arbeitsplätzen.

Eins steht fest: Der »Schuldenerlaß«, wie er derzeit praktiziert wird, ist Augenwischerei und völlig indiskutabel. Mit einem solchen Procedere wird nichts gewonnen. Da die Schulden weder crashen noch ausgebucht oder über eine Sondersteuer getilgt werden, bucht sie der Staat weiter hoch – der bekannte Effekt der Verrentung und der Arbeitsplatzvernichtung setzt sich fort.

Wie schaffe ich blühende Landschaften?

Sehr schön ist die umfassende Arbeitsplatzvernichtung am Beispiel der deutsch-deutschen Vereinigung zu studieren.

Zunächst einmal wurde die Bevölkerung der Ex-DDR, die keinerlei marktfähige Titel oder »Geld« besaß, großzügig alimentiert. Die Zahlungen, die an die neuen Länder gegangen sind, werden inzwischen auf 1,2 Billionen Mark beziffert. Damit sind zwar **schönere** Landschaften entstanden mit neuen Straßen, sanierten Städten, einwandfreier Infrastruktur und dem modernsten Telefonnetz der Welt. Aber es sind Landschaften wie Kunstblumen. Diese Landschaften werden **niemals blühen.** Warum nicht?

Die 1,2 Billionen haben das Leben im Osten lebenswerter gemacht, aber so fein ein lebenswerteres Leben auch sein mag – es ist kein Druck entstanden zu wirtschaften, also sich das lebenswertere Leben selbst zu erarbeiten oder zu erhalten. Im Gegenteil: Durch die gigantischen Zahlungen an den Osten (die zum Teil aus dem Osten selbst gekommen sind) wurde der Anreiz genommen, sich um sich selbst zu kümmern.

Die Forderung, die neuen Länder hätten sich ihre Landschaften selbst, ohne irgendwelche Hilfe, aufbauen müssen, mag herzlos klingen, doch nur sie macht wirtschaftlich Sinn. Nur wenn unter äußerstem Druck gearbeitet worden wäre,

vor allem wenn man den Wiederaufbau mit Hilfe von geliehenem Geld bewerkstelligt hätte, und wenn danach jeder einzelne selbst aus diesen Krediten verpflichtet gewesen wäre – dann hätte es blühende Landschaften gegeben. Blühend im Sinne von vollbeschäftigten Landschaften.

Nur wenn die Bevölkerung ihre Städte selbst sanieren und sich das benötigte Material obendrein auf Pump besorgen muß und entsprechend hoch verschuldet ist, nur dann herrscht jener unerbittliche Zwang, der zum Arbeiten treibt. Das ist eben **Kapitalismus.** Was in den neuen Ländern in den letzten Jahren gelaufen ist, war nichts anderes als wieder **Staatssozialismus** – bloß auf höherem Niveau.

Betrachten wir den Unterschied zum Wiederaufbau des zerstörten Deutschlands nach dem Zweiten Weltkrieg. Damals gab es zwar Startkredite (Marshall-Plan), aber die wurden an private Unternehmer vergeben und mußten zurückgezahlt werden. Den Rest mußten die Deutschen selbst besorgen. Sie haben ihr Land wiederaufgebaut, weil sie es aufbauen **mußten.** Sie wären sonst schlicht im immerwährenden Elend steckengeblieben.

Was war der Motor des Wiederaufbaus, der nach dem Zweiten Weltkrieg Vollbeschäftigung herbeizauberte, beim Wiederaufbau der Ex-DDR aber rätselhafte Rekordarbeitslosigkeit schuf – weil er fehlte.

Der Motor ist das private *und* verschuldete Eigentum.

Der größte Fehler nach der Wiedervereinigung war, das »volkseigene« Eigentum nicht ans Volk verteilt zu haben. Alle Firmen, so heruntergewirtschaftet sie auch waren, hätten zuerst in Aktiengesellschaften umgewandelt werden müssen. Danach hätten die Beschäftigten nach einem zu vereinbarenden Schlüssel Aktien ihrer Firmen bekommen. Und das Wirtschaftswunder hätte seinen Lauf genommen.

Das Beispiel Amana

Es gibt ein berühmtes historisches Beispiel dafür, daß ein solcher Übergang vom Kommunismus zum Kapitalismus aller-

bestens funktioniert: **Amana**. Im fruchtbaren US-Staat Iowa hatten im vorigen Jahrhundert deutsche Siedler einen kommunistischen Kleinstaat errichtet. Er umfaßte 1040 Quadratkilometer Land, darauf verteilt sieben Dörfer. Die Siedlungen lagen entlang einem Halbkreis, damit jeder Einwohner gleich weit zu den Äckern zu gehen hatte. Den Staat nannten sie »Amana« (Hoffnung), nach dem Hohelied Salomos (4,8):
»Komm doch zu mir, meine Braut, vom Libanon, zum Gipfel Amana, weg von den Lagern der Löwen, den Bergen der Panther.«

Amana war Kommunismus pur. Es war allerdings kein Kommunismus à la Marx und Engels, deren Ideen in Amana unbekannt waren, sondern ein religiös-pietistischer, vergleichbar mit den Ideen des Bauernrevolutionärs Thomas Müntzer, der in den 20er Jahren des 16. Jahrhunderts gefordert hatte: »Alles sei allen gemeinsam.«

In Amana gab es keinerlei Privateigentum, selbst Teller und Löffel gehörten der Gemeinschaft. Die Kommunisten lebten in Gemeinschaftsräumen, schliefen in Gemeinschaftssälen, aßen aus Gemeinschaftsküchen. Der Kontakt mit der Außenwelt war minimiert. Um etwas »von draußen« zu kaufen, boten die Amaner landwirtschaftliche Produkte feil. In Amana selbst gab es kein Geld, logisch, weil es kein Privateigentum gab, das man hätte beleihen können.

In Amana fehlte jeglicher privater Schuldendruck im Inneren, der den einzelnen gezwungen hätte zu leisten. Aber das Ländchen hatte Schulden nach außen, weil Amana immer wieder Waren aus dem umliegenden Dollarraum gegen harte US-Währung beziehen mußte. Um den für jeden realen Sozialismus typischen Niedergang, der sich alsbald einstellte, zu stoppen, heuerten die Amaner sogar 200 Arbeitskräfte von außerhalb an, die in Dollar bezahlt werden mußten. Amana erging es ähnlich wie der DDR, die Verpflichtungen gegenüber dem Ausland hatte. In die DDR konnte aber – im Gegensatz zu Amana – nicht vollstreckt werden.

Die Historikerin Bertha Shambaugh verglich die kommunistische Arbeitsproduktivität von Amana mit der in den umliegenden kapitalistischen Gemeinden:

»Innerhalb weniger Tage war klar, daß die Maurer aus Amana nicht mit den Maurern aus der Welt mithalten konnten. Sie schafften nur zwei Drittel der Arbeit der Maurer aus der Stadt, die es gelernt hatten, unter Wettbewerbsbedingungen zu arbeiten.«

Martin Dickel, ein Kirchenältester klagte: »Ein Schwachpunkt lag im kommunistischen System selber: Ohne Antrieb, ohne Initiative machen die Menschen die Arbeit nicht so gut, wie es eigentlich sein müßte. Es gab viele Drohnen unter uns, und ihre Zahl schien ständig anzusteigen.« Der Kirchenbruder Don Shoup erinnerte sich noch 1989: »Viele lebten damals in dem Bewußtsein, ich muß nicht arbeiten, ich werde versorgt.«

Als die Weltwirtschaftskrise zu Beginn der 30er Jahre hereinbrach, machte sich das Elend auch unter den Amanern breit. Die kapitalistischen Arbeiter, die für Ansätze zu einer diskutablen Arbeitsproduktivität gesorgt hatten, mußten entlassen werden. Die Amana-Produkte fanden keinen Absatz mehr, es fehlte an allem. Werkzeuge konnten nicht mehr gekauft werden, auch Petroleum nicht, die Amaner, die »draußen« Arbeit suchten, fanden keine und kehrten ohne Lohn und Brot zurück. Der Hunger wütete. Der Augenzeuge Shoup: »Jeder wartete darauf, daß ein anderer etwas tun würde, also tat keiner mehr was.«

In der Nacht vom 1. zum 2. Mai 1932 beschlossen die Amaner, das System zu ändern und in einem »Big Change« sofort vom Kommunismus zum Kapitalismus überzugehen. Die gesamte Gemeinschaft wurde in eine Aktiengesellschaft umgewandelt. Jeder Einwohner erhielt eine bestimmte Zahl von Aktien, gestaffelt nach Lebensalter, Arbeitsalter usw. Ein 35jähriger, der mit 15 ins Berufsleben getreten war, erhielt zum Beispiel 15 Aktien zu je 50 Dollar. Insgesamt wurden 45000 Aktien ausgegeben, sie waren frei handelbar. Wer jetzt arbeitete, tat dies nicht mehr für »alle«, sondern für sich. Je härter er arbeitete – egal ob in der Kinderkrippe oder auf einer Baustelle, um so schneller wuchs der Reichtum und damit der Kurs seiner Aktien. Die Löhne wurden nicht den Löhnen »draußen« angepaßt, sondern von den Aktionären, die zugleich Arbeiter waren, so festgelegt, daß der Betrieb Gewinn

erwirtschaftete. Wer nicht arbeitete, ging leer aus. Er hatte nur noch die Möglichkeit, seine Aktien zu verkaufen. Hatte er den Gegenwert ausgegeben, war er auf Null. Nur wirkliche Sozialfälle wurden von der Kirchengemeinde durchgefüttert. Amana blühte ruckartig auf und wurde ein weltberühmter High-Tech-Konzern (Raytheon). Und der Wert der Aktien, die vor fast 70 Jahren ausgegeben wurden, hat sich bis heute mehr als vertausendfacht.

Selbstverständlich ist das Wort »Arbeitslosigkeit« in Amana bis heute völlig unbekannt.

Die unwürdige Behandlung der Menschen in der Ex-DDR

Die deutschen Politiker hatten aber – ebenso wie die »Fachleute« – leider keine Ahnung, wie man vom Kommunismus zum Kapitalismus, also dem System der »Marktwirtschaft«, übergeht. Vor allem hatten sie überhaupt nicht begriffen, welch zentrale Funktion das Eigentum dabei hat.

Die Deutschen hätten die Menschen in den neuen Ländern mit Eigentum reichlichst ausstatten sollen, was dieses Aktivum äußerst mobil und obendrein beleihungsintensiv gemacht hätte.

Die Menschen in den neuen Ländern hätten Anteile an ihren Städten und Straßen, an ihren Leitungen und Kanalisationen bekommen müssen. Alles in Form von handel- und beleihbaren Aktien. Der gesamte Grund und Boden hätte an die DDR-Bürger verteilt werden müssen – nach einem ähnlichen Schlüssel wie damals in Amana.

Viele im Westen hätten selbstverständlich solche Aktien gekauft. Der »Aufbau Ost« wäre wirklich »erwirtschaftet« worden. Heute wirkt das alles wie das Geschenk eines reichen Onkels. Wer schenkt, bricht den Stolz des Beschenkten, macht ihn von sich abhängig (»Ach so, und Dankbarkeit kennt ihr auch nicht ...«). Ein unwürdiger und unhaltbarer Zustand.

Vor allem hätte man den Deutschen im Osten jene Wohnungen schenken müssen, in denen sie gerade lebten, und

zwar lastenfrei. Jeder hätte in seiner Wohnung mietfrei und als Eigentümer gelebt. Ansprüche sogenannter »Alteigentümer« hätte man als albern vom Tisch wischen müssen. Jeder Ex-DDRler hätte seine Wohnung weiterverkaufen oder selbst nutzen können. Hätte er sie saniert, hätte er sich einen Kredit nehmen müssen (Hypothek, Grundschuld). Um diesen Kredit bedienen zu können, um so sein Eigentum zu erhalten und zu verbessern, hätte er sich zwar unter Druck setzen müssen, aber, wie gesagt, ohne Druck ist Wirtschaften nicht möglich, von zusätzlicher Beschäftigung ganz zu schweigen.

Ich höre immer den Einwand: Die Häuser waren doch komplett verfallen, die Sanierung hätten sich die **Rentner** niemals leisten können. Dieser Einwand ist nicht durchdacht. Jeder Rentner hätte entsprechend seinem Lebensalter viel mehr Anteile am privatisierten und neuverteilten Eigentum erhalten. Also außer seiner Wohnung weitere Grundstücke, Aktien der Stadt Halle AG, Aktien des Cottbusser Wasserwerks, Anteile an der Dresdner Zwinger AG usw. Dazu ein Stück Strand an der Ostsee. Grundbesitz, Aktien, Strandanteile, Kunstwerke – alles hätten die Rentner entweder beliehen oder verkauft. Damit hätte jeder (jeder!) zumindest seine Wohnung sanieren können. Und er hätte seinen Stolz behalten.

Die Wohnungsbaugesellschaften, denen die meisten DDR-Immobilien gehörten, wären sang- und klanglos enteignet worden – na und? Das Geld, mit dem sich diese Moloche »refinanziert« hatten und das auf den Sparbüchern der Menschen im Osten lag, war fast wertlos, konkret: hatte gerade den Wert der heruntergewirtschafteten Immobilien. Alle Sparbücher sind ohnehin in D-Mark umgetauscht worden (in gestaffelter Höhe). Das Geld für diesen »Umtausch« ist übrigens bis heute nur zu Bruchstücken bezahlt.

Die Verteilung der **gesamten** DDR an ihre 17 Millionen Bewohner – das wäre eine Revolution gewesen, die diesen Namen verdient hätte. Die Karten wären neu verteilt gewesen. Jeder »Ossi« wäre schlagartig Mehrfacheigentümer geworden. Und dann wäre es losgegangen! Und die Landschaften wären von sich aus erblüht.

So holen die neuen Länder niemals auf

Aber was hat man getan? Die Betriebe wurden von der Treuhand verwurstet, und außerdem wurden »Alteigentümer« bedacht, die entweder einen schnellen spekulativen Gewinn machen wollten oder ihr Eigentum liegenließen – ohne es investiv, also mit Schulden befrachtet einzusetzen. Die Wohnungen blieben bei den Wohnungsbaugesellschaften, die nichts anderes im Sinn haben, als teuer zu sanieren und die Mieten heraufzusetzen.

Das »Wall Street Journal« untersuchte am 16. Juni 1998 den Abstand zwischen West- und Ostdeutschland und kommt zu niederschmetternden Ergebnissen. Alles in den neuen Bundesländern ist auf Sand gebaut. 43 Prozent des dort »erwirtschafteten« Bruttoinlandsprodukts sind Subventionszahlungen aus dem Westen, der dafür zwischen fünf und sechs Prozent seines Sozialprodukts hergibt. Seit 1993 ist der Zuwachs an Produktivität im Osten »anämisch«, die Wirtschaftsleistung Ost (BIP pro Arbeitnehmer) stagniert bei ca. 45 Prozent des westlichen Standards.

Die Schere zwischen den im Osten bezahlten Löhnen und der im Osten erreichten Arbeitsproduktivität geht immer weiter **auseinander,** Klartext: Die Arbeiter im Osten sind – verglichen mit dem, was sie leisten – kraß überbezahlt (obwohl sie noch nicht einmal 80 Prozent der Westlöhne beziehen). Das »Wall Street Journal« weist auch auf das »eherne Gesetz der Konvergenz« hin, das der US-Professor und Clinton-Berater Larry Summers entwickelt hat. Es besagt, daß arme Regionen zu reichen Regionen nur mit einer Jahresrate von zwei bis drei Prozent aufschließen können. Sein Gesetz hatte Summers aus zahlreichen historischen Beispielen gewonnen.

Das »Wall Street Journal« folgert: Demnach werden die Ostarbeiter erst im Jahr 2030 etwa drei Viertel der westlichen Arbeitsproduktivität erreichen können und damit – gemessen an der Arbeitsproduktivität – das verdienen, was sie heute schon bezahlt bekommen.

Ich halte solche Berechnungen für fragwürdig. Denn das

Amana-Beispiel zeigt, daß es erheblich schneller geht, wenn nur an der richtigen Stelle angesetzt wird.

Verantwortlich für den Zustand der Wirtschaft in den neuen Ländern ist ausschließlich die Politik, die mit Hilfe von Massiv-Subventionen gearbeitet hat.

Das »Wall Street Journal« dazu: »Die Folge dieser Politik für den Osten wird massive Arbeitslosigkeit sein, und wahrscheinlich wird eine Bevölkerung heranwachsen, die **permanent auf Subventionen** angewiesen ist.« Und als Folge dieser irrwitzigen Politik wird die Steuerbelastung im Westen ansteigen und werden die Menschen im Osten extremistische Parteien wählen. Rechte, die ihnen einreden, die »Ausländer« seien an allem schuld, linke, die eine Rückkehr in den sozialistischen Mief verheißen. Die Wahrheit aber sagt ihnen niemand, auch die großen Volksparteien nicht.

Warum werden die Erblastzinsen nicht investiert?

Die für die Einheit ausgegebenen Summen sind überdies allesamt Schulden, die nirgendwo und von niemandem bezahlt sind und hochgebucht werden – abzüglich gelegentlicher Sonderdotationen wie jener mit Hilfe eines Buchungstricks entstandenen Bundesbank-»Gewinne«, die dem Erblastentilgungsfonds gutgeschrieben werden. Der Buchungstrick war die berüchtigte Höherbewertung der Dollarbestände der Bundesbank, die nicht mehr nach dem für Kaufleute geltenden Niederstwertprinzip in der Bilanz erscheinen mußten, was beim Dollar 1,36 D-Mark waren, sondern aufgewertet werden durften auf 1,53 D-Mark.

Die insgesamt für den Osten aufgebrachten, fast komplett schuldenfinanzierten 1,2 Billionen Mark haben **gleich hohe Guthaben in die Welt gesetzt, aus denen jedes Jahr mindestens 60 Milliarden Mark Zinsen fließen, arbeitslose Einkommen.** So verrentet sich der Westen mit Hilfe der Ostsubventionen immer mehr. Bis sich eines Tages alle, die ihr Geld eigentlich hätten investieren und marktfähige Arbeitsplätze

hätten schaffen sollen, zurücklehnen und auf die Früchte ihrer Staatspapiere warten. Diese Früchte könnten nur Nettosteuereinkünfte aus dem Osten sein, die aber niemals eintreffen werden, da – wie gezeigt – der Osten auf Generationen hinaus am Tropf des Westens hängen dürfte.

Machen wir doch einen **Test** mit den 60 Milliarden Mark Zinsen aus den vereinigungsbedingten Guthaben. Wieviel wird davon im Osten investiert? In neuen Betrieben in Halle, bei der Schaffung von Arbeitsplätzen auf Rügen und in Riesa? Vermutlich nicht einmal ein Zehntel!

Nein, die 60 Milliarden Mark Wiedervereinigungszinsen bleiben schön in sicheren Staatspapieren gebunkert. Kein Anleger (er sei denn ein »Steuersparer«) käme auf die Idee, sein Geld in den neuen Ländern zu **riskieren**. Die wahren Wendegewinner wollen warm und trocken sitzen.

Das ist es, was ich meine, wenn ich behaupte, daß Staatsverschuldung Arbeitslosenheere schafft.

So könnte die Wiedervereinigung das ganze schöne Deutschland in die Tiefe ziehen und politisch immer mehr destabilisieren. Und das nur, weil die wirtschaftlichen Folgen der Wiedervereinigung mit Schulden zugekleistert wurden, statt daß man die Bevölkerung im Osten über eine Eigentümermaximierung plus Eigentumsverschuldung und den sich dann automatisch ergebenden Druck auf den Weg in einen selbsterarbeiteten Wohlstand und damit in die wirkliche Freiheit entlassen hätte.

Diverse Lösungsvorschläge

Allem voran: Verbot jeglicher Subvention, Hilfen, Beihilfen usw. Strikte Einhaltung der debitistischen Gegebenheiten. Es wird schon gearbeitet, wenn wirklich gearbeitet werden muß. Sind Subventionen, Hilfen, Schuldenerlasse usw. in der Welt, muß in gleicher Höhe eine Gegenbuchung erfolgen: Den Inhabern der Guthaben sind entsprechend hohe Teile der Guthaben zu streichen!

Unbedingt muß die EZB privatisiert werden, und sie muß

ihr Banknotenmonopol verlieren. Genau wie die **Telekom** privatisiert wurde und ihr Monopol verloren hat. Sind deshalb die Telefongespräche teurer geworden? Im Gegenteil! Würde nach einer Entmonopolisierung der Banknoten unser Geld schneller entwertet werden? Nein, im Gegenteil! Wir hätten das stabilste Geld, das es je gegeben hat.

Im Fall der **deutschen Einheit** muß die Bevölkerung in den neuen Ländern auf den Weg der eigenen Urschuldbewältigung geschickt werden – ohne Wenn und Aber. In anderen Ländern des Exkommunismus ist es auch geschehen (Beispiel: Amana) und geschieht noch heute (Beispiel: Polen, Ungarn, Tschechien usw.). Natürlich ist der Weg am Anfang steinig. Um so freudiger werden die Menschen eines Tages sagen können: Wir haben es aus eigener Kraft geschafft. So können sie nur sagen: Das haben die arroganten Wessis bezahlt, die dafür noch wollen, daß wir CDU wählen.

Auch das Problem der Binnenwanderung ist unschwer in den Griff zu kriegen, wenn im Osten Eigentum geschaffen und verteilt wird (Belegschaftsaktien, Wohnungen schenken). Seinen Arbeitsplatz wechselt man schnell, aber sein Eigentum läßt man nicht im Stich.

Das im Osten (noch) vorhandene Staatseigentum muß sofort enteignet und auf die dort lebende Bevölkerung verteilt werden. Und die ewig jammernden **Alteigentümer** aus dem Westen müssen sofort enteignet werden – es sei denn, sie nutzen ihr Eigentum bereits wirtschaftlich und haben Arbeitsplätze geschaffen. Auch meine Familie ist enteignet worden (schon von den Russen) – und keiner von uns ist daran gestorben. Auf unserem ehemaligen Fabrikgelände steht jetzt die Zentrale der Kreissparkasse. Dort arbeiten Menschen! **Nur Enteignung schafft neue Arbeitsplätze.**

Die **Löhne** müssen sich – ohne Gewerkschaftsmacht! – auf dem Markt einpendeln. Sind sie niedriger als im Westen, ist das eben so. Wir haben Marktwirtschaft. Zum Ausgleich erhält der Arbeitnehmer immerhin jede Menge Eigentum, verbrieft in Aktien, Grundstücksanteilen usw.

Das funktioniert! Beweis: Der Börsengang von **Jenoptik** (wiewohl der Weg dieser Ost-AG auch mit Unsummen von

Subventionen gepflastert war). Hätte man die Jenoptik sofort nach der Wende in eine AG umgewandelt und die Aktien den Mitarbeitern geschenkt, hätten die sich ihrerseits über die Börse weiteres Kapital besorgen können. Das Unternehmen wäre schneller saniert, das heißt wettbewerbsfähig gemacht worden, als es durch die unternehmerische Leistung Lothar Späths inzwischen doch noch gelungen ist. Das war Zeitvergeudung.

Und wenn alle Bürger glauben, den Osten nur mit Hilfe von Subventionen aufbauen zu können, dann müßte die Bevölkerung diese aus laufenden Einkommen bestreiten, also aus **gleichzeitig** abgeforderten **Steuern.**
Die bisher gezahlten 1,2 Billionen Mark Ost-Subventionen belasten jeden Wessi im Schnitt mit 18.000 Mark. Verteilt auf 40 Jahre und mit einem niedrigen Verzinsungsfaktor ausgestattet, wäre die Einheit mit ca. 50 Mark pro Monat und Kopf finanziert. Und die Schulden vom Staat wären weg und auf die Bürger umgebucht.

Die Politiker können immer noch eine unverzinsliche Wiedervereinigungsanleihe in Billionenhöhe auflegen, mit öffentlich ausgehängten Zeichnungslisten. Wer wird sich da verweigern?

Man könnte sogar mit einer **Zwangsanleihe** arbeiten, wie sie in der Geschichte zur Bewältigung von gigantischen Gemeinschaftsaufgaben oft genug vorgekommen ist. Nichts ist unmöglich, alles ist finanzierbar, wenn man nur will.

Keine dieser vielen Chancen nutzen die Politiker. Sie kommen immer wieder mit ihrer öden Nummer daher: noch mehr Staatsschulden. **Das ist deutsch-deutscher Sprengsatz!** Wollen die Politiker die Wiedervereinigung gar nicht? Denn so wie es heute ausschaut, streben die beiden Teile Deutschlands eher wieder auseinander, als daß sie zusammenwachsen.

Drittes Problem: Staatswirtschaft
Den Staat sofort enteignen!

Der Staat macht Schulden, um selbst zu »investieren«. Er simuliert dabei einen unter Konkurrenzbedingungen stehenden Marktteilnehmer, der bestimmte Marktsegmente (Schwerindustrie, Großbanken) sozialisiert und dann in eigener Regie weiterbetreibt. Oder der ganze Märkte monopolisiert (Bahn, Post, Straßen, Grundschulen, höhere Bildung usw.).

Da die kläglichen Ergebnisse staatlicher Wirtschaft für jedermann sichtbar wurden (Telekommunikation!), die Staaten ihre Verschuldungsgrenzen für den jeweiligen Zweck erreicht hatten (Bahn!) und überdies im Zeitalter der Globalisierung kein Staat mehr mit seiner Wirtschaft wettbewerbsfähig war, mußte diese Übung unter Gelächter abgebrochen werden. So kamen Privatisieren und Entstaatlichung in Mode. Das aber ist bloß die Oberfläche.

Jegliche staatliche Wirtschaftstätigkeit ist schon aus grundsätzlichen Erwägungen sofort zu beenden. Dies ergibt sich aus der debitistischen Betrachtung, daß Eigentum immer »verpflichtet«, also verschuldet eingesetzt werden muß.

Der Staat macht aber keine durch Eigentum gedeckten Schulden. So hat die Bundesrepublik noch nie eine Anleihe aufgelegt, die durch das Gelände eines Truppenübungsplatzes besichert worden wäre. Der Staat macht immer nur Schulden, die auf kommenden Steuereinnahmen basieren, von denen er aber weiß, daß sie in der benötigten Höhe nie und nimmer hereinkommen werden. Er zielt auf die Zukunft und belastet künftige Generationen, ohne sie gefragt zu haben.

Und wenn seine Schulden fällig werden, deckt sie der Staat mit neuen Schulden ab, die Zinsen inklusive. Der Staat ist ein Wechselreiter. **Ein Unternehmer, der so wirtschaften würde, wäre längst in Handschellen abgeführt worden.**

Aber es geht nicht nur um das Besicherungsproblem von Staatsschulden, bei dem man deutlich sieht, daß der Staat von der Funktion des Eigentums für den Wirtschaftsablauf keine Ahnung hat. Auch das wundert nicht, denn Politiker und Be-

amte leben vom Staat und sind niemals Teil der freien Wirtschaft. Einen Finanzminister, der schon eine Unternehmensbilanz unterschrieben und verstanden hätte oder der mir den Unterschied zwischen Rückstellungen und Rücklagen hätte erklären können, habe ich noch nicht gefunden.

Warum geht der Staat nicht ins Kloster?

Das Problem reicht tiefer. Der Staat greift bekanntlich in etwas ein, um es zu verändern. So wie es läuft, gefällt es ihm nicht. Das hört sich gut an, scheint moralisch einwandfrei zu sein. Der Staat hat die Funktion des Erziehers der Menschen, die auf seinem Gebiet leben, an sich gerissen. Die Politiker als begnadete Meister, die weit über das hinausschauen, was die Menschen in ihrer irdischen Unvollkommenheit so treiben?

Der Staat ist aber kein Kloster, in dem Regeln gelten und gelten müssen und in dem sich jeder freiwillig diesen Regeln unterwirft. Gegen staatliche Regelungen und Eingriffe in den sich sonst am Markt ergebenden, freien wirtschaftlichen Ablauf spricht, daß sich **nicht alle** Menschen diesen Regeln unterwerfen wollen. Deshalb sind staatliche Vorschriften strafbewehrt: Wer seinen Laden nachts geöffnet hat, muß Strafe zahlen, was unnötig wäre, wenn jeder abends freiwillig schlösse.

Es gibt nur einen einzigen Ort, an dem sich alle freiwillig den Ergebnissen unterwerfen: **den freien Markt.** Wenn jemand meint, etwas sei zu teuer, kauft er es nicht. Freiwillig. Es gibt keinen Kaufzwang.

Wenn der Staat einen Markt reguliert, schafft er immer nur dort das von ihm gewünschte Ergebnis. Da dies ein von den Menschen nicht gewünschtes ist (sonst gäbe es ja keine entsprechenden Erzwingungsgesetze), bricht mit der staatlichen Regelung an einer Stelle der freie Marktprozeß auch an anderer Stelle ab. Müssen alle ihren Laden abends schließen, können Taxifahrer nachts niemanden zum Einkaufen fahren usw.

Es macht für Werbeagenturen wenig Sinn zu investieren, nachdem die Werbung für Tabak verboten wurde. Wenn der Mensch etwas haben möchte, warum darf er es nicht haben?

Daß er es haben will, beweist die Tatsache, daß es das gibt. Und was es nicht gibt, kann niemand verbieten. Mit jedem Verbot zerbricht der Staat den für unser Schicksal absolut notwendigen **Kettenbrief** an einer Stelle. Und je mehr der Staat in die Wirtschaft eingreift, um so mehr Stellen werden brüchig.

Es beginnt ein zunächst partieller, dann allgemeiner wirtschaftlicher Niedergang, der sich beschleunigt. Gesetz wird auf Gesetz gehäuft. Am Ende steht unausweichlich der finanzielle Exitus.

Nichts von Rom gelernt

Auch die römischen Kaiser wollten die Wirtschaft regulieren, und sie erließen Gesetz um Gesetz, von Preisedikten über Handwerksdefinitionen bis zu Gewerbeverboten. Da diese Gesetze nicht eingehalten wurden, mußten sie pausenlos neu erlassen werden. Ministerialbeamte näherten sich dazu dem **Imperator** in seiner Residenz und reichten ihm purpurfarbiges Pergament mit goldenen Lettern. Der unumschränkte Herrscher unterschrieb und siegelte, danach verließen die Ministerialen den Raum, gebückt und rückwärts tapsend. Es war völlig umsonst, denn die Menschen wollten den freien Markt und nicht Vorschriften, was und wie sie zu kaufen und zu verkaufen hatten, welchen Beruf sie ergreifen durften und in welcher Gegend arbeiten oder den Ruhestand genießen.

Laissez faire!

Als **Ludwig XIV.**, der Sonnenkönig, vor lauter Wirtschaftskrisen nicht mehr ein noch aus wußte, bestellte er die Spitzen der Pariser Handelskammer zu sich ein. Er fragte sie, was **er** noch tun könne. »Gar nichts, Majestät«, sagten die Herren, und: »Laissez faire!« Lassen Sie es **uns** machen, und mischen Sie sich nicht weiter ein.

Inzwischen hat sich die Idee der freien Märkte durchgesetzt. Dennoch werden wir vom Staat immer noch bevormundet

und in unseren wirtschaftlichen Entfaltungsmöglichkeiten behindert.

So ist Werbung für Ärzte und Anwälte verboten, was von vorneherein Arbeitsplätze in den Branchen Ärzte- und Anwältewerbung verhindert. Solange der Staat das Rundfunkmonopol aufrechterhielt, gab es keine privaten Radio- und Fernsehstationen. Nachdem das Verbot privater Sender aufgehoben war, entstanden mehr als 100 000 neue Arbeitsplätze – bis hin zur Filmindustrie; schließlich können die Programme nicht nur mit Talk-Shows bestückt werden.

Oder nochmals das **Telefonmonopol,** das uns der Staat jahrzehntelang aufgezwungen hatte. Es verhinderte, daß sich Konkurrenz bildete. Resultat: Nur bei der Bundespost gab es Arbeitsplätze. Inzwischen ist das Telefonmonopol gefallen. Resultat: Eine Flut von Wettbewerbern, von Mobilcom bis Mannesmann, und viele neue Arbeitsplätze.

Das ist nicht alles. Denn die Fabriken und Dienstleistungsunternehmern, die Telefone herstellen, ISDN-Leitungen einrichten, Programme installieren, vom Fax über den Anrufbeantworter bis zum allermodernsten Handy, gibt es erst, seit die Post ihr Telefonmonopol verloren hat. Sonst würden wir heute immer noch auf den albernen Drehscheiben und Wähltasten herummachen.

Private Autobahnen!

Deregulierung, auch Privatisierung, heißt der Rückzug des Staates aus einstigen Monopolbereichen, und dort ist noch immer eine Menge Luft:

Zum Beispiel Privatisierung der Straßen, zunächst der **Autobahnen:** Die würden dann über Gebühren statt über die Mineralölsteuer finanziert. Die Autobahnen sind sofort an die Börse zu bringen, so: Jeder Benutzer zahlt eine Gebühr, entweder pro Jahr (sagen wir 250 Mark) oder pro Kilometer. Dann sind das bei 40 Millionen Fahrzeugen, die unsere Autobahnen benutzen, zehn Milliarden Mark im Jahr. Davon wird die Hälfte für Reparaturen zurückgestellt, die andere Hälfte

ausgeschüttet. Aus fünf Milliarden Mark im Jahr errechnet sich leicht ein Wert der Autobahnen von 100 Milliarden Mark (rechnerisch fünf Prozent sichere Verzinsung). Wie ein zu fünf Prozent verzinstes Wertpapier einen Kurswert an der Börse von ca. 100 hat.

Dann weiter. Erstes Modell: Die 100 Milliarden dienen zur Reduzierung der Staatsverschuldung. Zweites Modell: Die Aktien der Autobahn AG werden an die Autobesitzer kostenlos verteilt, denn sie haben die Autobahn bereits mit ihren Steuern bezahlt. Die Autofahrer entscheiden dann **selbst,** wie hoch die jährlichen Benutzergebühren sein müssen, damit die Autobahnen immer in Bestzustand sind (sie müssen schließlich darauf fahren). Der Staat muß sich nicht mehr um die Autobahnen kümmern, das tun die neuen Eigentümer. Die Mineralölsteuer wird um den Betrag gesenkt, den der Staat bisher für die Autobahnen aufgewendet hat. Benzin wird billiger.

Und so weiter. **Wasser und Strom** können genauso privatisiert werden, wie die **Eisenbahnerwohnungen** inzwischen privatisiert wurden. Die **Universitäten** werden privatisiert, und endlich bestimmen die Studenten (die Kunden!), wer ihnen was und wie schnell beizubringen hat. Die **Forschungsinstitute** werden privatisiert, denn wo und was geforscht werden soll, weiß die private Wirtschaft zehnmal besser als der Staat. Die Wirtschaft steht unter dem Druck des Marktes, der Wünsche von Millionen von Verbrauchern. Der Staat schert sich einen Dreck um diese Wünsche.

Dann die Privatisierung aller **Behörden.** Denn es ist nicht einzusehen, warum die statistischen Büros von Beamten geleitet werden müssen, Pässe nicht von privaten Dienstleistern ausgestellt werden können (etwa von Notaren) usw.

Bundesbank verkaufen, Bauern retten!

Von der Privatisierung der Notenbanken war schon die Rede. Selbst wenn wir es in der ersten Stufe bei einer staatlichen EZB belassen würden, könnten doch sofort die **nationalen** Notenbanken, die keinerlei Rechte mehr in Sachen Geld und Geld-

umlauf haben, privatisiert werden. Warum muß die Deutsche Bundesbank die höchste Beamtendichte aller Behörden der Welt haben, noch dazu, wo dort nichts mehr zu tun ist? Die neuen Eigentümer einer privaten Bundesbank würden diesen Mißstand sofort beenden.

Es gibt noch zahlreiche andere Beispiele dafür, wie Staatseingriffe in die Wirtschaft Wohlstand vernichten, statt ihn zu mehren, man denke nur an die **Agrarwirtschaft**. Da wird etwa ein Bauernstand in der EU künstlich am Leben erhalten, der – bei allem individuellen Fleiß der Landleute – niemals eine weltmarktfähige Agrarproduktion auf die Beine bringen wird.

Die Bauern werden mit dem Kopf gerade über der Wasserlinie gehalten, aber die Milliarden sind verschwendet. Nirgends ist etwas von jener »Aufbruchstimmung« auf den Feldern zu spüren, die nötig wäre, um auf den Vorstufen des landwirtschaftlichen Produktionsprozesses debitistische Wachstumsprozesse einzuleiten. Die Bauern können nicht leben, nicht sterben, die Traktorenhersteller auch nicht, die Saatgutfirmen auch nicht, usw. usf.

Ein Skandal ist die Sache mit den **Bananen**. Weil einige EU-Staaten gern die Bananenproduktion in ihren Überseegebieten fördern oder erhalten wollen, wird kurzerhand die Konkurrenz der Dollar-Bananen aus dem Weg geräumt. Resultat siehe oben: Verschwendung von knappem Kapital, Überschuldung, Nullwachstum ...

Der Bankier aus Zürich lehrt

Felix Somary, ein weitsichtiger Bankier aus Zürich, ist in seinem Buch »Krise und Zukunft der Demokratie« (Vorwort: Otto von Habsburg) dem Phänomen der Staatseingriffe in die Wirtschaft, die er für demokratiegefährdend hält, auf den Grund gegangen. Er nennt die folgenden Punkte:
1. Die Monopolisierung der **Geldschaffung** durch den Staat. Das haben wir schon ausführlich betrachtet.
2. Der **Primat der Politik.** »Diese Doktrin ordnete Wirtschaft

und Recht der Politik unter, das heißt: den Prinzipien der herrschenden Partei.«
3. Die **Unverantwortlichkeit** der Regierung: »Im aufreizenden Gegensatz zu der Zahl und Popularität der Doktrinen, die eine gewaltsame Aneignung der Regierungsgewalt verherrlichen, steht das völlige Stillschweigen der Wissenschaft und das Versagen der Jugend ...«
4. Das **Obereigentum des Staates.** Schon Thomas Morus hatte als Hauptübel, das korrupte Regierungen einem Staat zufügen können, die Ableitung allen Eigentums vom Staatsoberhaupt bezeichnet. Somary: »Mit der Konstituierung des staatlichen Obereigentums ist das Eigentumsrecht wesensverändert worden. Und da das Obereigentum sich auf alles bezog, wurde das private Eigentum zu einer zeitbedingten, jederzeit entziehbaren Lizenz hinabgedrückt.«

Vorschläge zur Lösung:

1. Der Staat zieht sich aus allen Bereichen wirtschaftlicher Tätigkeit zurück. Er hat dort absolut nichts zu suchen.
2. Dem Staat muß jegliches Eigentum entzogen werden. Also: sofortige Staatsenteignung! Staatseigentum ist ein Relikt aus feudalistischer Zeit, als der Fürst Staatschef und privater Landbesitzer in einem war. (Ist dieser Punkt abgehakt, lösen sich die anderen Probleme, die Somary angesprochen hat, von selbst.)

PS: Ich werde in einem weiteren Lösungsvorschlag eine großangelegte Umverteilung des Eigentums fordern. Dies ist nicht mit einer Enteignung zugunsten des Staates zu verwechseln und dient auch nicht dazu, das Obereigentum des Staates noch einmal Triumphe feiern zu lassen. Es soll vielmehr der vom Staat geschaffene unhaltbare, weil gesellschaftsvernichtende Zustand korrigiert werden, indem die Zahl der verschuldungsfähigen Eigentümer maximiert und damit die durch Schuldendruck vorangetriebene Wohlstandsmehrung wieder in Kraft gesetzt wird.

Viertes Problem: Sozialstaat

Muß der Staat gerecht sein?

Der Staat macht Schulden zu Zwecken der **sozialen Sicherung** (Renten, Arbeitslosigkeit, Krankheit, Asyl- und Sozialhilfe) und der **Umverteilung** (Wohngeld, Kindergeld, kostenlose Bildung, Bausparhilfen, Förderung der Vermögensbildung usw.).

Zwei Ideen stecken hinter solchen Programmen, die zunächst einleuchten:

1. Die Idee der Gerechtigkeit. Aus Gründen, die in der Vergangenheit liegen und für die der einzelne nichts kann, haben die einen Menschen mehr vom Leben als die anderen, oder wie Bert Brecht es ausdrückte: »Die einen steh'n im Licht, die andern sieht man nicht.«

Die einen leben in besseren Familienverhältnissen, können auf bessere Schulen gehen, haben bessere Chancen in Beruf und Karriere und damit bei der Erzielung von Einkommen und so für den Genuß der schönen Dinge, die die Welt so bietet. Der Staat hat als Oberschiedsrichter die Verpflichtung, diese Ungerechtigkeit auszugleichen, schließlich sind alle Menschen **gleich,** und keiner darf diskriminiert werden. Das Vorgehen des Staates zum Ausgleich von Einkommensunterschieden wird daher von den meisten als richtig empfunden.

2. Die Idee der Ausschöpfung aller Ressourcen. In einer Gesellschaft gibt es verborgene Talente, die sich nicht entwickeln können, weil Geld fehlt. Da muß jemand Bauhandwerker werden, weil seine Eltern nicht das Geld haben, ihn auf die Uni zu schicken, ein anderer kommt gar nicht erst auf die höhere Schule, weil Geld fehlt. Kinder, die Genies werden und damit die Menschheit enorm voranbringen könnten, kommen nicht auf die Welt, weil die Eltern sich das Kind nicht leisten können. Und so weiter.

Der Staat muß daher, wo immer es geht, finanzielle Hilfestellung leisten, um das **Potential** seiner Bevölkerung zu nutzen und optimal zu entwickeln. Die zweite Idee wird zwar nicht von so vielen Menschen akzeptiert wie Idee Nummer

eins, aber sie ist doch in breiten Schichten fest verankert, vor allem in den Köpfen fortschrittlicher Politiker.

Wohin sich ein Sozialstaat entwickeln kann, zeigt sehr schön das alte Athen. Dort lebte die ganze Polis (Stadtstaat) von den unermeßlichen Schätzen ihrer Silberbergwerke. Damit ließen sich nicht nur herrliche Tempel bauen, sondern auch Akademien gründen (Platon!), die Künste fördern (Phidias!), das Schauspiel (Sophokles!) und auch sonst jede Menge Talente entwickeln. Die Armen wurden auf Staatskosten gehegt, und nachdem der Silberstrom versiegt war, bestanden sie darauf, daß die ihnen gezahlten Unterstützungen weiterflossen. Als dies die Staatskasse nicht mehr hergab und unvermeidliche Kürzungen anstanden, wurde von der Volksversammlung ein Gesetz beschlossen, wonach jeder mit dem **Tode** bestraft wurde, der es wagen sollte, überhaupt Kürzungsvorschläge zu unterbreiten. Das Recht auf ein **kostenloses** Dasein schien für immer gewährt.

Wenig später freilich war die attische Demokratie, eine der größten Errungenschaften des Altertums, verschwunden. Bankrott, Umsturz, Gewaltherrschaft – und das Ende. Aus dem stolzen Athen wurde eine bedeutungslose Kleinstadt im römischen Imperium.

Charlies Glocken-Kurve

Der amerikanische Sozialwissenschaftler Charles Murray hat beide Ideen auf den Prüfstand umfangreicher Untersuchungen gestellt und herausgefunden, daß sie **beide falsch** sind. Und daß der Staat, der sich diesen Ideen hingibt, alles viel schlimmer macht, anstatt es zu bessern. Murrays Bücher »Loosing Ground« (deutscher Titel: Wir verlieren den Boden unter den Füßen, 1984) und »The Bell Curve« (Die Glocken-Kurve, 1994) kommen in Tausenden von Statistiken und Kurven zu überraschenden Ergebnissen, hier kurz gefaßt:

1. Es gibt tatsächlich in der Vergangenheit liegende Unterschiede zwischen den Menschen, für die der einzelne nichts kann. Diese Unterschiede sind aber **genetisch** bedingt. Ein Teil der Menschen ist für den marktwirtschaftlichen Prozeß mit

seinen Kennzeichen Konkurrenzdruck, Karrierestreben und Gewinnmaximierung besser geeignet als der andere.
2. Den genetischen Vorteil, den der eine Teil der Menschen gegenüber dem anderen hat, kann auch niemand aufholen. Murray nennt ihn »kognitive Intelligenz«. Vereinfacht dargestellt, umfaßt diese Intelligenz alles, was heutzutage jemand hat, der zum Beispiel einen Computer programmieren und damit zeitoptimal umgehen kann.
3. Menschen, die über diese kognitive Intelligenz verfügen, bleiben am liebsten untereinander, sie bilden – gewollt oder ungewollt – eine **Klasse für sich,** die ihre Intelligenzgene immer nur innerhalb der eigenen Klasse vererbt.
4. Auf die Menschen mit geringerer Intelligenz – und sie sind bedauerlicherweise in der Mehrheit – wartet ein beklagenswertes Los: Sie und ihre Nachkommen sind für immer zu **einfacheren Tätigkeiten** in der Gesellschaft verdammt, die auch **schlechter bezahlt** werden. So teilt sich die Gesellschaft mit unterschiedlichen Intelligenzquotienten auch immer stärker in **Reiche und Arme.** Ein unlösbarer Konflikt beginnt sich mit jeder neuen Generation immer stärker und schließlich flächenbrandartig auszuweiten.

Die Ergebnisse seiner Ermittlungen hat Murray in einer Glocken-Kurve dargestellt: Sie beginnt unten links mit den ganz Dummen, dann schwingt sie sich auf zu denen mit geringer Intelligenz, die aber die Mehrheit bilden. Deshalb ist die Kurve dort am höchsten. Dann fällt sie wieder schwungvoll ab. Ganz rechts sind die wenigen Superintelligenten.

Eliten sind Rassisten

Die Ergebnisse sind starker Tobak, zumal Murray (und sein verstorbener Koautor, der langjährige Harvard-Professor Richard Herrnstein) auch noch die unterschiedliche Verteilung der kognitiven Intelligenz nach Hautfarben getrennt untersucht, was ihm den Vorwurf eingetragen hat, ein elitärer Rassist zu sein – wie jene Intelligenteren, die er in seinem Buch herausstellt.

Die daraufhin ausgebrochene, höchst kontroverse Debatte (Sind Schwarze dümmer als Weiße?) ist in den USA in letzter Zeit abgeflaut, da sie ein gewaltiger Wirtschaftsaufschwung etwas entschärft und überlagert hat. Und weil in den USA auch die weniger Intelligenten einen Platz am Arbeitsmarkt gefunden haben.

Paul Krugman, den wir mehrfach kennengelernt haben, hat den US-Arbeitsmarkt im »FAZ«-Magazin vom 3. Juli 1998 als »brutal« bezeichnet: »Die Arbeitsplätze sind in hohem Maße unsicher, die Arbeitslosenunterstützung ist sehr niedrig. Die Amerikaner sind zum Arbeiten gezwungen.« Was aber geschieht beim nächsten Abschwung der US-Wirtschaft oder gar bei einer schweren Krise? Was, wenn es dann keine Arbeitsplätze gibt, egal wofür? Zum Beispiel weil sich die verrenteten Reichen nur je 50 Gärtner und nicht 100 gönnen wollen? Dann wird die Murray-Debatte mit Wucht wieder aufbrechen.

Sparta und die Landverteilung

Die Ergebnisse von Professor Murray finden sich nun leider in der Geschichte immer wieder bestätigt – auch dort, wo es keinerlei Rassenunterschiede gegeben hat. Es gibt offenbar Menschen, die mit dem Phänomen der debitistischen, also unter Schuldendruck sich vorwärtskämpfenden Wirtschaft besser fertig werden als andere. Obwohl zu Beginn der antiken Gesellschaften zunächst absolute Gleichheit herrschte und jeder ein gleich großes Stück Land zugeteilt bekam, begann sich die Bevölkerung sehr bald in Arm und Reich zu teilen. In Rom hatte der legendäre Städtegründer Romulus das Land, die »Roma quadrata«, in gleiche Stücke aufgeteilt, im antiken Sparta war es der legendäre Städtegründer Lykurg, der alles ganz genau gleich unter den Spartanern vergab, deren Zahl sogar überliefert ist: 39 000.

Doch schon wenige Generationen später war die Gesellschaft auseinandergedriftet. Landeigentümern, die immer mehr Grund und Boden an sich gerafft hatten, standen landlose Habenichtse gegenüber oder überschuldete Bürger, die

mit Ach und Krach noch ein Fleckchen Land ihr eigen nannten. Es kam zu sozialen Spannungen, Aufständen, Revolutionen.
Wie war das möglich, da am Anfang doch absolute Gleichheit aller gestanden hatte? Lag es vielleicht doch an einem speziellen **Gen**? Hatte ein Teil der Spartaner oder der Römer mehr kognitive Intelligenz als der andere? Wer weiß.
Unbeschadet der höchst unerquicklichen Rassendiskussion – in Europa würde man bei gleichen Resultaten vielleicht sagen: der **Ausländer**diskussion –, können wir die grundsätzliche Fragestellung nicht einfach übergehen: **Was geschieht in einer Gesellschaft, in der es verschiedene Grade der Fähigkeit gibt, sich dem Wirtschaftsprozeß zu stellen und sich in ihm zu behaupten?**
Weil Wirtschaften letztlich auf Neuschuldnerfindung hinausläuft, die das Wesen des Verkaufens ausmacht, nicht jeder potentielle Unternehmer aber eine Verkaufskanone ist und nicht jeder Arbeitnehmer ein begnadeter Selbstdarsteller, ist ein automatisches Auseinanderdriften der Ergebnisse von wirtschaftlichem Tun selbst bei völlig gleichen Anfangschancen nicht von der Hand zu weisen. Die einen werden reicher, die anderen bleiben arm.
Sollen die dem Druck besser angepaßten Menschen die anderen einfach sich selbst überlassen? Oder müssen sie mit sozialen **Ausgleichsprogrammen** eingreifen – schon im eigenen Interesse? Und vor allem: Was geschieht, wenn die Mittel, diesen Ausgleich herzustellen, nicht über Steuern den Intelligenteren abgefordert, sondern mit Hilfe zusätzlicher Staatsschulden vorgetragen werden?

Sondersteuer für Intelligenz!

Der in einer Gesellschaft laufend vorzunehmende Ausgleich über gleichzeitig erhobene Steuern hat uns in einem Buch über die Wirkung der Staatsverschuldung nicht zu interessieren. Sollten die Murray-Herrnstein-Ergebnisse nicht widerlegt werden können, wofür derzeit noch alles spricht, muß sich die

Gesellschaft überlegen, ob sie die Intelligenteren mit einer **Strafsteuer** dafür belegt, daß sie intelligenter sind, wofür die allerdings nichts können, da ihnen die Natur eben mehr Intelligenzgene mitgegeben hat als den anderen.

Würde ein solcher Ausgleich über eine Strafsteuer auf Intelligenz nicht erfolgen, hieße das möglicherweise: Die Intelligenteren und dadurch Reicheren setzen alles daran, daß die weniger Intelligenten langsam aussterben. Das aber würde das Problem in keiner Weise lösen. Denn auch unter den Intelligenteren sind nicht alle gleich intelligent. Es würde also immer wieder zum gleichen Problem kommen – bis zum Schluß nur noch ein einziger übrigbleibt – der Allerintelligenteste. Aber was macht dann der? So ganz allein auf der Welt? An wen verkauft er die Produkte seines kognitiv optimalen Schaffens?

Und wenn sich Intelligenz nivellieren ließe? Das würde genausowenig weiterführen. Dann würde jegliches Wirtschaften ersterben, denn Wirtschaften heißt auch, unterschiedliche Einschätzungen über die Zukunft zu haben. Nehmen wir nur die Börse. Jeden Tag verkaufen Menschen Aktien und kaufen Menschen Aktien. Da die Aktien am nächsten Tag entweder fallen oder steigen, ist entweder der Käufer oder der Verkäufer ein Idiot gewesen. Denn einer verliert Geld.

Haben alle Börsenteilnehmer die gleiche Intelligenz und sind sie noch gleich kognitiv »gegent«, erfassen und verarbeiten sie also alle Daten gleich schnell und gleich umfassend, kann es immer nur Verkäufer oder nur Käufer an der Börse geben. Es würde niemals eine einzige Aktie umgesetzt. Die Kurse würden entweder bei null oder bei unendlich liegen.

Weiteres Nachdenken können wir uns sparen. Wer Murrays Schlußfolgerungen akzeptiert und seine Forderung, jegliche Unterstützung von intelligenzmäßig Schwächeren einzustellen, der fordert das Ende jeden Wirtschaftens.

Man muß umgekehrt formulieren: Gott sei Dank, daß es Kluge und Dumme gibt! Wie könnte sonst ein Verkäufer einen Käufer finden? Um die Wirtschaft also zu stabilisieren, müßten die Intelligenten bewußt Unintelligente heranzüchten: wie sollten sie sonst jemals selbst Geld verdienen?

Im Mittelalter erregte der Philosoph Buridan großes Aufsehen mit seinem Beispiel vom Esel, der vor zwei gleich großen, gleich hohen, gleich duftenden Heuhaufen sitzt und verhungern muß, weil er sich nicht für einen der beiden Haufen entscheiden kann. Auf Murray gemünzt: Sind Käufer und Verkäufer gleich intelligent, werden sie so lange um die Ware feilschen, bis beide gestorben sind.

Warum kein Grundeinkommen für alle?

Es ist also unbedingt erforderlich, Intelligenzunterschiede zu erhalten. Vielleicht muß man sie sogar fördern und nur die Extreme abmildern, die den weniger Intelligenten und ergo wirtschaftlich Schwächeren möglicherweise an den Rand der Nichtbewältigung seines Urschuld-Problems getrieben haben. Ideal wäre dann eine laufende Zahlung des absoluten Lebensminimums aus jenen Einkommen, die die intelligenteren Reichen daraus beziehen, daß sie das Kontraktschuldenproblem besser in den Griff bekommen.

In den USA wird so etwas über eine **negative Einkommensteuer** schon praktiziert: Wer weniger als einen bestimmten Lohn verdient, kriegt Zuschüsse, wer mehr hat, muß Steuern zahlen. Wer genau den Richtlohn verdient, zahlt nichts und kriegt nichts. Die Einkommen der niedrigsten Lohngruppen werden aus Mitteln der Gesellschaft sogar um 40 Prozent über ihren tatsächlichen Lohn angehoben. Voraussetzung zum Bezug dieser Gelder ist aber, daß der Betreffende wirklich arbeitet und nicht nur auf den Scheck vom Sozialamt wartet. In Großbritannien geschieht das gleiche, nach dem Motto: **No workey, no money.**

Dumm ist also die Forderung nach einem von der Gesellschaft garantierten **Grundeinkommen** durchaus nicht, die auch in Deutschland in letzter Zeit laut wurde (Grüne, SPD, PDS usw.). Aber: Wer mehr haben will als Wasser und Brot, muß sich wenigstens so stark anstrengen, daß er sich Wasser und Brot selbst verdient.

Staatsschulden und Anspruchsdenken

Gehen wir das Murray-Problem nun noch sub specie Staatsverschuldung an. Dann ist zu fragen: Was passiert, wenn die möglicherweise wirtschaftsnotwendige Erhaltung der Intelligenz- und Einkommensunterschiede durch Staatsverschuldung ausgeglichen wird? Dann kommen wir – wie immer bei der Staatsverschuldung – gleich auf die schiefe Bahn.

Die meisten dieser Schulden werden beim Empfänger der Gutschriften konsumtiv verausgabt. Das ist auch logisch, denn der arme Teufel muß zuerst mal ans Überleben und ein bißchen Komfort für sich und die Seinen denken. Da die Schulden auf dem Kapitalmarkt aufgenommen werden, behindert und verteuert die Staatsverschuldung aber die Bildung des gesamtwirtschaftlichen Kapitalstocks.

Dies hemmt die korrekte und geglättete Abwicklung des debitistischen Prozesses. Denn Schulden müssen immer zu Mehrarbeit führen, sonst wird's ein Schuß nach hinten. Wenig später sind wir wieder beim alten Lied, die Inhaber der Staatstitel werden verrentet, die Wirtschaft steigt ab.

Außerdem schafft der Staat ein die ganze Gesellschaft verpestendes **Anspruchsdenken,** weil das alles nichts kostet: Der Bezuschußte erhält nämlich sein Geld sofort, und der den Kredit dazu gegeben hat, erhält das gleiche Geld noch einmal, nur etwas später und mit Zinsen. Wer also hat gezahlt, wer ist belastet? Niemand.

Die Gefahr ist groß, daß der Staat ein Existenzniveau schafft, das nicht marktwirtschaftlichen Gegebenheiten entspricht. Aus dem deutschen Sozialsystem kennen wir die Haltung »Für die 100 Mark mehr (= Differenz zwischen Marktlohn und Sozialhilfe) mache ich mir doch nicht die Hände schmutzig.« Dies kann auch bei der negativen Einkommensteuer passieren, und zwar so, daß jemand eine Arbeit annimmt, aber so wenig dafür tut, daß er möglichst viel fürs Nichtstun kassiert.

Auch könnte das System verhindern, daß die Löhne nach unten flexibel werden. Dies wäre zu verhindern, indem nicht ein Zuschuß auf den Lohn kommt, sondern eine Sozialhilfe

nur das absolute Existenzminimum (Wasser und Brot) umfaßt. Dann würde jede **zusätzlich** verdiente Mark für ein besseres Leben Verwendung finden.

Patentrezepte gibt es nicht

Eine Lösung des Umverteilungsproblems ist und bleibt schwierig, weil sich der Staat beim Verzicht auf soziale Douceurs unter Umständen große Urschuld-Probleme seiner Bürger einhandelt. In einer Welt, in der der Staat nach dem Verständnis der Bürger als »letzte Instanz für alle Lebensprobleme« auftritt, ist ein »herzloser« Staat nicht vorgesehen.

Eine Abkehr von diesem Beschützerimage würde ein völlig neues Staats- und Selbstverständnis der Bürger voraussetzen. Dies würde die Forderung nach mehr »Eigenverantwortlichkeit« umfassen, die nur zu vermitteln wäre, nachdem der Staat das **Schul- und Bildungsmonopol** verloren hat. Solange auf unseren Schulen Bismarck gelehrt wird statt Buchhaltung, ist ein Umdenken unmöglich. Kein deutscher Abiturient weiß, wie eine Gewinn-und-Verlust-Rechnung ausschaut. Er muß aber schließlich in einem Betrieb arbeiten, für den so etwas überlebenswichtig ist. Selbst wenn er Beamter wird, muß er das wissen. Denn alle Beamten leben von Steuern, die in Betrieben erwirtschaftet werden, die mit Gewinn-und-Verlust-Rechnungen umzugehen haben. **Der Beamte braucht den Betrieb, aber kein Betrieb braucht einen Beamten!**

In einigen Staaten (Neuseeland!) war es möglich, den Teil der Urschuldner wieder auf den Markt zurückzuschicken, der mit Hilfe von Kontraktschulden der Bewältigung dieses Problems gewachsen ist. In anderen Staaten mit starker Beihilfetradition (Kennwort: soziale Marktwirtschaft) wird eine Änderung in Haltung und Tendenz schwierig. Es wird vermutlich zu einer Fortsetzung des Trends kommen, verstärkt nach dem Ausbruch einer neuerlichen Konjunktur- oder gar Systemkrise: Die Staatsschulden für Soziales steigen weiter, weil es in einer Krise keinen Sinn macht, die

Steuern zu erhöhen. Das steigert die Schuldenquote, diese wiederum die Arbeitslosigkeit, diese wiederum den Zuschußbedarf, der wiederum die Schulden usw. Am Ende: Zusammenbruch.

Aber Achtung! Im Laufe dieses Desasters (deflationäre Depression, Massenarbeitslosigkeit, Staatsbankrott, Runaway-Inflation) könnten sich **revolutionäre Bewegungen** gegen die »Anspruchshalter« ergeben, die »unberechtigt« abkassieren, gegen Rentner, Politiker, Beamte, sozial Schwache, Ausländer usw. Historische Parallelen: die »Pfaffen«, der Adel, die Reichen, die Juden, die Bonzen ...

Kurzum: Nachdem die Ideen vom Allesheiler Staat einmal auf der Welt sind und damit die Staatsschulden, ist eine durch den Verrentungsprozeß irgendwann ausgelöste schwere Krise nur eine Frage der Zeit. Daher erscheint es schier unmöglich, eine »verstaatlichte« Gesellschaft noch zu retten.

Lösungsvorschlag

Alle Bürger müssen sich darüber im klaren sein, **daß es mit dem bisherigen Staatsverständnis auf keinen Fall weitergehen kann.** Der Grat zwischen dem, was der Staat überhaupt sein soll (und kann), und dem, was sicher nicht, ist äußerst schmal. Eine radikale Neubesinnung tut not. Jeder einzelne ist aufgefordert, Vorschläge zu unterbreiten, wie das Gemeinwesen aus der Garrotte herauskommt, die der heutige Staat ihm um den Hals gelegt hat.

Ganz sicher muß das gesamte Bildungswesen schleunigst **privatisiert** werden, damit der Staat nicht sein eigenes, offensichtlich falsches Konzept immer wieder über Staatsbeamte weitergibt. **Der Staat muß schon in der Schule grundsätzlich hinterfragt werden.**

Schulen, in denen die Schüler nicht die Frage stellen dürfen: »Warum sind Sie eigentlich unkündbarer Lebenszeitbeamter, Herr Lehrer, während mein Vater gestern entlassen wurde?«, können wir uns nicht länger leisten.

Fünftes Problem: die Finanzblase

Der Tsatsiki-Effekt

Der Staat macht Schulden, weil er Schulden hat. Das ist das Finale. Die Schulden haben sich verselbständigt und können nur noch bedient werden, indem der Staat die Zinsen zur Schuld schlägt. Sofern (Teile der) Zinsgutschriften von den Titelhaltern noch ausgegeben werden, wirken sie wie ein »Konjunkturprogramm«, sie schaffen Nachfrage aus dem Blauen. Solche Zahlungen nutzen sich aber immer mehr ab. So fährt Deutschland die relativ und absolut höchsten Staatsdefizite der Nachkriegszeit, doch die Konjunktur lahmt, die Zahl der Arbeitslosen steigt, die Preise sinken. In Japan haben selbst Mega-»Ankurbelungsprogramme« nicht verhindern können, daß sich der Niedergang beschleunigt. Belgien, das die relativ höchste Staatsschuldenquote der EU fährt (und absolut maastrichtuntauglich wäre), hat die höchste Deflation der Produzentenpreise der EU, usw.

Die Staatsverschuldung geht exponentiell nach oben. Die Schulden (= Zinsen) steigen per Zinseszins schneller als das Sozialprodukt (wiewohl sie als »Zinseinkünfte« oder »Gewinne« zum Sozialprodukt gerechnet werden). Das Ende ist einfache Mathematik: Die Zinsgutschriften p. a. steigen auf die Höhe des Sozialprodukts p. a., und dieses besteht aus »arbeitslosem Einkommen«.

Geld wird nur noch gezeigt, nicht gezahlt. Am Schlußtag gilt: Sozialprodukt = Zinsen auf die Staatsschuld = Zinsgutschriften = Einkommen. Gearbeitet wird nicht mehr, die Zahl der (weißen) Arbeitsplätze geht gegen null. Die Kluft zwischen Arm und Reich wird immer größer, die klassische vorrevolutionäre Stimmung entsteht.

Die Schuldenmacherei des Staates hat, wie wir gesehen haben, einen **Primäreffekt:** die Verschuldung selbst. Am Ende steht der Staatsbankrott. Auf diesem Weg sind wir gut vorangekommen.

Klares Indiz für diesen Zustand ist die Tatsache, daß sich **trotz größter Defizite** in der Wirtschaft nichts mehr regt. Das ganze Gebilde ist wie eine Maschine, die auf immer höheren Touren läuft, aber keinen Transmissionsriemen hat, um diese Kraft irgendwohin zu übertragen.

Ich nenne das den **Tsatsiki-Effekt.** Wirkt so: Ein junger Berliner leiht sich von seiner Bank 1000 Mark für ein flottes Wochende in München. Alles bestens. Nach einem Jahr will er sich wieder 1000 Mark leihen. Ja, sagt die Bank, wir müssen aber 100 Mark Zinsen einbehalten. Mit 900 Mark fährt der Mann nach Nürnberg. Alles bestens. Wieder ein Jahr später will er wieder 1000 Mark. Die Bank sagt: Klar, abzüglich 200 Mark Zinsen. Mit den 800 Mark fährt der Mann nach Coburg. Und so weiter.

Schließlich kommt der Mann in die Bank und sagt: Noch mal 1000 Mark. Ja, sagt die Bank, aber 900 Mark gehen inzwischen für Zinsen ab, die wir gleich einbehalten. Hier sind die restlichen 100 Mark. Die nimmt der Mann und geht mit Bruder und Freundin um die Ecke zum Griechen. Sie bestellen Retsina, Oliven, Weinblätter, drei Portionen Gyros.

Obwohl der Mann jedes Jahr 1000 Mark Schulden gemacht hat, ging seine Nachfrage nach den Dingen des Lebens immer mehr zurück. Noch ein Jahr später wird er wieder 1000 Mark Schulden machen, aber er kriegt keinen Pfennig ausgezahlt. Er kann sich nicht mal mehr den Griechen leisten. Er läuft heulend am Lokal vorbei. Der Grieche ist ein netter Mensch und schenkt dem Mann – was? Eine Portion Tsatsiki.

Genau das ist die Lage des Staates. Obwohl er immer weiter Schulden macht, hat er immer weniger Geld zur Verfügung, das er ausgeben könnte. Der Finanzminister läuft heulend durch die Straßen.

Wenn alle über 60 plötzlich stürben

Dazu kommt der **Sekundäreffekt,** von dem dieses Buch vor allem gehandelt hat: die **Gegenbuchung** der Staatsverschul-

dung, die privaten Guthaben. Diese Gegenbuchung wird von der herrschenden Ökonomie geflissentlich übersehen – mit wenigen Ausnahmen.

Aus den immer höher steigenden Guthaben, die wir gegenüber dem Staat haben (oder sagen wir ruhig: gegenüber der nächsten Generation), resultiert der Selbstverrentungseffekt. Am Ende Stillstand.

Denkhilfe. Wir nehmen an, eines Morgens liegen alle über 60jährigen tot im Bett. Irgendein rätselhafter Virus hat sie zu mitternächtlicher Stunde hinweggerafft. Dann wird alles Vermögen der Toten, dann werden alle ihre Häuser, ihre Autos, ihre Rennpferde und Golfschläger usw. vererbt.

Aber nicht nur die Gegenstände, sondern vor allem die ganzen Guthaben. Die Festgelder, die Aktien und Anleihen, die Lebensversicherungen werden ausgezahlt. Über die Erben branden Milliarden herein. Die Erben werden erst trauern. Dann werden sie sich freuen. Sie werden zur Bank gehen und sich Anlagevorschläge ausarbeiten lassen. Von den Überlebenden (alle unter 60) wird vielleicht nur noch jeder dritte arbeiten, aber nur, weil er nichts geerbt hat.

Die anderen beginnen, Pläne zu schmieden, es geht um Kreuzfahrten nach Spitzbergen und zu den Seychellen; Cartier, Jil Sander und Versace machen Rekordumsätze; einige bestellen Champagner Lkwweise. Und so weiter.

Alles wird erst teurer, dann wird es fehlen. Denn wer stellt es noch her? Die Champagnerfabrikanten sind in ihren Speedboats gen Spitzbergen aufgebrochen, und die Versace-Näherinnen machen Hully-Gully auf den Seychellen.

Alles Ererbte wird schnell sinnlos werden.

Und die **Renten?** Wird es nicht mehr geben. Wer noch arbeiten muß, weil er nichts geerbt hat, ist als Subunternehmer tätig oder in die Scheinselbständigkeit abgewandert. Oder sogar in die echte.

Die **Steuern,** die sie zahlen müßten, lägen bei 120 Prozent ihres Einkommens. Anders ließen sich ja die zahlreichen Guthaben, die Lebensversicherungen, die Renten der (unter 60jährigen!) Witwen usw. nicht finanzieren, von Wohngeld und Landesverteidigung ganz zu schweigen. Nein, Steuern

zahlt dann keiner mehr. Und damit endet die Geschichte in sich selbst.

Aktienmanie und Börsen-Crash

Ein weiterer Negativeffekt in der Phase, da der Staat Schulden macht, weil er Schulden hat: die Blase.

Macht der Staat Schulden, kurbelt das in der ersten Phase bekanntlich an. Vor allem steigen die Zinsen – und die Preise. Die machen sich bei Sachwerten bemerkbar, bei Immobilien, Gold usw. Diese Phase hatten wir weltweit bis in die 80er Jahre, danach in Schüben noch bis in die 90er. Der **Goldpreis** war zu Beginn des Jahres 1980 on top, die Märkte für Kunst, Münzen, Impressionisten etc., haben sich noch bis in die 90er Jahre in märchenhafte Höhen gezirkelt. Aber die eigentliche Sachwertblase ist bereits geplatzt. Die Preise aller Sachen der Welt, voran Gold und Immobilien, liegen weit von ihren einstigen Höhepunkten entfernt.

In den 80er Jahren kam dann die **Disinflation,** das waren nicht mehr zunehmende, sondern abnehmende Zuwachsraten, etwa bei den Lebenshaltungskosten. In der Disinflation – und das ist der Punkt – fallen auch die Zinsen. Fallen aber die Zinsen, steigen die Kurse der festverzinslichen Papiere (Anleihen). Ein Automatismus.

Die Renditen der Festverzinslichen waren auf der Spitze der Sachwert-Hausse am höchsten. **Danach** aber wird erst richtig großes Geld verdient. Ein Sechsprozenter-Pfandbrief, der 1980 bei 60 stand, geht nach oben, bis er auf 100 steht (»pari«), wenn der landesübliche Zins bei sechs Prozent liegt. Sinkt der Zins unter sechs Prozent, steigt der Pfandbrief noch höher und kostet mehr als das, was der Anleger eines Tages zurückbekommt.

Die Differenz 100 minus 60 kassiert der Anleger natürlich steuerfrei. Und weil Sechsprozenter sehr hoch beliehen werden können, es sind sogenannte **mündelsichere** Papiere, vermehrt sich das Geld rasant. Nehmen wir an, jemand hatte 120 000 Mark. Dann kauft er sich für 200 000 Mark (Nennwert)

Pfandbriefe. Die 200 000 Mark hat er auf dem Konto, sobald die sechs Prozent erreicht sind, bei fünf Prozent noch mehr. Fast doppeltes Geld. Dazu kassiert er jedes Jahr sechs Prozent Zinsen, was ja, bezogen auf den Kurs von 60, zehn Prozent Rendite bedeutet. Eine zehnprozentige Rendite, immer wieder zum gleichen Zins angelegt, verdoppelt das Geld alle sieben Jahre.

Eine Explosion des Reichtums kommt über die Welt, ohne daß ein Mensch einen Finger krumm machen muß. Es geschieht durch a) Zeitablauf, b) den automatischen Umschlag von Inflation in Deflation, c) die Zins-Kurs-Effekte, die unvermeidlich sind.

Dann startet die gewaltige **Aktien-Hausse**. Auch die kommt zwangsläufig. Und selbst wenn sie jemand stoppen wollte (!) – es ginge gar nicht. Wenn die Zinsen fallen, gehen die Aktienkurse in die Höhe. Auch automatisch.

Aktien? Noch ganz andere Geldvermehrungsquellen kommen dazu, Terminkäufe, Optionen, Optionsscheine. Ich selbst habe gesehen, wie ein Börsenzocker aus 20 000 US-Dollar, die er in Bonds-Calls (Optionen auf US-Staatspapiere) gesteckt hatte, in sieben Wochen eine Million Dollar gemacht hat. 50faches Geld in 50 Tagen! Alles steuerfrei. Termingeschäfte gelten als »Glücksspiel«.

Heute liegt das Verhältnis täglicher Geldumsatz zu täglichem Warenumsatz bei 40 zu 1, vor 40 Jahren war es noch 1 zu 1. Der Finanzglobus wird täglich immer weiter aufgepumpt – bis er platzt.

Wer ist schuld an dem, was viele eine Manie nennen oder einen Exzeß? Was Alan Greenspan, der Chef der US-Notenbank (Fed), einen »irrationalen Aufquellvorgang« genannt hat (irrational exuberance)?

Der Staat natürlich. Denn es sind die Staatspapiere, die erst die Inflation verursacht haben, dann die Disinflation, schließlich die Deflation. Irrational ist da nichts, Mister Greenspan! Immer wenn sich eine Inflation verflüchtigt, explodieren die Aktienkurse. Das kann nicht anders sein.

Der Markt für US-Bonds ist der mit Abstand größte der Welt. Amerika schlägt also mit seinen Schulden den Takt wie

des Teufels leibhaftiger Vortänzer. Alles muß sich schneller drehen.

Sinken die Zinsen, dann steigen die Preise für Staatsanleihen, dann rasen die Börsen in die Höhe, dann verdoppeln sich die Aktienkurse in Windeseile, dann kommt der Feel-good-Faktor, dann werden Flügeltüren-Ferraris gekauft und van Goghs für 60 Millionen Dollar.

Das amerikanische Wirtschaftsmagazin »Business Week« hat in seiner Ausgabe vom 17. August 1998 ausgerechnet, wie die Finanzblase eine ganze Volkswirtschaft aufpumpt: Steigt der Kurs einer Aktie um einen Dollar, gibt der Amerikaner vier Cents davon für die schönen Dinge des Lebens aus, für Villen, Speedboats, Porsches. Die Börsengewinne stehen aber bloß auf dem Papier!

Wieviel gibt der Amerikaner noch für Porsches & Speedboats aus, wenn der Kurs seiner Aktien um jeweils einen Dollar **fällt?**

So vermehrt sich das Geld, wie es sich noch nie in der Geschichte der Menschheit vermehrt hat. Bis alles platzt.

Okay, auch die Gewinne der Firmen sind gestiegen, aber das ist es nicht. Das Kurs-Gewinn-Verhältnis an der **Wall Street** (und anderswo) liegt so hoch wie **nie** in der Geschichte. Noch nie wurden Aktien so teuer bezahlt – bezogen auf den Gewinn, den sie abwerfen. Es ist nicht die schlanke Produktion, es sind nicht Produktivitätszuwächse, es ist auch nicht der berüchtigte Shareholder-value, nein, es sind nicht irgendwelche geheimen Rezepte, neue Kniffe oder Tricks der unglaublich gut bezahlten Topmanager – nein, nein, nein!

Daß sich die Börsen in diesen Taumel hineinsteigern konnten, hat nur einen Grund: die gesunkenen **Zinssätze**, alias die gestiegenen Kurse für Staatsanleihen, die alle anderen Kurse mit sich gerissen haben. Jeder Anfänger an der Börse lernt in der ersten Stunde: Sinken die Zinsen, steigen die Aktienkurse – und umgekehrt.

In den letzten Jahren hat die Börse Meldungen über steigende Arbeitslosenzahlen laut bejubelt. Entlassene Arbeitnehmer senken die Kosten einer Firma. Niedrigere Kosten bedeu-

ten steigende Gewinne, und steigende Gewinne machen höhere Kurse.

Nehmen wir die Firma Siemens. Ihr Chef Heinrich von Pierer gab im Sommer 1998 bekannt, daß Siemens alle gesteckten Ziele verfehlt hat. Die »Frankfurter Allgemeine« zitierte einen Börsianer mit dem Satz: »Siemens ist eine Katastrophe.« Eigentlich hätte der Kurs der Siemens-Aktie in den Keller rauschen müssen. Aber die Siemens-Aktie stieg an diesem Tag um fast 20 Prozent. Die Aktionäre wurden um einen zweistelligen Milliardenbetrag reicher.

Warum explodierte der Siemens-Kurs? Weil von Pierer gleichzeitig Entlassungen in Aussicht gestellt hatte, um das jammervolle Ergebnis seines Konzerns zu verbessern.

Also: Die Staatsverschuldung hat uns die Finanzblase spendiert. Jede Firma muß da mitmachen und den Kurs ihrer Aktien, die zurückgeblieben sind oder zu fallen drohen, in die Höhe reißen. Das geschieht am einfachsten mit Hilfe von Entlassungen. Wer also schafft – sogar auf dem Umweg über die Börse – Arbeitslosigkeit? Ist es ein perverser Kapitalismus?

Nein, es ist der Staat!

Die letzte Inflation, die der Staat den armen Menschen mit seiner Schuldenmacherei spendiert, ist die Inflation an der Börse. Auch sie wird enden. Mit einem riesigen Knall. Noch in 100 Jahren wird man das Geschepper hören.

Was tun, um die Börsen zu retten?

Wenn die Börsen immer weiter rasen, sollte man sie nicht besser stoppen? Ja gern, aber wie denn? Sollen die Notenbanken etwa den Zins willkürlich hinaufsetzen, wie die amerikanische Fed anno 1929, obwohl nirgendwo die Preise steigen? Vielleicht steigen sie tatsächlich noch einmal, das wäre die Erlösung.

Inzwischen ist die Fed, die in den 20er Jahren noch nichts mit Staatsanleihen am Hut hatte, selbst Teil des Spiels geworden. Die US-Dollar, die sie ausgibt, sind durch US-Staatspapiere »gedeckt«. Also, was will die Fed machen?

Soll sie mit ihren Zinserhöhungen die Bonds kaputtmachen? Dann ruiniert sie sich doch selbst. Denn außer Bonds, also Forderungen der Bevölkerung an sich selbst, hat die Fed nichts (vom amerikanischen Staatsgold sehen wir mal ab – unverkäuflich).

Und wie soll die Fed die Zinsen erhöhen? Da sie dazu **nur** den Zins für Fed Funds (= Bundesfonds), also für den Ankauf von Staatspapieren beziehungsweise die Verkürzung von deren Laufzeiten, da sie nur diese eine Kugel im Lauf hat, funktioniert dies vielleicht gar nicht, wenn die Welt im Gelde badet?

Wenn am Geldmarkt zwei Prozent Zins für Tagesgeld verlangt werden und die Fed vier Prozent verlangt – dann wird die Fed zur Witzfigur. Außerdem leiht sich jeder dann sein Geld in Japan, da verlangt die Notenbank nur 0,5 Prozent. Und so weiter.

Gehen gar die Zinsen auf ein historisch niedriges Niveau (in Japan lagen die Staatsanleihen im Sommer 1998 bei 1,3 Prozent Rendite), dann kann sich die Börse noch mal verdoppeln, vervierfachen.

Warum nicht verzehnfachen? Alles ist möglich. Nur, irgendwann wird die Blase platzen. Was danach kommt, wird unbeschreiblich sein.

Lösung 1:

Börsengewinne extrem hoch **besteuern!** Was man bei der Sachwert-Hausse in der Inflation sträflich vernachlässigt hat, als jeder seine Goldprofite unbesteuert einschieben konnte, das kann man jetzt bei der Finanztitel-Hausse nachholen. Auch jene Börsengewinne müßten besteuert werden, die nicht realisiert sind. Das würde die Aktienkurse nach unten bringen, zumindest stabilisieren. Denn irgendwoher muß das Geld kommen, um die Steuern zu bezahlen. Großer Vorteil dieser Lösung: Die Börse selbst bliebe intakt. Die Börse, ein unverzichtbares Element jeder freien wirtschaftlichen Entwicklung.

Man vergesse bitte nicht: Beim Crash vom Oktober 1987 wäre es schon fast vorbei gewesen. Präsident Reagan hatte die Verfügung, die Börse zu schließen, unterschriftsreif auf dem Tisch. Es fehlten nur Minuten – und das ganze System wäre illiquide gewesen und zusammengebrochen.

Das darf auf keinen Fall passieren.
Daher jetzt ans Eingemachte!
Es steht Spitz auf Knopf! Die Beseitigung der Schaumkronen, die Beruhigung der Aktienmärkte, ist nur ein Teil, das Schlimmste zu verhindern. Der andere Teil, die Basis, das Bassin, ist damit noch lange nicht saniert.

Es geht um die Beseitigung der Staatspapiere, damit es endlich wieder neue Arbeitsplätze gibt. Und es geht darum, dem debitistischen Prozeß einen neuen Push zu geben. Dazu müssen neue, verschuldungsbereite Eigentümer her. Da wir uns die nicht schnitzen können, müssen die alten Eigentümer – was? Na klar: enteignet werden! Beides, die **Enteignung** der Staatstitelrentner und die **Enteignung** der Eigentümer, die ihr Eigentum nicht wirtschaftlich verpflichtet einsetzen, muß Hand in Hand gehen. Schlechte Zeit für Reiche (ach, tut mir das leid!).

Lösung 2:

Sofortgesetz zur Zwangsinvestition von Geld-»Vermögen«. Firmen wie Siemens müssen gezwungen werden, ihre Wertpapierschatullen zu leeren und mit dem Geld Arbeitsplätze auf breiter Front zu schaffen.

Sollte das nicht greifen oder politisch (wie es so schön heißt) nicht durchsetzbar sein, muß eine **100-Prozent-Steuer** auf jene Zinsen erhoben werden, die aus Staatstiteln fließen. Dies in Form der bewährten **Quellensteuer,** die zu erheben der Staat keinerlei Mühe haben kann, da er die Zinsen, die er überweisen müßte, gleich bei sich behält.

Greift dieser versteckte Staatsbankrott nicht, es ist ohnehin bloß ein Teilbankröttchen, kann es nur den offenen geben! Dann muß der Staat erklären, daß er seine Titel ab sofort nicht mehr bedient.

Da die Laufzeit der Titel unverändert bleibt, fallen ihre Kurse stark. Das macht aber nichts, denn es trifft keinen Armen. Wer Staatspapiere gekauft hat, wußte ja, wie lange er auf sein Geld verzichten wollte und wann er es wiedersieht. Sein Geld sieht er natürlich wieder, beim Fälligkeitstermin. Zu 100 Prozent!

Wenn der Staatspapierrentner sein Geld zwischendrin wiedersehen will, muß er allerdings einen Abschlag hinnehmen. Am Markt bietet man ihm für ein Papier, das auf 1000 Mark lautet und noch 20 Jahre läuft, also erst dann zu 1000 Mark zurückgezahlt wird und zwischendurch keine Zinsen trägt, vielleicht nur 400 Mark? (Es gibt finanzmathematische Formeln, die für solche Nullprozenter einen präzisen Kurs berechnen, aber es muß auch ein zusätzlicher Abschlag für den Schock berücksichtigt werden; wann macht ein Staat schon so etwas!)

Die Inhaber der Staatstitel sind **einflußreich.** Sie beherrschen die hohen Ämter, kontrollieren die öffentliche Meinung (was glauben Sie, was die »FAZ«, das Sprachrohr der Gläubigerfraktion in unserem Lande, zum Vorschlag der Enteignung sagen würde!). Und sie sind im Besitz der demokratisch legitimierten Macht. Sie werden nicht freiwillig von ihren Ansprüchen abgehen.

Ist das Problem der Staatsverschuldung nicht **demokratisch** zu lösen, muß neu nachgedacht werden. Bis dahin muß gelten: Vernunft ist Trumpf. Wenn die Gläubiger nicht jetzt mit wenigstens dem Beginn einer Lösung einverstanden sind, wird es immer teurer für sie werden. Zum Schluß verlieren sie dann eben alles. Die Aussicht auf ein Alter in völliger Verelendung hilft selbst dem reichsten Mann beim Nachdenken darüber, wie er das verhindern kann. Friedrich Karl Flick, den vermögendsten Deutschen (Wohnsitz: Österreich, Vermögen: ca. 20 Milliarden), treibt – so hat er's mir im Franziskaner in München gestanden – nur eins um: »Ich habe Angst, arm zu sterben.« Was ahnt Flick?

Auch sollten alle Anspruchsinhaber nicht vergessen: Wenn es demnächst mehr Rentner als Arbeiter gibt, womit alle Experten rechnen, hat die **Rentnerpartei** auch im Parlament die Mehrheit. Sie kann – gegen die Stimmen der **Arbeiterpartei** – dem Arbeiter vorschreiben, wieviel er abzuführen und wie hart er zu arbeiten hat.

Das wird diesem nicht gefallen. Und bevor sich jeder, der noch was tut, der Leistungsbereitschaft zeigt, der das Land durch Arbeit und nicht durch Nichtstun vorwärtsbringen möchte, ins Ausland oder in die Schattenwirtschaft verabschiedet, werden die Anspruchsinhaber, inklusive der Sozialrentner (!), zur Vernunft gekommen sein: Die Renten müssen **runter,** auch wenn's im Einzelfalle weh tut.

Falls die Rentner das nicht einsehen, wird es eine neue Rentenformel richten. Danach werden die Renten prozentual nicht mehr der Entwicklung der Nettolöhne angepaßt, sondern jener der Nettolohnsumme. Denn etwas anderes als die Lohn-und-Gehaltssumme steht für Rentenzahlungen sowieso nicht zur Verfügung.

Und geht die Lohnsumme zurück, entweder weil weniger verdient wird (Krise) oder weil immer weniger Menschen arbeiten, weil die Bevölkerung schrumpft, dann sinken eben auch die Renten. Ist doch klar – nicht wahr?

Also Enteignung – oder etwa nicht?

Zurück zum Zinsen-Crash. Ist danach der Kurs der Staatspapiere stark gefallen und werden gar Befürchtungen laut, der Staat werde möglicherweise die Rückzahlung verweigern, geht's noch tiefer in den Keller. Wunderbar! Eine ideale Chance für den Staat, seine Papiere billig zurückzukaufen. Dann wären sie ein für allemal verschwunden. Der Staat könnte sich sehr elegant entschulden. Einige südamerikanische Staaten haben schon mal diesen Kunstschuß gewagt, mit besten Resultaten.

Daß sich der Staat nach solchen Tricks als Kreditnehmer auf den Kapitalmärkten verabschieden muß, ist kein Nachteil, sondern hoch erwünscht. **Denn Staatsverschuldung soll und darf es nie mehr geben.** Wenn ich als Privatmann nie mehr ein Auto, einen Videorekorder, einen PC oder gar ein Haus auf Pump kaufen will, dann kann mir doch jede Bank gestohlen bleiben – oder?

Die Teil-Crash-Lösung der Staatsschulden hat nur Vorteile: Sie stoppt die Verrentung, beseitigt arbeitslose Einkommen, zwingt die Titelhalter zu unternehmerischen Anstrengungen, zur Chancensuche auf dem Markt und zur Schaffung neuer Arbeitsplätze. Sie beseitigt das Staatsschuldenproblem an der Wurzel, **weil der Staat nie mehr kreditwürdig wäre.**

Ein solcher Crash ist zwar eindeutig eine Enteignung. Aber das *Grundgesetz* deckt sie vollinhaltlich.

Denn die Enteignung geschieht einzig und allein zum Wohle der Allgemeinheit. Und die **Entschädigung,** auf die jeder Enteignete Anspruch hat, liegt darin, daß er sich in einem Gemeinwesen wiederfindet, das endlich wieder blühen darf und neuen dauerhaften Wohlstand schafft.

Das gleiche gilt für die als Lösung vorzuschlagende Enteignung der Inhaber von anderen Formen des Eigentums. Dieses Eigentum darf selbstverständlich unter keinen Umständen verstaatlicht werden, sondern es muß an Nichteigentümer verteilt werden, damit diese damit wirtschaften – getreu der Grundgesetzmaxime »Eigentum verpflichtet«.

Welches Eigentum muß enteignet werden? Ganz einfach: al-

les Eigentum, das nicht verschuldet ist. Denn nicht verschuldetes Eigentum wird sinnlos gebunkert, oft monopolisiert (zum Beispiel »Seegrundstück«), was dessen wirtschaftliche Nutzung verhindert. So etwas können wir uns in einem flächenmäßig kleinen Land, das überall an seine Grenzen stößt und in dem überall Geschrei beginnt, wenn jemand etwas bauen oder zu uns ziehen will, nicht leisten.

Damit das brache Eigentum endlich genutzt wird, müssen alle jene unsinnigen Gesetze gestrichen werden, die verhindern, daß gebaut wird (beispielsweise). Der Markt für jedes Eigentum, das wirtschaftlich nutzbar und damit beleihbar ist und so den unabdingbaren debitistisch-marktwirtschaftlichen Prozeß vorantreibt, muß maximiert werden.

Dazu zählt auch: Streichung aller Flächennutzungspläne, die benötigten Infrastrukturen (Wasseranschlüsse usw.) werden sowieso nur noch privat erstellt, da der Staat als Wirtschaftsfaktor ausscheidet.

Und vor allem muß der Staat enteignet werden, und das ein für allemal. Das gesamte Staatseigentum gehört sowieso den Bürgern, deshalb heißt es amtlich auch **Staatsbesitz**. Staatliches **Eigentum** gibt es nach deutscher Rechtslage nicht.

Also her damit! Die Bürger warten.

P.S.: Unmittelbar vor Drucklegung erschien eine neue Ausgabe (Nr. 8/98) von M.o.M. (Malik on Management) des Managementzentrums St. Gallen. Professor Fredmund Malik faßt darin die debitistische Theorie kurz und präzise zusammen unter dem Titel »Warum wirtschaften wir eigentlich?« Sie können die Ausgabe abrufen unter www.mom.ch und den bekannten Unternehmensberater und Hochschullehrer fragen, wie er es sich erklärt, daß die meisten seiner Kollegen und auch viele Unternehmer vom Wesen der Wirtschaft kaum eine Ahnung haben und weshalb sie außerstande sind, Massenarbeitslosigkeit und Wirtschaftskrisen zu erklären.

Die Krisenschaukel:
Staatsvers

9783784473895.4